傅山全書

第十册

清·傅山 著

尹協理 主編

國家古籍整理出版專項經費資助項目

山西出版傳媒集團
山西人民出版社

傅山子虛賦上林賦注手稿（臺灣袁守謙先生家藏）

偶教蓮蘇讀子虛賦注有習焉不察者于意未洽輒以愚意妄著解于下令讀之就義易為誤耳不敢云我見之中蓋識字動輒堆疊重複但云某貌某貌甚無謂之同聲者如碑磅可不解也趣知賦文果看不得若者稍稍有著落信口信手之之字堂有涯際徒生無厭搜抉吾嘗典嚴淪賦法凡形容字皆須破空生無形搜抉

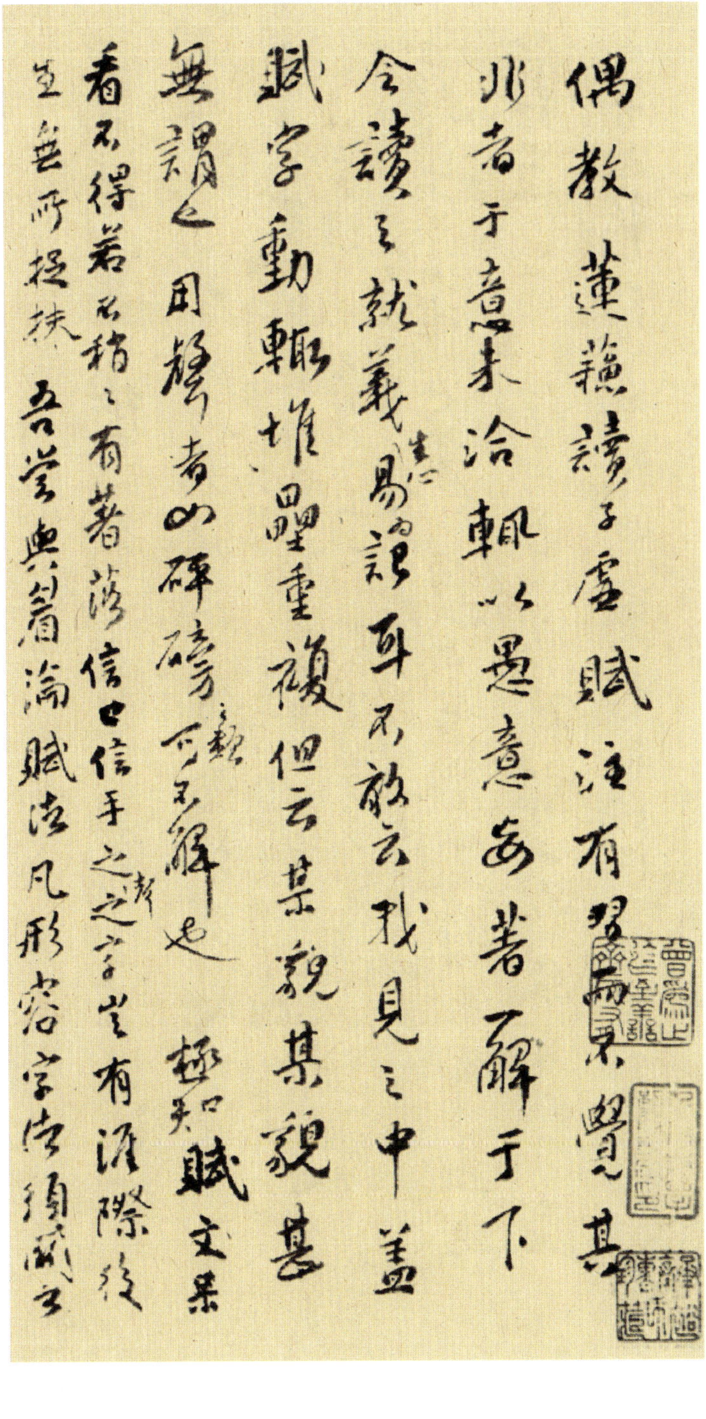

盤紆岪鬱 傳曰 盤紆不得解 岪从弗謂山之左丿右乀如拂拭之不直以逐故鬱薄厓塞

隆 說文豐大也 禮記積禽隆諸長者多也 無高義而文从降、下也尤非高義

道隆 道汚隆與汚對汚不則隆高矣然而注汚曰殺也似減義則隆亦非高矣

从生或謂生之之多為隆盛也山之从隆亦似不謂高者詩蘊隆注隆而雷謂不雨之雷空雷耳亦不見高義 山隆亦言山之多耳 崇始有尊義峻義

嶐崈 嵂崒 傳曰 嵂崒解者習曰高貌

兹 嵂从律律、管也 崒 萃也 謂山之纖削縱萃之如律之藂張森拔也 崒从辛辛 士辛也衆也皆可互通

愚謂陀有阤義不讀作迤若迤則爲淩遲漫
衍矣無以顯錡之勢概謂壘垂縋隨如巖巖頭之
載陀巘崔者 錡說文鉏鎁字不當鋤鎁見列子湯問
巖巖磈嵬磈 正義皆高峻貌 傳曰巖巖威儀 此疊字言阜陵劉鳴之執也
之重磈石之似鬼也 嵬从畏畏本由頭而虎爪魄
病鬼據文曰 嵩知矣 賸旁出皆謂山之形惡狀醜可畏也
谽呀豁閒 郭曰皆谽谺之形容 司馬彪谽呀大貌 豁閒空虛
廣韵字統曰谽谺谷空貌 豁說文本作𧮫字通谷也 閒廣
韵大開也 蓋能章大孟謂之閒

崇山巃嵸謂其山高厚且攏動而來如羣龍相
從活跳奮迅不但汎〻高貌若下文嵩有高義山
崔嵬嵯峩爾疋石戴土崔嵬或又曰土戴石以形勢求之
土戴石者謂之崔嵬有峩義耳嵯峩下文嵯嵯字複
但就其義釋之嵯峩之嵯嵯如切磋之磋謂山勢整齊端
正違下文峩字如奉璋峩〻之峩擬謂容體壯盛
若下嵯嵯之嵯則全取乖左不相值之義選聲

第十册　目錄

卷一百三十七　文選批注（七）……一二五

卷一百三十八　文選批注（八）……一四一

卷一百三十九　文選批注（九）……一五五

卷一百三十一　文選批注〔一〕（一）

卷第二〔二〕

西京賦一首　張平子

「綴以二華，巨靈贔屭，高掌遠蹠，以流河曲，厥跡猶存。」注：「揚雄河東賦曰：河靈矍踢，掌華蹈衰。」墨筆眉批：「掌華蹈衰。」

「右有隴坻之隘，隔閡華戌。」墨筆改「戌」爲「戎」。

「爾乃廣衍沃野，厥田上上，實惟地之奧區神皋。」硃筆眉批：「神皋。」

「昔者大帝說秦穆公而覲之，饗以鈞天廣樂，〔三〕帝有醉焉。」注：「虞喜志林曰：嘐曰：天帝醉，秦暴金誤隕石墜。」墨筆眉批：「志林：天帝醉，秦暴金誤隕石墜。」

「婁敬委輅，幹非其議。」墨筆眉批：「輅，音胡格切。」

〔一〕此篇據山西博物院藏批點手稿整理。批點底本爲明刊本，存四函十六冊。卷第二至第十六由吳連城先生釋文，第十七至第十九由梁秀芝釋文，第二十至第二十二由張少鯤釋文。第二十三至第二十五由祝振東釋文，第二十六至第二十八由王小蓉釋文，第四十八至第六十由吳崇謙先生釋文。全部由谷錦秋重校。

〔二〕此前卷第一批本散佚。

〔三〕「以」字上，傅山全書初版本衍一「之」字，據批點底本刪。

「及帝圖時，意亦有慮乎神祇，宜其可定以爲天邑。」墨筆眉批：「天邑。」

「繡栭雲楣，三階重軒，鏤檻文棍，右平左墄，青瑣丹墀。」墨筆眉批：「栭、楣、檻、棍、右平、左墄。」

「坻崿鱗眴，棧齴巉嶮。」注：「善曰：廣雅曰：山坻除也。」硃筆眉批：「除。」

「仰福帝居，陽曜陰藏，洪鐘萬鈞，猛虡趪趪。」墨筆眉批：「趪。此處方說帝居，突然說到洪鐘上，亦須解之。卽作者本當有開闔聯絡之義。」

「嵯峨嶕嶫，罔識所則。」墨筆眉批：「罔識所則四字，亦押韻而已。可笑！」

「嘉木樹庭，芳草如積。」注：「善曰：韓詩曰：綠薵如簀。簀，積也。」墨筆眉批：「薵。」

「雖厥裁之不廣，侈靡踰乎至尊。」墨筆眉批：「踰乎至尊。」

「覛往昔之遺館，獲林光於秦餘。」墨筆眉批：「覛。」

「柏梁既災，越巫陳方，建章是經，用厭火祥。營宇之制，事兼未央。」墨筆眉批：「南史齊廢帝紀：東昏出遊，火燒璿儀、曜靈等十餘殿及柏寢，北至華林，西至祕閣，三千餘間皆盡。左右趙鬼能讀西京賦云：柏梁既災，建章是營。於是大起諸殿。」

「消雰埃於中宸，集重陽之清瀓。」墨筆眉批：「瀓。」

「駁娑、駘盪，燾奡桔桀，枍詣、承光，睽罛庨豁。」注：「駁娑、駘盪、枍詣、承光，皆臺名。」墨筆旁批：「西都注：建章宮有此四殿，與此注臺異。」墨筆眉批：「燾奡桔桀。睽罛庨豁。燾，說文：溥覆炤也，通作幬。又直由切。奡，說文：嫚也，從百從夰。夰亦聲。又奡，多力者。桔。桀，說文：桀，磔也，從舛在木上。古人謂桀黠者，謂其凶暴若磔也。詩：維莠桀桀。睽，傾畦切。說文：目不相示也，從目癸聲。又乖也。又張目貌。集韻作睽。罛，說文：魚罟也。爾雅

注：網最大者。庨豁，宮室高貌。豁，說文本作䆯，通谷也，從谷害聲。」又墨筆根批：「庨字，玉篇、廣韻皆曰宮殿形狀，卽从此句起義耳。」

「旗不脫扃，結駟方蘄。」注：「蘄、馬御也。」墨筆眉批：「蘄，馬御也。」

「長廊廣廡，途閣雲蔓。」墨筆眉批：「途閣。」

「望㝑窱以徑廷，眇不知其所返。」注：「㝑窱，徑延過度之意也。」墨筆改「延」爲「廷」。

「漸臺立於中央，赫昈以弘敞。」「赫」下墨筆加一「昈」字。

「上林岑以壘嵬，下嶄巖以喦齬。長風激於別隯，起洪濤而揚波。」墨筆眉批：「齬字在波羅之中，當叶讀如語訛切。」

「徒觀其城郭之制，則旁開三門，參塗夷庭。」「夷庭」旁硃筆批：「平正。」

「武庫禁兵，設在蘭錡。」墨筆眉批：「蘭錡。」

「匪石匪董，疇能宅此。」硃筆旁批：「不必爾說。」

「鬻良雜苦，蚩眩邊鄙。」硃筆旁批：「買賣古來卽爾。」注：「蒼頡篇曰：妛，侮也。」硃筆改「妛」爲「蚩」。

「若大翁伯、濁、質，張里之家」云云。注：「坋，步寸切。」墨筆改「大」爲「夫」。「質」字旁硃筆批：「郅。」墨筆眉批：「坋，又父吻切。」

「茂陵之原，陽陵之朱，趫悍虓豁，如虎如貙。」注：「善曰：原，原涉也。朱，朱安世也。」墨筆眉批：「原涉。朱安世。」

「丞相欲以贖子罪，陽石汙而公孫誅。」注：「漢書曰：公孫賀爲丞相」云云，「敬聲與陽石公主私通。」墨筆眉批：「公孫賀。陽石公主。」

「若其五縣遊麗」云云。注：「五縣謂五陵也，長陵、安陵、陽陵、武陵、平陵五陵也。」墨筆眉批：「五陵：長、安、陽、武、平。」

「商旅聯槅，隱隱展展。」墨筆眉批：「槅。」

「散似驚波，聚以京峙。」墨筆改「以」爲「似」。

「木則樅、栝、椶、柟、梓、棫、楩、楓。」注：「栝，柏葉松身。」墨筆眉批：「今讀書者，皆以栝爲檜，不知北方本有一種栝。」又硃筆眉批：「栝、檜自兩種。」

「鳥則鷫鷞、鴰、鴇、鴐鵝、鴻、鶤。」注：「鶤鷄，黃白色，長頷、赤喙。」墨筆眉批：「頷難說長，若頸斯可。」

「起彼集此，霍繹紛泊。」注：「謂爲彼人所驚，而來集此人之前。」硃筆眉批：「彼此何必人？」

「結罝百里，迒杜蹊塞。」硃筆眉批：「迒。」

「建玄弋，樹招搖。」注：「玄弋，北斗第八星。招搖，第九星，名爲盾。」硃筆眉批：「北斗九星。」

「千乘雷動，萬騎龍趨。屬車之簉，載獫玁獢。匪唯翫好，乃有祕書。小說九百，本自虞初。」硃筆眉批：「猶在趨、書之間，當叶如居音。」又墨筆眉批：「虞初。」

「迾卒清候，武士赫怒。」墨筆眉批：「迾。」

「百禽㥄遽，騤瞿奔觸。喪精亡魂，失歸忘趨。投輪關輻，不邀自遇。」硃筆眉批：「觸去聲。趨去聲。」

「僵禽斃獸，爛若積礫。」注：「僵，什也。」墨筆改「什」爲「仆」。

「但觀置羅之所羂結，竿殳之所揘畢，叉蔟之所攙捔，徒搏之所撞挃。」墨筆眉批：「揘。挃。」
「韓盧噬於緤末。」注：「守夫曰犬」云云。墨筆改「夫」爲「犬」。
「及其猛毅髬髵，隅目高匡。」墨筆眉批：「髬髵。」
「迺使中黄之士，育獲之儔，朱鬘鬔髽，植髮如竿。」注：「尸子曰：中黄伯曰：余左執泰行之猱，而右搏雕虎。」墨筆眉批：「鬘鬔。尸子。鬔音如際。」
「袒裼戟手，奎踽盤桓。」注：「奎踽，開足也。」墨筆眉批：「奎踽字無所出矣，但曰開足，似大步也。」
「杪木末，擭獑猢；超殊榛，㩜飛鼯。」墨筆眉批：「獑猢。㩜。」
「置互擺牲，頒賜獲鹵。」墨筆眉批：「互。」
「炙炰夥，清酤鈙。」墨筆眉批：「鈙。」
「登豫章，簡矰紅。」注：「豫章，池中臺也。」墨筆眉批：「豫章，池中臺。」
「磻不特絓，往必加雙。」注：「說文曰：磻，似石著繳也。」墨筆改「似」爲「以」。
「摭紫貝，搏耆龜。」墨筆眉批：「龜叶如鳩。」
「摘漻澥，搜川瀆，布九罭，設罜麗。」墨筆眉批：「罜麗。」
「摎蓼浶浪，乾池滌藪。」墨筆眉批：「摎蓼浶浪，乾池滌藪。」
「臨逈望之廣場，程角觝之妙戲。」墨筆眉批：「自此以下，至『長懷萃』，皆因『角觝之戲』起。」
「衝狹鷰濯，胸突銛鋒。」注：「鷰濯，以盤水置前，坐其後，踊身張手跳前，以足偶節踰水復卻坐，如燕之浴也。」墨筆眉批：「以足偶節四字寫得不明白。」

「跳丸劒之揮霍，走索上而相逢。」注：「索上長繩繫兩頭於梁，舉其中央，兩人各從一頭上，交相度，所謂儛絚者也。」墨筆眉批：「走索上而相逢，句調太庸。」又批曰：「儛絚。」

「華嶽峩峩，岡巒參差，神木靈草，朱實離離。」墨筆眉批：「華嶽四句，亦是說伎場中假設者。」

「巨獸百尋，是爲曼延。」注：「去聲，作大獸，長八十丈。」墨筆眉批：「曼延獸長八十丈。」

「怪獸陸梁，大雀踆踆。」注：「尸子曰：先王豈無大鳥怪獸之物哉？然而不私也。」墨筆眉批：「大雀。尸子。」

「東海黄公，赤刀粤祝。」墨筆旁批：「都是扮演技中事。」

「冀厭白虎，卒不能救。」墨筆眉批：「冀厭，冀字不解。」

「挾邪作蠱，於是不售。」注：「謂懷挾不正道者，於是時不得行也。」墨筆旁批：「此八字在此無義，所以成注中呆語，不過仍是承上文『卒不能救』來。今人木偶小戲，尚有師子喫一小人之弄。」又墨筆眉批：「東海黄公以下六句，皆是說戲伎如此，非謂黄公當時眞事。註：『懷挾不正道者，于是時不得行。』眞笑殺人也。」

「百馬同轡，騁足並馳。」注：「於橦子作其形狀。善曰：陸賈新語曰：楚平王增駕百馬同行也。」墨筆改「子」爲「上」。墨筆眉批：「百馬同轡。蕪城賦：魚龍爵馬之玩。注引西京賦曰：爵馬同轡。此文明爲百馬，注又引楚平王百馬，何緣又作爵字也？于橦上作馬形猶可言，若數至于百，如何能？或是以木爲之，大寸許者耳。」

「陰戒期門，微行要屈。」墨筆眉批：「要屈。」

「嚼清商而卻轉，增嬋娟以此豸。」墨筆眉批：「此豸。」

「紛縱體而迅赴，若鷟鶴之羣罷。」硃筆眉批：「罷字何謂？」

「展季桑門，誰能不營？」注：「桑門，沙門也。」墨筆眉批：「此處桑門，似非注所引。」

「高祖創業，繼體承基。」注：「漢書曰：平常曰」云云。墨筆改「常」爲「當」。

「鄙生生乎三百之外，傳聞於未聞之者。」墨筆眉批：「未聞之者。」

「此何與於殷人屢遷，前八而後五」云云。注：「言欲遷都洛陽，何如殷之屢遷乎？」墨筆眉批：「注言『欲遷都洛陽，何如殷之屢遷』也，語氣非賦本義。」

卷第三

東京賦　張平子

「周姬之末，不能厥政，政用多僻。始於宮鄰，卒於金虎。」墨筆眉批：「宮鄰。金虎。」

「秦政利觜長距，終得擅場。」墨筆眉批：「擅場。」

「慮妃攸館，神用挺紀。」墨筆眉批：「挺字不注所出。」

「崇牙張，鏞鼓設。」注：「崇牙，栒虡上板作劒鋙者。」墨筆眉批：「鋙。」

「及將祀天郊，報地功。」墨筆眉批：「郊。」

「珩紞紘綖，玉笄綦會。」注：「左氏傳曰：珩紞紘綖，昭其度也。」墨筆眉批：「衍，左傳作衡。」

「龍輈華轙，金鍐鏤鍚，方釳左纛，鉤膺玉瓖。」墨筆眉批：「龍輈。華轙。金鍐。鏤鍚。方釳。左纛。鉤膺。玉瓌。」

「重輪貳轄，疏轂飛軨。」注：「蔡邕獨斷曰：乘輿，重轂外，復有一轂。副轄其外，乃復設轄。然重輪卽重轂也。」墨筆眉批：「重輪，重轂。不知是何制？」

「屬車九九，乘軒並轂。琫弩重旃，朱旌青屋。」墨筆眉批：「軒。琫。」

「鸞旗皮軒，通帛綪旆。」注：「蔡邕車服志曰：鸞旗，俗人名曰鷄翹。」〔一〕墨筆眉批：「旆當作筏。鷄翹。」

「總輕武於後陳，奏嚴鼓之嘈囋。」墨筆眉批：「囋。」

「爾乃孤竹之管，雲和之瑟。」注：「雲和，山名也。」墨筆眉批：「雲和山。」

「雲鼓鼝鼝。」墨筆改「雲」爲「雷」。

「冠華秉翟，列舞八佾。」注：「冠華，以鐵作之」，「謂今麥策花也。」墨筆眉批：「麥策花。」

「然後宗上帝於明堂，推光武以作配。辯方位而正則，五精帥而來摧。尊赤氏之朱光，四靈懋而允懷。於是春秋改節，四時迭代。」墨筆眉批：「配、摧、懷、代叶。」又硃筆眉批：「『代』諧上韻，『于是』文義起下。」

「及至農祥晨正，土膏脈起。」注：「國語曰：號文公」云云。硃筆改「號」爲「虢」。

「躬三推於天田，修帝籍之千畝。」注：「朕親耕于籍田，以祈農事。」墨筆眉批：「耕籍。」

「春日載陽，合射辟雍。」墨筆眉批：「辟雍。」

「爾乃卒歲大儺，毆除羣厲。」墨筆眉批：「儺。」

〔一〕「曰」，傅山全書初版本誤作「云」，據批點底本改。

「然後凌天池，絕飛梁，捎魑魅，斮獝狂，斬蜲蛇，腦方良，囚耕父於清泠，溺女魃於神潢，殘夔魖與罔像，殪野仲而殲游光。八靈爲之震慴，況魃蜮與畢方。」墨筆眉批：「魑魅。獝狂。蜲蛇。方良。耕父。女魃。夔魖。罔像。野仲。游光。」

「望先帝之舊墟，慨長思而懷古」云云。墨筆眉批：「自此以下，嘽不可言，精竭神散，不知所以終之。只一个儒家者流，定墮此鏖糟腐套。只樂得奴人六字粹然一出于正耳！」

「于斯之時，海内同悅」云云。硃筆眉批：「此數句不叶。」

「狹三王之趢起，軼五帝之長驅。」硃筆將上句勾下，并硃筆眉批：「趢起句當在長驅句下。」

「東京之懿未罄，值余有犬馬之疾」云云。硃筆眉批：「此數句又散不叶。」〔二〕

「郤走馬以糞車，何惜騕褭與飛兔。」注：「今言糞車者，言馬不用而車不敗，故曰糞車也。」硃筆眉批：「走馬糞車，謂以馬駕糞車耳。注中是何語？糞車謂車不敗，請自申其說。」

「忿姦慝之干命，怨皇統之見替。」注：「替，音鐵，叶韻。」墨筆眉批：「替，鐵。」

「系以隤牆填壍，亂以收置解罘。」墨筆改「置」爲「罝」。

「忘其所以爲談，先其所以爲夸。」墨筆改「先」爲「失」。

「幸見指南於吾子。」墨筆眉批：「指南。」

〔二〕「數」下漏一「句」字，據文義補。

卷第四

南都賦　張平子

題首墨筆眉批：「近見刻有郭明龍批評文選，于此賦極上小字云：『首尾雖少變，然中間鋪序仍是二京套子。』又曰：『張衡本欲止桓帝之廢，而不陳大義。』余不解此語何謂。」又題下墨筆批：「大概望幸之義。而中間插方今天地云云。本文于下既乖，而注猶胡塗妄解。」

「陪京之南，居漢之陽。」「陪京」旁硃筆批：「洛。」墨筆眉批：「陪京之南。」

「體爽塏以閑敞，紛郁郁其難詳。」墨筆眉批：「難詳字厭。」

「爾其地勢，則武闕關其西，桐柏揭其東，流滄浪而爲隍，廓方城而爲墉。」「武闕」、「桐柏」旁硃筆批：「山。」「滄浪」旁硃筆批：「水。」墨筆眉批：「起頭地面都是南陽。」

「湯谷涌其後，淯水盪其胸，推淮引湍，三方是通。」墨筆眉批：「淯。淮。湍，鹿摶切。」

「其寶利珍怪，則金彩玉璞，隋珠夜光；銅錫鈆鍇，赭堊流黄。」注：「山海經曰：陸郈之山，其下多堊。」墨筆眉批：「隋侯珠。鍇。郈。」又硃筆眉批：「自『寶利』以下，至『其樂難忘』，不知於南的有何情。且賦中大狐，注引蜀中大胡之山；陽瀕，注又引蜀都賦之陽瀕，于南陽何與也？不然，當有同名者。天封、大狐，或皆南陽之山。陽瀕亦當陽上水際。注但取其言之有據，不論方域之異，何貴乎注？」

「太一餘糧，中黄瑴玉。」注：「太一禹餘糧，一名石腦。」「欲得好瑴玉，用合漿於襄鄉縣舊穴中鑿取。」墨筆眉批：「膍。合漿何說？」

「松子神陂，赤靈解角。」墨筆眉批：「語氣似赤龍卽解角子神陂也。」

「其山則」云云。硃筆眉批：「山。」又墨筆眉批：「『山則』以下至『雲霓』，止是山耳，非南陽之山如此。」

「或峇嶙而纚運，或豁爾而中絕。」墨筆眉批：「峇嶙。」

「若夫天封大狐，列仙之陬。」注：「蜀郡圖經曰：大胡山，故縣縣南十里。」墨筆眉批：「天封、大狐，似山名矣。引蜀郡圖經，于南陽乖。」

「其木」云云。注：「山海經曰：宣山有桑焉，其枝四衢，名帝女也桑。」硃筆眉批：「木。」又墨筆改「也」爲「之」。

「楈枒栟櫚，柍柘檍檀。」墨筆眉批：「注不及柘。」

「布綠葉之萋萋，敷華蕊之蓑蓑。」墨筆旁批：「有林木處何不然？」

「虎豹黃熊游其下。」注：「六韜曰：散宜生得黃熊而獻之紂。」墨筆眉批：「散宜生獻紂黃熊。」

「其竹」云云。硃筆眉批：「竹。」

「爾其川瀆」云云。硃筆眉批：「水瀆。」

「流湍投濺，砏汃輣軋。」硃筆眉批：「砏汃。」

「其水蟲」云云。硃筆眉批：「水蟲。」

「於其陂澤，則有鉗盧」云云。硃筆眉批：「陂澤。」

「其草」云云。硃筆眉批：「草。」

「其鳥」云云。硃筆眉批：「鳥。」

「其水則開竇灑流，浸彼稻田，溝澮脈連，隄塍相輑。」硃筆眉批：「水浸。輑。」

「其原野，則有桑漆」云云。硃筆眉批：「原野。」

「若其園圃，則有蓼蕺蘘荷，藷蔗薑䕲，菥萱芋瓜。」注：「風土記曰：蕊，香菜，與蕺同。字書曰：䕲，小蒜也。」硃筆眉批：「園圃。」墨筆眉批：「蕊卽蕺，不解何據。䕲，小蒜。」

「若其厨膳」云云。硃筆眉批：「厨膳。」

「酸甜滋味，百種千名，春卵夏筍，秋韭冬箐。」墨筆眉批：「酸甜八字不成語。菁，其實謂蕪箐。」

「蘇蔱紫薑，拂徹羶腥。」墨筆眉批：「拂徹，拂猶拂除之拂，然謂味之羶腥者，蘇蔱等掃蕩之。」

「酒則九醖甘醴」云云。硃筆眉批：「酒。」

「以速遠朋，嘉賓是將。」硃筆眉批：「速。」

「珍羞琅玕，充溢圓方。琢琱狎獵，金銀琳琅。」硃筆眉批：「擺玩。」

「侍者蠱媚，巾㝶鮮明」云云。硃筆眉批：「奔走。」墨筆眉批：「蠱。廣厦張坐，若左右奔走之人，襤褸村笨，承遞錯亂，眞可恨也。」

「於是暮春之禊，元巳之辰，方軌齊軫，祓于陽瀕。」注：「揚雄蜀都賦曰：相與如平陽瀕。」墨筆根批：「如注，平字當作乎字矣。」又墨筆眉批：「若陽瀕是蜀都地，如何南都引之？今存漢古文苑子雲蜀都賦：相與如平陽，頮巨沼。注：平陽猶平野。頮疑是瀕字，一本作頻字。彼文則頮字屬下句，非『陽瀕』爲句也。無論其文義與此不同，而注竟拔彼下句一字爲此證，迂矣。此之陽瀨，不必輒指一地，可但云向陽之水濱，卽明白義通矣。不則當南陽有此水名耳。」
「致飾程蠱，便紹便娟。」墨筆眉批：「蠱。」
「坐南歌兮起鄭舞，白鶴飛兮繭曳緒。」注：「塗山之女」，「乃作歌曰：候人猗兮。實始爲南音。」墨筆眉批：「塗山之女，南音。」
「追水豹兮鞭蝄蜽，憚夔龍兮怖蛟螭。」墨筆眉批：「憚，丁達反。」
「夾南陽者，眞所謂漢之舊都者也。」〔二〕墨筆改「夾」爲「夫」。硃筆旁批：「眞字似有關鍵，亦不必。」墨筆眉批：「至此才說『夫南陽者』，是本賦之義。以上溯至『寶利珍怪』，不知是賦何處也。」
「奉先帝而追孝，立唐祀於堯山。」硃筆旁批：「此謂漢認堯之後，故云奉先帝也。上有『遠世則』云云，『奉先』上似當有『近代』字樣，是漢時奉而祀之也。不然，豈劉累立堯祀耶？至後始有『近則考侯』云云，此本自在古昔，非漢時始有之。」又墨筆眉批：「注中昧之，奉字不知是誰奉也。」
「固靈粮於夏葉。」墨筆改「粮」爲「根」。
「近則考侯思故，匪居匪寧。」注：「考侯仁以舂陵地勢下濕，〔三〕難以久處，上書願徙南陽，守墳墓。」墨筆眉批：「守墳墓，豈是先墳原在南陽耶？」
「曜朱光於白水，會九世而飛榮。」墨筆眉批：「白水。」

〔二〕「者」，傅山全書初版本脫，據批點底本補。
〔三〕「考侯仁」，傅山全書初版本誤作「孝侯」，並脫「仁」字，據批點底本改。

「察兹邦之神偉，啓天心而寤靈。」注：「又寤先靈之意，使之而王也。」墨筆眉批：「使之二字有缺訛。」

「章陵鬱以青葱，清廟肅以微微。」注：「東觀漢記曰：建武中，更名春陵爲章陵。」墨筆眉批：「東觀漢記，春陵改爲章陵。」

「方今天地之睢刺，帝亂其政，豺虎肆虐，眞人革命之秋也。」注：「漢書意義曰：方，向也，謂高祖之時。」「豺狼貪殘，謂王莽也，眞人，光武也。」墨筆眉批：「睢刺。方今數句，在平子時，豈不招斥？」墨筆旁批：「方今以下廿二字，本非賦中語，不知自何文纂入，删去。從上『且其君子良章』之韻，與下文『謀臣武將，至於久長』，實叶一韻，是其證也。」墨筆眉批：「注猶不通，以上下文義求之，方今謂高祖，眞人謂光武，皆説不去。」又墨筆旁批：「注全不省文義，妄爲解之。」墨筆根批：「平子本傳，六十二歲，當順帝陽嘉四年丙子卒，逆數至明帝，明帝十八年，正是十二，是平子于此年生也。又非永和四年生矣。傳有訛。大概生於永平之末，卒於陽嘉四年，而中間所歷章、和、殤、安、順五帝，亦不得説方今謂指光武矣。此注大混。」

「縉紳之倫，經綸訓典，敷納以言。」注：「臣瓚曰：縉，赤白色。」「周奇曰：搢，插笏於大帶。」墨筆眉批：「縉有二義。」

「是以朝無闕政，風烈昭宣也。」注：「風烈猶合於持方。宋均曰：持方，受命者名。」硃筆眉批：「持方。」

「駟飛龍兮騤騤，振和鸞兮京師。」墨筆眉批：「駟飛龍，振和鸞。」

「頌曰：皇祖止焉，光武起焉」云云。墨筆眉批：「頌亦俗嫩。」

三都賦序一首　左太沖

「而論者莫不詆訐其研精，作者大氐舉爲憲章。」硃筆旁批：「詆訐在此，似非訶詰之義。」又墨筆眉批：「詆訐在此，似非訶詰之義。」

蜀都賦一首

「請爲左右揚推而陳之。」墨筆眉批：「揚推。」

「水陸所湊，兼六合而交會焉；豐蔚所盛，茂八區而菴藹焉。」墨筆眉批：「句格卑陋。」

「於前則跨躡犍、牂，枕輢交趾。」墨筆眉批：「輢。」

「金馬騁光而絕景，碧雞儵忽而曜儀。」注：「地理志曰：金馬碧鷄，在越巂青蛉縣禺同山。」硃筆眉批：「禺同山」。

「其間則有琥珀、丹青、江珠、瑕英、金沙、銀鑠，符采彪炳，暉麗灼爍。」注：「牂牁有白曹山，出丹青。」「興古盤町山出銀。」硃筆眉批：「白曹山。盤町山。」

「嘉魚出於丙穴，良木攢於褒谷。」注：「褒中縣南口斜谷水，源在北，南流，經褒中，故北口曰斜，南口曰褒。」墨筆眉批：「南口曰褒，北口曰斜。」

「其樹則有木蘭、梫桂、杞、櫹、椅、桐、椶、枒、楔、樅。」墨筆改「楔」爲「楔」。墨筆眉批：「櫹。枒。楔。」

「外負銅梁於宕渠，内函要害於膏腴。」注：「銅梁，山名。宕渠，縣名。銅梁在巴東，宕縣在巴西。」〔二〕墨筆眉批：「如注解銅梁在巴東，宕渠在巴西，則賦云『外負銅梁於宕渠』，不成文義矣。」

「樊以葅圃，濱以鹽池。」注：「葅，草名也，亦名土茄。」墨筆眉批：「葅，土茄。」

「蝌蛦山棲，黿龜水處。」墨筆眉批：「蝌蛦。」

「山圖采而得道，赤斧服而不朽。」墨筆眉批：「山圖。赤斧。」

「若乃剛悍生其方，風謠尚其武，奮之則賨旅，翫之則渝舞。」注：「應劭風俗通曰：巴有賨人剽勇。高祖爲漢王時，閬中人范目說高祖募取賨人，定三秦，封目爲閬中慈鳧鄉侯。」墨筆眉批：「風俗通。慈鳧鄉侯范目。」

「蘪蕪布濩於中阿，風連莚蔓於蘭皋。」墨筆眉批：「風連不注。」

「指渠口以爲雲門，灑滮池而爲陸澤。」注：「李冰於湔山下，造大堋以壅江水。」墨筆眉批：「指渠口以爲雲門句好。湔山。」

「家有鹽泉之井，戶有橘柚之園。」注：「地理志曰：蜀都嚴道、巴郡昫忍、魚複二縣出橘，有橘官。」墨筆眉批：「橘官。」

「其園則有林檎、枇杷、橙柿、梬楟、榹桃函列，梅李羅生。」墨筆眉批：「梬楟。榹。」

「若乃大火流，涼風厲，白露凝，微霜結，紫梨津潤，樼栗罅發，蒲萄亂潰，石榴競裂，甘至自零，芬芬酷烈。」注：「榛與樼同。」墨筆眉批：「一片好秋景。」又批：「樼，即榛。」

「其園則蒟蒻茱萸，瓜疇芋區，甘蔗辛薑，陽蓲陰敷。」墨筆眉批：「蒟蒻。後注蓲與敷同，此

〔二〕「縣」，傅山全書初版本誤作「渠」，據批點底本改。

藴、敷重押。」

「蕡實時味，王公羞焉。」注：「詩曰：爾肴既將。」墨筆眉批：「爾肴既將，在此不知爲何。」

「其中則有鴻儔鵠侶，鷲鷺鵜鶘」云云。墨筆眉批：「羽族。」

「其深則有白黿命鼈，玄獺上祭」云云。墨筆眉批：「水族。」

「於是乎金城石郭，兼市中區，既麗且崇，實號成都。」墨筆眉批：「地勢形勝。」

「結陽城之延閣，飛觀榭乎雲中，開高軒以臨山，列綺牕而瞰江。」墨筆眉批：「江。此江字叶中。」〔一〕

「內則議殿爵堂，武義虎威，宣化之闥，〔二〕崇禮之闈。」墨筆眉批：「樓觀臺榭。」

「庭扣鐘磬，堂撫琴瑟，匪葛匪姜，疇能是恤。」墨筆眉批：「賦蜀而但云葛、維耶！」

「都人士女，袨服靚妝，賈貿墆鬻，舛錯縱橫。」墨筆眉批：「墆。」

「黃潤比筒，籝金所過。」注：「司馬相如凡將篇曰：黃潤纖美宜制襌。」墨筆眉批：「凡將篇曰：黃潤纖美宜制襌。」

「劇談戲論，扼腕抵掌。」注：「相譚七說曰」云云。墨筆改「相」爲「桓」。

「金罍中坐，肴槅四陳。觴以清醥，鮮以紫鱗。」注：「槅與核義同。」墨筆眉批：「槅，同核。」又硃筆眉批：「說文槅注：大車軛也。」

「起西音於促柱，歌江上之飄厲。」墨筆眉批：「飄。」

〔一〕「江」，傅山全書初版本脱，據手稿補。

〔二〕「闥」，傅山全書初版本誤作「門」，據批點底本改。

「若夫王孫之屬，郤公之倫」云云。墨筆眉批：「郤公。」

「鷹犬倏眒，罻羅絡幕。」墨筆眉批：「倏眒。」

「帶文蛇，跨雕虎。」墨筆改「蛇」爲「蛇」。

「鼂鼊氓於葽草，彈言鳥於森木。」注：「鼂，當爲拍。」「此二事魏完南中志所記也。」「文立

蜀都賦：虎豹之人。」墨筆眉批：「鼂，當爲拍。魏完。文立。」

「試水客，艤輕舟，娉江斐，與神遊。」墨筆眉批：「斐。」

「吹洞簫，發擢謳。」墨筆改「擢」爲「櫂」。

「若乃卓犖奇譎，倜儻罔已，一經神怪，一緯人理。」墨筆眉批：「一經神怪，一緯人理。」

「天帝運期而會昌，景福肸蠁而興作。」硃筆眉批：「肸蠁。」

卷一百三十二　文選批注（二）

卷第五

吴都賦　左太沖

「而吾子言蜀都之富，禺同之有，瑋其區域，美其林藪。矜巴漢之阻，則以爲襲險之右，徇蹲鴟之沃，則以爲世濟陽九。」注：「越巂郡蜻蛉縣禺山」云云。「易無妄曰：灾氣有九，陽阨，陰阨四，合爲九。」墨筆於「陽阨」下加「五」。墨筆眉批：「禺同。禺山。易無妄。陽九。」

「故其經略，上當星紀，拓土畫疆。」墨筆眉批：「拓土畫疆。」

「潰渱泮汗，滇淼漫。」墨筆眉批：「渱。滇。沵。」

「或湧川而開瀆，或吞江而納漢。」注：「錢塘縣武林水所出龍川，故曰漏川。」墨筆眉批：「本文作湧，注作漏。」

「磈磈巍巍，滮滮涆涆。」墨筆眉批：「滮涆。」

「出乎大荒之中，行乎東極之外。」墨筆眉批：「出乎大荒，行乎東極。」

「泓澄奫潫，澒溶沆瀁。」墨筆眉批：「奫，潫。」

「澶湉漠而無涯，揔有流而爲長。」墨筆眉批：「湉。揔。」

「魚鳥聱耴，萬物蠢生。」注：「聱耴，衆聲也。」墨筆眉批：「聱耴。聱耴，衆聲。」

「嫋嫋素女，江婓於是徃來。」墨筆眉批：「婓。」

「爾乃地勢坱圠，卉木跃蔓。」墨筆眉批：「跃。」

「異荂蓲蘛，夏曄冬蒨。」注：「蘛與蕍同，蓲與敷同。」墨筆眉批：「蓲，敷。蘛，蕍。」

「方忠所辨，中州所羡。」墨筆眉批：「方忠所辨。」

「草則藿蒳豆蔻、薑彙非一，江蘺之屬，海苔之類，綸組紫絳，食葛香茅，石帆、水松，東風、扶留。」

注：「石帆生海嶼」，「其華離婁相貫連。」「以合石賁灰與檳榔並咀之。」墨筆眉批：「藿蒳。薑彙。離婁。石賁灰。」

「光色炫晃，芬馥肸蠁。」墨筆眉批：「肸蠁。」

「木則楓、柙、櫲、樟、栟櫚、枸榔、緜、杬、杶、櫨、文、欀、楨、橿。」注：「楨櫨，二木名。」「杶，勑偷切。」墨筆改「偷」爲「倫」。墨筆眉批：「柙。杶音勑倫切。注僞爲偷。文作橿，注作櫨，訛。」

「其上則猨父哀吟，貚子長嘯。」墨筆眉批：「貚。」

「其竹則篔簹林箊。」注：「林箊，是袁公所興越女試劍竹者。」墨筆改「興」爲「與」。

「檀欒蟬蜎，玉潤碧鮮。」注：「枚乘兔園賦曰：脩竹檀欒，夾水碧鮮。」墨筆眉批：「今古文苑作：修竹檀欒，夾池水皆宕。」

「龍眼橄欖，棎榴禦霜。」墨筆眉批：「棎。」注：「得扶榴藤，與古賁灰合食之。」墨筆眉批：「古賁灰。」

「結根比景之陰。」注：「漢書音義如淳曰：比景，日中於頭上」云云，「一作比景。」墨筆改

「一作比景」之「比」爲「北」。

「山雞歸飛而來棲，翡翠列巢以重行。」注：「今所謂山雞者，鷩蛦也。」〔二〕墨筆眉批：「鷩蛦，山雞也。」

「頳丹明璣，金華銀樸。」注：「樸銀之在右者」云云。墨筆改「右」爲「石」。

「縹碧素玉，隱眼崴裹。」「哲陊山谷，〔三〕碕岸爲之不枯。」注：「裹，故乖切。」「說文：哲樀空青，珊瑚墮之。珠玉潛伏土石間，隨日時長，故哲毀陊落山谷之土石也。」墨筆改「故乖切」爲「胡乖切」，改「樀」爲「擿」。墨筆眉批：「哲陊，陊卽墮字，直氏切，卽知端法。」

「佩長洲之茂苑，窺東山之府。」注：「漢書枚乘上書曰：夫漢諸侯方輸謂錯世」云云。硃筆改「世」爲「出」。墨筆眉批：「枚乘。」

「施榮楯而捷獵，崇臨海之崔巍。」墨筆眉批：「榮楯。」

「房壠對櫎，連閣相經。」墨筆改「壠」爲「櫳」。

「左稱彎碕，右號臨硎。」注：「於太初之東，開彎碕、臨硎二門。」墨筆眉批：「彎碕、臨硎二門。」

「彫欒鏤楶，青瑣丹楹。圖以雲氣，盡以仙靈。」注：「梁，栭也。」墨筆改「盡」爲「書」，改「梁」爲「楶」。

「列寺七里，俠棟陽路。」注：「書曰：今尚書、御史、謁者所中，皆曰寺。」硃筆改「書曰」

〔二〕「蛦」，傅山全書初版本誤作「䗅」，據批點底本改。

〔三〕「陊」，傅山全書初版本誤作「移」，據批點底本改。

爲「善曰」，改「所中」爲「所居」。〔二〕

「虞魏之昆，顧陸之裔，岐嶷繼體，老成奕世。」注：「虞，虞文秀。魏，魏周。顧，顧榮。陸，陸遜。」墨筆眉批：「虞文秀。魏周。顧榮。陸遜。」又注：「西京賦」云云。墨筆旁批：「平子。」

「蘭錡内設，冠蓋雲蔭，閭閻闐噎。」墨筆眉批：「蘭錡。西都注：善曰：劉逵魏都注曰：受他兵曰蘭，受弩曰錡，音蟻。今逵注無此語。」

「翹關扛鼎，拼射壺博。鄱陽暴虐，中酒而作。」注：「何晏云：鄱陽惡戲，難與曹也。」墨筆眉批：「鄱陽惡戲難與曹。」又注：「手揀爲拚。」硃筆改「拚」爲「拼」。

「士女佇眙，商賈駢坒。」墨筆眉批：「佇眙。」硃筆眉批：「坒。」

「果布輻凑而常然，致遠流離與珂珹。」注：「珹，老鵰化西海爲珹。」墨筆眉批：「老鵰化珹。」

「澀譶澩㵳，交貿相競，諠譁喤呷，芬葩蔭映。」注：「方言曰：㵳，猥也。」墨筆眉批：「澀譶澩㵳。」又硃筆眉批：「譶，篇韻：徒荅切，疾言也。」又墨筆眉批：「廣韻：澩，下巧切，動水聲。㵳，亦下巧切，事露也。又奴巧切。說文：音哮。以本文解不得矣。爾雅：澩，夏有水，冬無水，曰澩，入聲。强以義解之，澀，不能言也。譶，能言者也。謂市肆之中，言語不齊，乱嚷而澩㵳，則全以聲想像之耳。如揚雄蜀都賦則曰『唯不感慨』，何其妙也。」又墨筆根批：「琴賦：紛澀譶以流漫。說文：譶，徒合切。猥，上聲，烏賄切。說文：犬吠也。詩卷阿箋云：賢者則猥

〔二〕此條，傅山全書初版本脫，據手稿補。

來就之。正義云：猥者，多而疾來之義。廣韻：鄙也。又去聲。」

「富中之甿，貨殖之選。」墨筆眉批：「富中。」

「趫材悍莊，此焉比廬」，「扶揄屬鏤。」墨筆眉批：「句調庸俗之極。扶揄無注。」

「藏鍦於人，去戚自閭，家有鶴膝，戶有犀渠。」墨筆眉批：「鍦。犀渠，中四經：釐山有獸焉，狀如牛，蒼身，其音如嬰兒，是食人，名曰犀渠。」

「吳鉤、越棘、純鈎、湛盧。」注：「呼其兩子之名吳鴻、扈稽。」「棘，戟也，結鈎。」「客有能相劍者，名薛燭。」「一曰純鉤，二曰湛盧，三曰莫耶，四曰豪曹，五曰巨闕。」硃筆改「結」爲「純」。墨筆眉批：「吳鴻。扈稽。薛燭。純鉤。湛盧。莫耶。豪曹。巨闕。」

「坐組甲，建祀姑。」注：「祀姑，旛名。」硃筆眉批：「祀姑之旛。」又墨筆眉批：「祀姑。」

「烏滸、狼𦟎、夫南、西屠、儋耳、黑齒之酋，金鄰、象郡之渠，驫駥飍矞，靸霅警捷，先驅前塗。」墨筆眉批：「驫駥飍矞。烏滸。狼𦟎。夫南。西屠。儋耳。黑齒。金鄰。象郡。」

「俞騎騁路，指南司方。」注：「管仲曰：登山之神有俞兒者，長尺，人物具焉。」墨筆眉批：「管子。俞兒。」

「峭格周施，罿罻普張，畢罕瑣結，罠蹏連綱。」注：「周易曰：蹄所以在兔，得兔而忘蹄。」墨筆眉批：「罠蹏。蹄筌兔魚之語，本莊子，此云周易。」

「猿臂骿脅，狂趭獷猤。」墨筆眉批：「趭獷猤。」

「干鹵殳鋋，暘夷勃盧之旅，長殺短兵，直髮馳騁。」墨筆眉批：「暘夷卽陽夷。勃盧。」

「鼓疊山，火烈熛林。」墨筆眉批：「山上脫一字。」

「虣甝虪，䌰麈麖，轥六駮，追飛生。」「跇踰竹柏，獮猭杞柟。」注：「䌰，音聳。」「師曠曰：南方有鳥，曰羌鶬。」硃筆眉批：「顙音聳，文聲不知何從。」又墨筆眉批：「顙。鶬。獬。猤。鶬。」

「封豨蓰，神螭掩。」墨筆眉批：「封豨蓰。蓰，文義音皆不知何從。」

「猩猩啼而就擒，㒸㒸笑而被格。」注：「異物志曰」云云。墨筆眉批：「異物志。」

「應弦而飲羽。」注：「闞子曰：朱景公」云云。硃筆改「朱」爲「宋」。

「戈磻放，稽鷦鵬。」硃筆改「戈」爲「弋」，又眉批：「弋。」

「沉虎潛鹿，睪襱偖束。」墨筆眉批：「襱。」

「雖復臨河而鈞鯉，無異射鮒於井谷。」注：「易井卦曰：九二，井谷射鮒。鄭玄云：九二，坎爻也，坎爲水，上直巽生一艮爻也。」硃筆眉批：「井之蹇☵☶。」「坎爲水」旁墨筆批：「解全不解其義。」

「北山云其翔翼。」硃筆改「云」爲「失」。

「簡其華質，則𡔲費錦繢。」墨筆眉批：「𡔲費。」

「登東歌，操南音，胤陽阿，詠韎任，荆豔楚舞，吳愉越吟，翕習容裔，靡靡愔愔。」硃筆改「愉」爲「歈」。又硃筆眉批：「歌舞。」

「魯陽揮戈而高麾，廻曜靈於太清。」注：「昔光武合滹沱水，鄉衍有隕霜之應」云云。硃筆改「水」爲「冰」，改「鄉」爲「鄒」。又墨筆眉批：「魯陽。」〔二〕

「闔閭信其威，夫差窮其武。」注：「闔閭之弟去槩王」云云。硃筆改「去」爲「夫」。

〔二〕墨筆眉批文字，傅山全書初版本脫，據手稿補。

注：「徒以江湖嶮陂，物產殷充，繞霤未足言其固，鄭白未足語其豐。」墨筆眉批：「繞霤，漢書在商州界，所謂七盤十二繞。」「霤」下注「李敕」。硃筆改「敕」爲「救」。

「丹青圖其象珍瑋，貴其寶利也。」硃筆將「象」字圈去，並旁批：「多一字。」

「亦猶棘林螢燿，而與夫櫄木龍燭也。」注：「山海經曰：二員殺猰貐」，「劉向曰：此二員之臣」云云。硃、墨筆改注中二「員」字爲「負」字。硃筆眉批：「櫄。劉向。」

「若吾子之所傳孟浪之遺言，略舉其梗概，而未得其要妙也。」注：「孟浪猶莫絡也。」墨筆眉批：「孟浪猶莫落也。」

卷第六

魏都賦

左太沖

題首墨筆旁批：「張載注。」又墨筆根批：「沖。」〔一〕

「巖岡潭淵，限蠻隔夷。」注：「居平卜居曰」云云。硃筆改「居」爲「屈」。〔二〕

「繆默語之常倫，牽膠言而踰侈，飾華離以矜然，假倔彊而攘臂。」注：「周官曰：形方氏掌制邦國之地域，而三其封疆，無華離之地。」墨筆眉批：「夏官：形方氏掌制邦國之地域，而正其封疆，無有華離之地。注：杜子春云：離當爲雜，書亦或爲雜。玄謂華讀爲㼌哨之㼌，正之使不

〔一〕墨筆根批文字，傅山全書初版本脫，據手稿補。

〔二〕此條，傅山全書初版本脫，據手稿補。

佤邪離絕。釋曰：地有佤邪離絕，遞相侵入不正。佤者，兩頭寬，中狹。邪者，一頭寬，一頭狹。云佤哨之佤者，投壺禮主人，云枉矢哨壺，是不正之義。」

「造沐猴於棘刺。」注：「韓子曰：燕王好微巧。衛人曰：臣能以棘刺之端爲母猴。」墨筆眉批：「棘刺。獼猴。韓子。」

「劍閣雖嶛，憑之者蹶。」「洞庭雖濬，負之者北。」墨筆眉批：「嶛。蹶。濬。北。」

「川澤廻繚，恆碣碪碍。」墨筆眉批：「碪碍。」

「神鉦迢遞於高巒」，「華清蕩邪而難老。」硃筆眉批：「神鉦。」墨筆眉批：「難老。」

「嘉祥徽顯而豫作。」〔二〕硃筆改「徽」爲「微」。

「覽荀卿，采蕭相。」硃筆眉批：「荀子。」

「藹藹列侍，金蜩齊光，詰朝陪幄，納言有章。」注：「建安十八年始置侍中，尚書御史符節謁者，金蜩金蟬。蔡邕獨斷曰：侍中常侍，皆冠惠文，加貂附蟬。」墨筆眉批：「藹藹列侍，金貂齊光。王儉對齊高帝，以爲藩國侍臣有貂之明文，此實蜩字。此又不謂藩國也。」

「奔龜躍魚，有瞭呂梁。」注：「瞭，察也，千例反。」墨筆眉批：「瞭，千例反。」

「雲雀踶甍而矯首，壯翼擒鏤於青霄。」注：「張衡西京賦曰：鳳翥騫於甍標，感愬風而欲翔。」墨筆眉批：「西京賦『咸愬風』，非『感』字也。」

「長塗牟首，豪徼互經，晷漏肅唱，明宵有程。」墨筆眉批：「牟首。漢書注：孟康曰：牟首，地名也，上有觀。如淳曰：牟首，屏面也，以屏面自隔。瓚曰：牟首，池名也，在上林苑中。

〔二〕「顯」，傅山全書初版本脫，據批點底本補。

師古曰：瓚說是也。劉逵以爲牟首，閣道，有室屋也。此說更無所出。注蜀、吳，此注爲張載。」「附以蘭錡，宿以禁兵，司衞閑邪，鉤陳罔驚。」注：「建安二十二年，初置衞尉。」墨筆眉批：「蘭錡。建安。」

「臨焦原而不悅，誰勁捷而無猥？」注：「尸子曰：莒國有石焦原者」云云。「鶡冠子曰」云云。墨筆眉批：「猥。尸子。石焦原。鶡冠子。」

「圍木竦尋。」「丹藕凌波而的皪。」「若咆渤澥與姑餘。」注：「淮南子曰：軼鶤雞於姑餘。」「莊子曰：見巨木，其絜百圍。」「卽藕爲偏名」云云。墨筆眉批：「姑餘。絜百圍。藕爲偏名。」

「牒牒坰野。」「墱流十二。」墨筆眉批：「牒。坰。墱。」

「奉常之號，大理之名。」「肅肅階闢，重門在扃。」注：「建安十八年，始置侍中尚書。」「二十一年，大理鐘繇爲相國，始置太常、宗正。二十二年，以軍師華歆爲御史大夫。」墨筆眉批：「奉常。大理。闢，今行爾雅但作鄉。建安十八、廿一、廿二年。」

「閈出長者，巷苞諸公，都護之堂，殿居綺牕，輿騎朝猥，蹀敂其中。」注：「都護者，將軍曹淵也。」墨筆眉批：「閈無音，亦可爲閈之小訛。曹淵。蹀敂。」

「起建安而首立。」墨筆旁批：「成何語？」墨筆眉批：「建安。」

「廣成之傳無以儔。」墨筆眉批：「廣成傳。」

「白藏之藏。」「賓幏積墆。」注：「風俗通曰：槃瓠之後，輸布一匹二丈，是謂賓布。廩君之巴氏，出幏布八丈。」墨筆眉批：「白藏。賓幏。槃瓠。賓人。廩君。幏。」

「至乎勍敵糾紛，庶土罔寧，聖武興言，將曜威靈，介胄重襲，旍旗躍莖，弓珧解檠，矛鋋飄英，三屬之甲，縵胡之纓，控絃簡發，妙擬更嬴。」注：「建安十九年五月，立魏公。位諸侯王上，〔一〕赤紱，遠遊冠。二十一年，進爵爲王。二十二年，得設天子旍旗。」墨筆眉批：「寧、靈、莖、英、纓、嬴。更嬴。今行國策多刻嬴爲羸，以此證之，當作嬴也。建安十九年、廿一年、廿二年。」

「席捲虔劉。梫威八紘，荒阻率由。洗兵海島，刷馬江洲。振旅輷輷，反旆悠悠。凱歸同飲，疏爵普疇。朝無刓印，國無費留。」注：「魏武帝從初平元年起兵，至建安二十五年，軍無不尅。」「司馬相如梨賦曰：嚼嗽其漿。」墨筆眉批：「瞎奴恁地不知好歹。初平至建安。輷輷。司馬相如黎賦：嚼嗽其漿。」

「於時東鯷卽序，西傾順軌，荆南懷憓。」「愔愔醧讌，酣湑無譁。」注：「建安廿一年，匈奴南單于呼韓厨泉將其名王大人來朝。」「尸子曰：荆者非無東西也。」墨筆眉批：「鯷。憓。建安廿一年。醧。尸子。」

「鞮鞻所掌之音，韎昧任禁之曲。」注：「孝經鉤命決曰」云云，「西夷之樂曰株離。」「韎然昧皆東夷之樂。」墨筆於文中「韎」旁批「東」，「昧」旁批「株」，「任」旁批「南」，「禁」旁批「北」。硃筆鈎「韎然」爲「然韎」。墨筆眉批：「如注，此昧字是西，當是株離之株字。」

「備法駕，理秋御，顯文武之壯觀，邁梁騶之所著。」注：「莊子曰：尹需學御，三年而無所得，夜夢受秋駕於其師。」墨筆眉批：「梁騶。尹需秋駕。」

「澤馬于阜，山圖其石。」注：「瑞石靈圖出於張掖之柳谷。」「說文曰：于，步也。」墨筆眉

〔一〕「侯」，傅山全書初版本脫，據批點底本補。

批：「瑞石。于當作亻。說文：小步也，注丑亦切。」硃、墨筆改兩「于」字爲「亻」。

「人謀所尊，鬼謀所秩，劉宗委馭，巽其神器。」墨筆眉批：「尊本朝之晉則可，然來頭一味諛曹魏，蓬心哉！」

「追亙卷領與結繩，睠留重華而比蹤。」注：「魏志曰：陳留王象即皇帝位。」墨筆眉批：「卷領。陳留王象。」

「菲言厚行，陶化染學，讎校篆籀，篇章畢覿。」注：「黃初元年，黃鳥銜丹書。」「封禪書曰：旼旼穆穆。」「論語曰：君子薄於言而厚於行。」墨筆眉批：「黃初元年。旼旼穆穆。史記：旼旼穆穆，君子之態，說獸也。薄於言而厚於行，今論語無此句。」

「抗旍則威噉秋霜，摛翰則華縱春葩。」注：「建安二十三年代郡烏丸反。」墨筆眉批：「建安廿三年。」

「鴛鴦交谷」云云。注：「劉瓛周易義曰」云云。墨筆眉批：「劉瓛。」

「易陽壯容，衛之稚質，邯鄲躧步，趙之鳴瑟。」注：「史遷記曰：趙中山鼓鳴瑟，跕躧躧。」墨筆眉批：「今史但作跕屣。」

「眞定之梨，故安之栗。醇酎中山，流湎千日。淇洹之筍，信都之棗。」硃筆眉批：「梨。〔一〕栗。筍。棗。」

「繁富夥夠，非可單究。」墨筆眉批：「夥夠。」

「富仁寵義，識競弗羅。」注：「逸詩云：兆云詢多，職競弗羅。」墨筆眉批：「逸詩：職競

〔一〕「梨」，傅山全書初版本誤作「黎」，據手稿改。

弗羅。」

「張儀、張祿亦足云也。」注：「張祿先生隨秦謁者王稽入秦。謂昭王曰：臣居山東時，聞齊有田單，而不聞其有王也。」墨筆眉批：「臣居山東時，聞齊有田單，而不聞其有王也。」〔二〕

「摧惟庸蜀與鴝鵒同窠。」墨筆眉批：「摧惟。」

「林藪石留而蕪穢。」墨筆眉批：「石留。」

「漢罪流禦，秦餘徒帑。」墨筆眉批：「帑。」

「宵貌蕞陋，禀質遳脆，巷無杼首，里罕耆耋。」墨筆眉批：「杼首。耋，叶去聲。」

「或鮀髻而左言，或鏤膚而鑽髮。」墨筆眉批：「鮀。髮，叶去聲。」

「風俗以韰果爲嫿，人物以戕害爲藝。」墨筆眉批：「韰果。惈。荀子解果其冠，韻会小補卽以韰果當之。」

「薄戌緜冪，無異蛛蝥之網。弱卒瑣甲，無異螳娘之衞。」硃筆眉批：「何必代魏发此穢口！」

「卽將來之後轍。」「建業則亦顛沛。」「焉至覿形而懷怛」。墨筆眉批：「後轍。沛。怛。去入二聲互換，俱可叶。」

「先生之言未卒，吳蜀二客，矆焉相顧，䁩焉失所，有靦瞢容，神藥形茹，弛氣離坐，剝墨而謝。」墨筆眉批：「䁩。者瞎漢十年琱瓔，只爲此末段數句，不知此齪一經營，也曾得到死孟德耳中，博得一笑否？不值錢一至此！」

「僕黨清狂，怵迫閩濮。」注：「閩已見吳都賦。孔安國尚書注目：濮國在江漢之南。」墨筆眉

〔二〕「而」字，傅山全書初版本脫，據手稿補。

批：「閩謂吳，濮謂蜀。」

「兼重悂以貤繆，偭辰光而罔定。」墨筆眉批：「悂。貤。」

「先生玄識，深頌靡測，得聞上德之至盛，匪同憂於有聖。」注：「王弼周易注曰：不與聖人之憂，憂君子之道不長，小人之道不消。」墨筆眉批：「王弼解不與聖人同憂，今易繫詞注是韓康伯者，不載弼注。」

「庶覬蔀家與剝廬，非蘇世而居正。」墨筆眉批：「蘇世。」

卷第七

甘泉賦一首　楊子雲

題注：「明日遂卒」云云。硃筆旁批：「此不然。」

題首墨筆眉批：「文士想用勸一諷百之詞，爲人主藥石之效，其迂疎可笑，良不如優孟、優旃，以至于申漸離、敬新磨之效速也。徒惹道學輩之責讓昧六義耳。若上有聰明特達之遇，何必譏諷而後可？即勸亦可感動。」

「孝成帝時，客有薦雄文似相如者。」墨筆眉批：「客有薦句也得意，也知有前輩。若今日之子雲，便不肯說似相如矣。」

「同符三皇，錄功五帝，邺徿錫羡，拓迹開統。」注：「文穎曰：符，合也。」「應劭曰：邺，憂也。」硃筆眉批：「注都不成文理。」

「星陳而天行。」墨筆眉批：「星陳而天行。」

「詔招搖與太陰兮，伏鉤陳使當兵。」注：「太陰，歲後三辰也。」硃筆旁批：「史記注作二辰。」

「屬堪輿以壁壘兮，捎夔魖而抶獝狂；八神奔而警蹕兮，振殷轔而軍裝。」注：「張晏曰：堪輿至獝狂，八神也。」「漢書武帝紀曰：用事八神。文穎曰：八方之神也。」墨筆眉批：「封禪書：秦始皇祠名山大川及八神。一天、二地、三兵、四陰、五陽、六月、七日、八四時，此神亦非其義。」又批：「堪輿至獝狂那得有八？且上注張晏曰堪輿爲天地總名矣，而此又曰八神，何也？漢書：元封元年，詔用事八神。後文穎曰：武帝祭名山于大一壇西南，開除八通鬼道，故言用事八神也。一曰：八方之神。」

「流星旄以電燭兮，咸翠蓋而鸞旗。」注：「周書曰：樓煩，星。」墨筆眉批：「咸翠蓋而鸞旗六字，與流星旄句不甚聯絡。樓煩。」

「聲駍隱以陸離兮，輕先疾雷而馺遺風。」墨筆眉批：「陸離皆習爲光彩煥耀，此連聲用之。又下文『先疾雷』云云，全非光彩義矣。」又墨筆根批：「此陸離猶瀏溂。」

「登椽欒而羾天門兮，馳閶闔而入凌競。」注：「凌競，恐懼貌也。李奇曰：羾，音貢。蘇林曰：羾，至也。」墨筆旁批：「漢書注：師古曰：凌競寒涼戰栗之處也。」墨筆眉批：「凌競若是恐懼，則入字不通矣。如上文椽欒曰登天門，曰羾閶闔，曰馳，則此凌競似非空言。」又墨筆根批：〔二〕「羾解至無味，从羽只作飛義好。」

「直嶢嶢以造天兮，厥高慶而不可乎彌度。」注：「慶音羌。」墨筆眉批：「慶如羌聲，賦中常

〔二〕「根批」，傅山全書初版本誤作「眉批」，據手稿改。

法，但此處文義，似有不同。」

「平原唐其壇曼兮，列新雉於林薄。」注：「鄧展曰：唐，道也。服虔曰：新雉，香草也。雉、夷聲相近。」「新雉，辛夷也。本草：辛夷，一名辛引。」墨筆改「引」爲「矧」。墨筆根批：「唐字作空義好。新夷，一名新矧。矧、雉皆從矢，故混。」

「攢幷閭與茇葀兮，紛被麗其亡鄂。」墨筆眉批：「茇葀，本草有菝葜，一名菝菰，又曰金剛根，又曰鐵菱角，亦曰王瓜草。不知是此茇葀否？聲頗近。萆薢，一名白菝葜。」

「於是大厦雲譎波詭。」墨筆眉批：「雲譎波詭。」

「正瀏濫以弘惝兮。」墨筆眉批：「瀏濫。」

「翠玉樹之青葱兮。」墨筆眉批：「玉樹青葱。」

「樧北極之嶟嶟。」墨筆眉批：「樧。」

「日月纔經於柍振。」墨筆眉批：「柍振。」

「歷倒景而絕飛梁兮，浮蠛蠓而撇天。」注：「張楫曰：陵陽子明經曰：倒景，氣，去地四千里，其景皆倒下。如淳郊祀志注曰：在日月之上，日月返從下照，故其景倒。」硃筆眉批：「倒景之說，亦須細繹。」又墨筆眉批：「在日月之上，日月反從下炤，是矣。『故其景倒』四字，又不大了了。此蠛蠓非蟲也。」又墨筆根批：「陵陽子明經。」

「白虎敦圉乎崑崙。」墨筆眉批：「敦圉。」

「覽樛流於高光兮，溶方皇於西清。」注：「服虔曰：高光，宮名也。」「方皇卽彷徨，觀名也。」「西清，西廂清淨之處也。」墨筆眉批：「高光，宮名，云『覽樛流』使得。若方皇是觀名，則說不得在西廂清淨之處矣。『於』字當作『之』字，謂方皇觀之清淨處始得。」

「前殿崔巍兮，和氏玲瓏；抗浮柱之飛榱兮，神莫莫而扶傾。」注：「抗，舉也，舉浮柱之飛榱，言檐宇高峻，若神清淨而扶其傾危也。」墨筆眉批：「若神清淨而扶其傾危，不成文義。」

「紛蒙籠以棍成。」墨筆眉批：「棍。」

「襲琁室與傾宮兮，若登高眇遠，亡國肅乎臨淵。」「亡國」旁墨筆批：「漢書無亡國二字。」

「回焱肆其碭駭兮，翍桂椒而鬱栘楊。」墨筆改「焱」爲「猋」。墨筆眉批：「回猋以下十數句，皆因『回猋』兩字寫出，其義全自宋玉風賦來。」

「薌呹肸以棍批兮，聲駍隱而歷鍾。」注：「說文曰：肸，蠁布也。」「批」旁硃筆批：「撇。」墨筆眉批：「棍。肸，蠁布也。批，漢書作根。」又硃筆眉批：「作根字還不如批字。」

「帷弸環其拂汨兮，稍暗暗而靚深。」墨筆眉批：「弸環，廣韻：開張貌。又帷帳起貌。」

「雖方征僑與偓佺兮。」[二]墨筆眉批：「征僑。[三]偓佺。」

「蓋天子穆然珍臺閒館，琁題玉英」至「感動天地，逆釐三神者。」硃筆眉批：「自『蓋』至『者』是一句。」又墨筆眉批：「唯漢賦有此句。」

「集乎禮神之囿，登乎頌祇之堂。」墨筆眉批：「想來此等句法亦自可笑。」

「建光燿之長旓兮，昭華覆之威威。」墨筆眉批：「前有揚光曜之燎燭。」

「梁弱水之濎濴兮。」墨筆眉批：「濎濴。」

〔二〕「僑」，傅山全書初版本誤作「喬」，據批點底本與手稿改。

〔三〕「僑」，傅山全書初版本誤作「喬」，據批點底本與手稿改。

「屏玉女而卻宓妃。」墨筆眉批：「玉女而宓妃能卻，亦有力人成。」〔一〕

「燎薰皇天，皋搖泰壹。」注：「如淳曰：皋，挈皋也。積柴於挈皋頭，置牲玉於其上，下而燒之，欲近天也。」墨筆眉批：「皋字，如淳說近之。」

「舉洪頤，樹靈旗。」注：「服虔曰：洪頤，旌名也。」墨筆眉批：「洪頤，旗名。」

「玄瓚觩髎，秬鬯泔淡。」墨筆眉批：「泔淡。」

「肸蠁豐融，懿懿芬芬。」墨筆眉批：「肸蠁。」

「亂曰：崇崇圜丘，隆隱天兮」云云。墨筆眉批：「靈光殿之亂，全套此。」

「聖皇穆穆，信厥對兮。」墨筆眉批：「信厥對。」

子虛賦一首　司馬長卿

「罷池陂陀，下屬江河。」墨筆眉批：「徐悱酬到長史詩『脩篁壯下屬』，注引『下屬江河』之句。」

「莅蘺蘪蕪。」硃筆改「莅」爲「江」。

「東薔彫胡，蓮藕觚盧。」注：「張晏曰：觚盧，扈魯也。」墨筆眉批：「觚盧，扈魯也，不知何物。」

「巷閭軒于。」注：「張楫，巷閭」云云。硃筆於「楫」下加「曰」字。

「倏眒倩浰。」墨筆眉批：「倏眒倩浰。」

「陽子乘孅阿爲御。」注：「孅，音孅。」墨筆改「音孅」之「孅」爲「纖」。

〔一〕此條，傅山全書初版本脫，據手稿補。

「洞胸達掖。」墨筆改「掖」爲「腋」。

「襞積褰縐，紆徐委曲，鬱橈谿谷。」注：「縐，裁也，其縐中文理岪鬱，有似於谿谷也。」墨筆眉批：「鬱橈谿谷注，〔一〕逕帖上縐中文理，固奇解，然正不必帖衣服上。」

〔一〕「谷」，手稿作「山」，據底本文改。

卷一百三十三　文選批注（三）

卷第八

封面墨筆批：「上林。羽獵。長楊。射雉。糟弗述，羽獵注。北征，叔皮。東征，大家。西征，潘岳。輴同輊，射雉賦。」

上林賦　司馬長卿

「亡是公听然而笑。」注：「所，笑貌。」墨筆改「所」爲「听」。

「此不可以揚名發舉。」墨筆改「舉」爲「譽」。

「酆鎬潦潏，紆餘委蛇。」注：「潘岳關中記曰：涇、渭、灞、滻、酆、郭、潦、潏」云云。墨筆改「郭」爲「鄗」。

「沉沉隱隱，砰磅訇磕。」墨筆改「砰」爲「砰」。

「鰅鰫鰬魠。」墨筆眉批：「鰅。」

「煩鶩庸渠，箴疵鵁盧。」注：「鵁，鵁頭鳥。」硃筆眉批：「鵁，爾雅：鵁頭鵁。邢疏云：鵁一名頭鵁。」

「沈淫泛濫，隨風澹淡。」注：「沈音馮。」墨筆眉批：「沉淫，史記作汎淫。若論汎泛是一字，此音馮則異。沉字亦刻本轉訛。」

「沇溶淫鬻。」注：「張揖曰：冰流谿谷之間也。沇，以水切。」墨筆改「冰」爲「水」，改「水」爲「永」。墨筆眉批：「沇溶。」

「茈薑蘘荷，葴持若蓀。」注：「韋昭曰：持音懲。」墨筆眉批：「葴持。持讀如懲。」

「盼蠁布寫，晻薆咇茀。」墨筆眉批：「肸蠁。」

「華欐璧瑺。」墨筆改「欐」爲「樓」。

「象與婉僤於西清。」墨筆改「與」爲「輿」。

「嵯峨嶕嶫。」注：「嶫，音提。」墨筆改「提」爲「接」。

「夸條直暢，實葉葰楙。」注：「司馬彪曰：葰，大也，音峻。」墨筆眉批：「葰有綏灑之意。」

「於是乎玄猨素雌，蜼玃飛蠝，蛭蜩蠼猱」云云。墨筆眉批：「玃。蠼。」

「張樂乎膠葛之寓。」墨筆眉批：「膠葛。」

「德隆於三王，而功羡於五常。」墨筆改「常」爲「帝」。

「勞神若形，罷車馬之用，抗士卒之精。」墨筆改「若」爲「苦」，改「抗」爲「抚」。

羽獵賦　楊子雲

題首墨筆批：「羽獵賦。」

「甘露零其庭，醴泉流其唐。」墨筆改「體」爲「醴」。

「割其三垂，以贍齊民。」墨筆眉批：「三垂。」

「故聊因校獵，賦以風之。」墨筆眉批：「楊子雲開口就把諷字放在頭前，宋人心事，宋人心事。」

「或稱羲農，豈或帝王之彌文哉？」墨筆旁批：「起句亦自深厚。」

「萬物權輿於内，徂落於外。」墨筆眉批：「權輿。」

「爾迺虎路三嵕，以爲司馬。」墨筆眉批：「虎落三嵕，以爲司馬。」

「賁、育之倫，蒙盾羽，杖鏌邪而羅者以萬計。」墨筆眉批：「漢書盾字下有負字。」

「青雲爲紛，虹蜺爲繯。」墨筆眉批：「紛。繯。」

「鮮扁陸離，駢衍佖路，徽車輕武，鴻絧緁獵。」墨筆眉批：「鮮扁。駢衍佖路。鴻絧緁獵。」

「羽騎營營，昈分殊事。」墨筆眉批：「昈。」

「蚩尤並轂，蒙公先驅。」注：「如淳曰：蒙公，髦頭也。」墨筆眉批：「蒙公，髦頭。」

「霹靂烈缺，吐火施鞭。」墨筆根批：「淮南子：雷以電爲鞭。」

「萃傱沇溶，淋漓廓落，戲八鎮而開關。」墨筆眉批：「萃傱沇溶。既聚矣，又不亂，而有五什之長，從而進也。沇者，一入一出，如沇水之見伏也。溶，大也，行間寬廣，又不逼迫，艱于動轉也。」

「飛廉雲師，吸嚊潚率。」墨筆眉批：「吸嚊潚率。」

「舉烽烈火，轡者施技。方馳千駟，狡騎萬帥。」墨筆眉批：「漢書技作披，狡作校，帥作師。」

「猋拉雷厲，驞駍駖磕。」墨筆眉批：「猋拉雷厲，驞駍駖磕。」

「抴蒼豨，跋犀犛，蹶浮麋，斮巨狿，摶玄猨。」硃筆改「摶」爲「搏」。墨筆眉批：「拖。跋。蹶。斮。搏。」

「山谷爲之風猋，林叢爲之生塵。」墨筆眉批：「如此大舉，不知當如何形容，而僅曰林叢爲之生塵，可謂脫，可笑。」

「屨般首，帶脩蛇。」墨筆眉批：「屨可作履。」

「鉤赤豹，擥象犀。」墨筆眉批：「擥。」

「跐巒阬，超唐陂，車騎雲會，登降闇藹。」墨筆眉批：「跐。陂。車。」

「儲與乎大浦，聊浪乎宇内。」墨筆眉批：「儲與。」

「野盡山窮，囊括其雌雄。」注：「道逢二童子曰：此名爲轒弗述」云云。墨筆眉批：「轒弗述。」

「沇沇溶溶，遙噱乎紘中。」墨筆眉批：「沇溶，前云萃從沇溶。」

「三軍芒然，窮穴閼與。」注：「孟康曰：冗，行也。閼，止也。言三軍之盛，窮閼禽獸，使不得逸漏也。善曰：孟康之意，言窮其行止，皆無逸漏。」「穴」旁墨筆批：「冗。」墨筆根批：「孟康『窮其行止』，三字可也，末一『與』字安所着落？老孟通可不勞。閼，太歲在甲曰閼逢，在卯曰單閼，皆無解。此處大概謂獵罷從容之義。然亦可謂窮其冗，靜也；閼其與，獨也。不行不伍，少鬆開耳。若一字一義解之，馳騁既極曰窮，淫佚往來曰冗，擁族擠雜曰閼，逍遙容與曰與。」又墨筆眉批：「窮冗閼與」，此等字面，畢竟是作者擬議于形容聲義之間，而撮合用之，不必其出於何書也。故注亦只卜度解之而已，無所引也。」

「徒角槍題注，蹴竦讋怖，魂亡魄。」墨筆眉批：「漢書魂亡魄失，此脱一失字。」並墨筆於「魄」下加一「失」字。

「創淫輪夷，丘累陵聚。」注：「張晏曰：淫，過也。夷，平也。言獸被創過大，血流與車輪平也。」墨筆旁批：「是何呆解？」又墨筆眉批：「輪夷，傷于輪轢也。」

「於是禽嬋中衰。」墨筆改「嬋」爲「殫」。

「玉石嶜崟，眩耀青熒。」〔一〕注：「李彤單行字曰：嶜崟，高大貌。」墨筆眉批：「李彤單行字。」

「漢女水潛，怪物暗冥，不可殫形。」墨筆旁批：「漢女水潛，怪物暗冥八字，卻是子雲刺譏宮中之事。」又墨筆根批：「漢字借用，謂漢火德而卻有女水之害伏于其中，口暗怪也。」又墨筆眉批：「漢女水潛。」

「入洞穴，出蒼梧，乘巨鱗，騎京魚。」注：「晉灼曰：洞穴，禹穴也。山海經注曰：吳縣南大湖中有包山，山下有洞庭道也。」墨筆眉批：「洞穴、蒼梧之解，想來不是。」

「鞭洛水之宓妃，餉屈原與彭胥。」墨筆眉批：「宓妃何罪而鞭之？細想此句，亦可笑。」

「昭光振耀，蠁曶如神。」墨筆眉批：「蠁曶如神。」

「夫古之覲東嶽，禪梁基，舍此世也，其誰與哉」云云。〔二〕墨筆眉批：「俗語重翻沒縷，可以訂此末路之嘽。」

「馳弋乎神明之囿，覽觀乎羣臣之有亡。」注：「善曰：言馳弋神明之囿，冀以齊其聖德，觀其有無，而加恩施。」墨筆眉批：「此有無非觀其有無而加恩施之義。上文分明有神明之囿，何不達如此？」

〔一〕「青」，傅山全書初版本誤作「責」，據批點底本改。
〔二〕「哉」，傅山全書初版本誤作「或」，據批點底本改。

卷第九

長楊賦一首　楊子雲

墨筆根批：「叙一百三十字。」

「是時農民不得收斂，雄從至射熊館，還，上長楊賦，聊因筆墨之成文章，故藉翰林以爲主人，子墨爲客卿以諷。」墨筆眉批：「翰林字始此。」

賦首墨筆根批：「一千九十五字。」

「帥軍踤阹，錫戌獲胡。」墨筆改賦及注中「戌」爲「戎」。墨筆眉批：「踤。」

「逮至聖文，隨風乘流。」墨筆眉批：「隨風乘流。」

「疾如奔星，擊如震霆。」墨筆眉批：「奔星。」

「夷阬谷，拔鹵莽，刊山石。」墨筆眉批：「莊子：鹵莽如彼，用此又別義。」

「吮鋋瘢耆，金鏃淫夷者，數十萬人。」注：「服虔曰：耆鬣傷者，或矛豫內未出，其瘡如含然。或箭插其項未拔，蓁若鬣焉。」墨筆旁批：「此句已甚。」墨筆根批：「吮，似卽用鈗字。鈗、鋋，一類也。耆又致也，老也。服解亦有想頭，但文句上下少扨，然此皆指帶傷未死者。」又墨筆眉批：「下云數十萬人，似皆指人上，說不到馬。」

「迴戈邢指，南越相夷。」墨筆改賦及注中「邢」爲「邪」。墨筆眉批：「邪。」

「今朝廷純仁，遵道顯義，幷包書林。」墨筆眉批：「書林不解。」

「簡力狡獸，校武票禽。」「狡」旁硃筆批：「挍。」墨筆眉批：「票禽之對校獸，不必作挍字也。」

「是以車不安軔，日未靡旃，從者彷彿，骫屬而還。」注：「王逸楚辭注曰：軔，支輪木。日未靡旃，言日未移旌旗之影也。」墨筆眉批：「車不安軔，日未靡旃。〔二〕彷彿，此不曾注出。」

「鳴鞀磬之和，建碣磍之虡，拮隔鳴球，掉八列之舞。」注：「右文隔爲擊。」墨筆改「右」爲「古」。墨筆眉批：「碣磍。隔擊。」

「客徒愛胡人之獲我禽獸，曾不知我亦已獲其王侯。」墨筆眉批：「客徒愛胡人之獲我禽獸，曾不知我亦已獲其王侯。」

射雉賦　潘安仁

「畫墳衍而分畿。」注：「土高且大者，通之曰墳。」硃筆改「之」爲「名」。

「奮勁骹以角槎，瞵悍目以旁睞。」墨筆眉批：「奮勁骹二句，逕似鬬鷄賦矣。」

「鸎綺翼而經撾，灼繡頸而衮背。」注：「撾，朏也。」墨筆眉批：「朏。」

「爾乃擊場拄翳，停僮葱翠。」墨筆眉批：「擊。」

「恐吾游之晏起，慮原禽之罕至。」注：「游，雉媒名，江淮間謂之游。」墨筆眉批：「吾游。游卽囮。」

「摛朱冠之赩赫，敷藻翰之陪鰓。」墨筆眉批：「雉無冠。陪鰓。」

〔二〕以上八字，傅山全書初版本脫，據手稿補。

「首藥綠素，身拕黼繪。」墨筆眉批：「藥。」

「青鞦莎靡，丹臆蘭綷。」墨筆眉批：「鞦。綷。〔一〕」

「良遊呃喔，引之規裏。」墨筆眉批：「良遊。」

「捧黃間以密彀，屬剛罫以潛擬。」墨筆眉批：「黃間。剛罫。」

「鯨牙低鏃，心平望審。」注：「鯨當作擎，舉也。舉弩牙，低失鏑以射之。」墨筆眉批：「鯨亦不必作擎。」硃筆於「失」字上打「×」。

「逸翚之儁，擅場挾兩。」墨筆眉批：「擅場挾兩。」

「忌上風之餮切。」墨筆眉批：「餮切。」

「伊義鳥之應機，啾獲地以厲響。」墨筆眉批：「啾獲地。」

「彤盈窗以美發。」墨筆眉批：「美發。」

「撊降丘以馳敵。」墨筆眉批：「撊。」

「瞻挺穟之傾掉，意淰躍以振踊。」墨筆眉批：「挺穟。淰躍。」

「望鸝合而翳皛。」墨筆眉批：「鸝合翳皛。」

「倣余志之精鋭。」墨筆眉批：「倣。」

「靡聞而驚，無見自鷩。」墨筆眉批：「鷩。」

「彳亍中輟，馥焉中鏑。」注：「馥，校遇切。」墨筆眉批：「彳亍。馥，校遇切訛，不成聲。」

「前剽重膺，傍截疊翮。」墨筆眉批：「剽。」

〔一〕「綷」，傅山全書初版本脫，據手稿補。

「闕閭藹葉，幎歷乍見。」注：「藹與稍並同。」墨筆眉批：「閭。藹，稍。」

「如轅如軒，不高不埤。」墨筆眉批：「轅。」

北征賦

班叔皮

「朝發軔於長都兮，夕宿瓠谷之玄宮。歷雲門而反顧，望通天之崇崇。乘陵崗以登降，息郇邠之邑鄉。慕公劉之遺德，〔二〕及行葦之不傷。」墨筆眉批：「瓠谷。玄宮。雲陽。郇邠。公劉。」

「登赤須之長坂，入義渠之舊城，忿戎王之淫狡，穢宣后之失貞。」墨筆眉批：「赤須谷。義渠。宣后。」

「過泥陽而太息兮，悲祖廟之不脩，釋余馬於彭陽兮，且弭節而自思。」注：「漢書：安定郡有彭陽，即今彭原是也。」墨筆眉批：「泥陽。彭原。」

「越安定以容與兮，遵長城之漫漫。」墨筆眉批：「安定。」

「劇蒙公之疲民兮，爲彊秦乎築怨。」墨筆眉批：「蒙公。」

「閔獯鬻之猾夏兮，弔尉卬於朝那。」注：「殺北地都尉卬。〔三〕徐廣曰：姓孫。」墨筆眉批：「都尉孫卬。」

「惠父兄於南越兮，黜帝號於尉陀。」墨筆眉批：「尉陀。」

「降几杖於藩國兮，折吳濞之逆邪。」墨筆眉批：「濞。」

〔二〕「遺」，傅山全書初版本誤作「遺」，據批點底本改。

〔三〕「北地」，批點底本作「比地」，據上海古籍出版社標點本改。

東征賦　曹大家

「諒不登樔而椓蠡兮，得不陳力而相追。」注：「啄與椓、蠡與嬴，古字通。」墨筆眉批：「椓。」

卷第十

西征賦　潘安仁

「潘子憑軾西征，自京徂秦。」注：「馮衍楊節賦曰」云云。墨筆眉批：「馮衍楊節賦。」

「納旌弓於鉉台，讚庶績於帝室。」注：「臧榮緒晉書曰」云云。「春秋漢含孳曰」云云。墨筆眉批：「臧榮緒晉書。春秋漢含孳。」

「嗟鄙夫之常累，固既得而患失。」注：「臧榮緒晉書曰」云云。墨筆眉批：「臧榮緒晉書。臧榮緒。臧榮緒。」

「窺七貴於漢庭，譸一姓之或在。」注：「七貴，謂呂、霍、上官、趙、丁、傅、王也。」硃筆改「士」爲「七」。硃筆眉批：「七貴不列許、史。」

「無危明以安位。」注：「干寶晉紀曰」云云。墨筆眉批：「干寶晉紀。」〔一〕

「陋吾人之拘攣，飄萍浮而蓬轉。」注：「東觀漢記」云云。墨筆眉批：「東觀漢記。」

〔一〕「干寶」，批點底本與手稿均作「于寶」，據上海古籍出版社標點本改。

「爾乃越平樂，過街郵，秣馬皋門，稅駕西周。」注：「石卷瀆口，高三丈，謂之皋門橋。」墨筆眉批：「街郵。皋門橋。」

「討子頹之樂禍，尤闕西之効戾。」墨筆眉批：「子頹。」

「重戮帶以定襄，弘大順以霸世。」注：「左氏傳曰：太叔帶以狄師伐周」云云。墨筆眉批：「叔帶。」

「咨景悼以迄丐，政凌遲而彌季，俾庶朝之構逆，歷兩王而干位。」注：「左氏傳曰：王子朝有寵於景王，王崩〔一〕，子朝因舊官之喪職秩者，以作亂。單子逆悼王於莊宮以歸，子朝奔京。王子猛卒，敬王即位，王子朝入于尹，劉子以王如劉」云云。墨筆於「悼王」旁批「猛」，「敬王」下批「丐」，「劉子以」下批「敬」。又墨筆眉批：「景王。悼王猛。敬王丐。子朝。」

「澡孝水而濯纓，嘉美名之在茲。」墨筆眉批：「孝水。」

「經澠池而長想，停余車而不進」云云。墨筆眉批：「藺。一連十八句皆說藺。」

「異奉辭以伐罪，初垂翅於回谿」云云。注：「東觀漢記曰：馮異，字公孫。」「樊崇欲與王莽戰」云云。墨筆眉批：「馮異。樊崇。東觀漢記。」

「降曲崤而憐虢，託與國於亡虞。」注：「劉澄之地理書曰：肴有純石，或謂石肴。」墨筆眉批：「劉澄之地理書。」

「援仲雍之祀忽諸。」注：「林預曰」云云。硃筆改「林」爲「杜」。

「我徂安陽，言陟陝郛。」注：「酈善長水經注曰」云云。墨筆眉批：「酈元水經注。」

〔一〕「王」字上，傅山全書初版本衍一「景」字，據批點底本刪。

「痛百寮之勤王，咸畢力以致死。」注：「華嶠後漢書曰」云云。墨筆眉批：「華嶠後漢書。」

「厭紫極之閑敞，甘微行以遊盤，長傲賓於柏谷，妻覩貌而獻餐。」注：「漢武故事曰：帝卽位，爲微行，嘗至柏谷。」「婦謂其翁曰」云云。硃筆改「婦」爲「嫗」。墨筆眉批：「漢武故事，武帝微行柏谷。」

「昔明王之巡幸，固清道而後往。」注：「東觀漢記曰」云云。墨筆眉批：「東觀漢記。」

「慍韓馬之大憝，阻關谷以稱亂。」注：「馬超、韓遂寄反。」硃筆改「寄」爲「等」。

「魏武赫以霆震，奉義亂以伐叛。」硃筆改「秦」爲「奉」，改「亂」爲「辭」。墨筆眉批：「奉義辭。」

「南有玄灞、素滻、湯井、温谷。」注：「雍州圖曰」云云。墨筆眉批：「雍州圖。」

「北有清渭、濁涇、蘭池、周曲。」注：「三輔黃圖曰」云云，「長安圖曰」云云。墨筆眉批：「三輔黃圖。長安圖。」

「自開闢而未聞，匠人勞而弗圖。」注：「尚書考靈耀曰」云云。墨筆眉批：「尚書考靈耀。」

「渾鷄犬而亂放，各識家而競入。」注：「三輔舊事曰」云云。墨筆眉批：「三輔舊事。」

「戾飲馬之陽橋，踐宣平之清闕。」注：「三輔黃圖曰」云云。墨筆眉批：「三輔黃圖。」

「洪鐘頓於毀廟，乘風廢而弗縣。」注：「史游急就章曰」云云。墨筆眉批：「急就章。」

「禁省鞠爲茂草，金狄遷於灞川。」注：「漢儀注」云云，「潘岳關中記」云云。墨筆眉批：「漢儀注。潘岳關中記。」

「索杜郵其焉在，云孝里之前號」云云。注：「辛氏三秦記曰」云云。「秦王欲使武安君伐陵。」硃筆改「伐」爲「代」。墨筆眉批：「辛氏三秦記。」

「窺秦墟於渭城，冀闕緬其堙盡。」注：「聲類曰」云云。墨筆眉批：「聲類。」

「野蒲變而成脯，苑鹿化以爲馬。」注：「風俗通曰：秦相趙高指鹿爲馬，束蒲爲脯，二世不覺。」墨筆眉批：「風俗通。蒲。脯。」

「貫三光而洞九泉，曾未足以喻其高下也。」注：「鄧析子曰」云云。墨筆眉批：「鄧析子。」

「感市閭之菆井」云云，「弘大體以高貴。」注：「然菆井卽渭城賣蒸之市也」云云，「莊子曰：襄公之應司馬曰夷，知大體者也。」墨筆眉批：「賣蒸。莊子曰：襄公之應司馬曰夷，知大體者也。」〔二〕

「造長山而慷慨，偉龍顏之英主。」注：「三秦記曰：秦名天子冢曰長山。」墨筆眉批：「三秦記。」

「越安陵而無譏，諒惠聲之寂寞。」注：「漢書曰：惠帝葬安陵。」墨筆眉批：「惠帝安陵。」

「訊景皇於陽丘，奚信譖而矜謔？」注：「漢書曰：景帝葬陽陵。」墨筆眉批：「景帝陽陵。」

「呰孝元於渭塋，執奄尹以明貶。」注：「漢書曰：元帝葬渭陵。」墨筆眉批：「元帝渭陵。」

「褒夫君之善行，廢園邑以崇儉。」注：「漢書曰：成帝葬延陵。」墨筆眉批：「成帝延陵。」

「瞰康園之孤墳，悲平后之專絜。」注：「漢書曰：平帝葬康陵。」墨筆眉批：「平帝康陵。」

「鶩橫橋而旋軫，歷敞邑之南垂。」注：「潘岳關中記曰」云云。墨筆眉批：「潘岳關中記。」

「門礠石而梁木蘭兮，構阿房之屈奇，疏南山以表闕，倬樊川以激池。」注：「三輔黃圖曰」云云。「三秦記曰」云云。墨筆眉批：「三輔黃圖。三秦記。」

〔二〕此條，傅山全書初版本脫，據手稿補。

「憑高望之陽隈，體川陸之汙隆。」注：「長安圖曰」云云。墨筆眉批：「長安圖。」

「開襟乎清暑之館：游目乎五柞之宫。」注：「曹植閑居賦曰」云云。墨筆眉批：「閑居賦。」

「昔豫章之名宇，披玄流而特。」注：「三輔黄圖曰：上林有豫章觀。」墨筆眉批：「豫章觀。三輔黄圖。」

「紅鮮紛其初載，賓旅竦而遲御。」注：「傅毅七激曰」云云。「張衡七辨曰」云云。墨筆眉批：「七激。七辨。」

卷一百三十四　文選批注（四）

卷第十四〔一〕

封面墨筆批：「思玄賦『文君爲我端蓍兮』八句，注解皆用左氏占筮法，雖迂，尚有古讀易之微。『子有故于玄鳥』，注引古文周書。『六國皆弱，無可爲建功者』，〔二〕李斯語。」

赭白馬賦　顔延年

「戒出家之敗御，惕飛鳥之跱衡。」注：「古文周書曰」云云。「東觀漢記：朱勃上書」云云。墨筆眉批：「古文周書。東觀漢記。」

幽通賦　班孟堅

「惟天地之無窮兮，鮮生民之晦在。」注：「言天地無窮極，民在其間。」墨筆眉批：「在字注不解。」

「安慆慆而不葩。」墨筆眉批：「葩。」

〔一〕以上卷第十一至第十三散佚。

〔二〕「爲」，傅山全書初版本脱，據手稿補。

「戎女烈而喪孝兮，伯徂歸於龍虎。」注：「孟康曰：歲在卯，出。歷十九年，過一周。歲在酉，入。卯，東方爲龍。酉，西方爲虎也。」墨筆眉批：「龍虎，孟康之解尚未必。」「徂歸」旁硃筆批：「往來。」

卷第十五

思玄賦　張平子

題注：「善曰：未詳注者姓名。摯虞流别題云衡注，詳其義訓，甚多疎略，而注又稱愚，以爲疑辭，非衡明矣。」墨筆眉批：「何迷故而不忘，注有一愚字。」

「文君爲我端著兮，利飛遁以保名。」注：「文君，文王也。遁，卦名也。上九曰：飛遁無不利，謂去而遷也。九師道訓曰：遁而能飛，吉孰大焉。此筮得遁之咸。」墨筆眉批：「文君爲我端著。言得遯之上爻，是遯變爲咸也。䷠解取互卦䷞。」

「二女感於崇岳兮，或冰折而不營。」注：「遁上九變爲咸，咸，〔一〕感也。巽長女，兑少女，故曰二女。從三至五爲乾，乾爲冰，故曰冰折而不營。」墨筆眉批：「解亦大奥，〔二〕然得左氏占法。」

「天蓋高而爲澤兮，誰云路之不平？」墨筆旁批：「全是左法。」注：「互體，四至乾，變爲兑，兑爲澤。天爲澤，言天高尚爲澤，雖復嶮巇，世路可知，誰言其路不通者乎！」墨筆根批：

〔一〕「咸」，傅山全書初版本脱，據批點底本補。
〔二〕「大」，傅山全書初版本誤作「太」，據手稿改。

「互體原不及初上二爻。此云互體四至乾變爲兌，則互及上矣。然本爻乾變爲兌，何必云互體四至乾也？其義似連三四五上之四畫而言矣。若爾，則此例更可自初至四，又一互矣。凡自初至五，自上至二，又可爲二互。」

「動自强而不息兮，蹈玉堦之嶢崢。」墨筆眉批：「動，丑衍切，讀如闡矣。」

「遇九皋之介鳥兮，怨素意之不逞。」注：「善曰：言卜而遇大鳥之卦也。」墨筆眉批：「卜不得言卦。」

「子有故於玄鳥兮，歸母氏而後寧。」注：「古文周書周穆王、姜后晝寢而孕。越姬嬖，竊而育之。斃，以玄鳥二七，塗以彘血，寘諸姜后，遽以告王。王恐，發書而占之，曰：蜉蝣之羽，飛集於戶，鴻之戾止，弟弗克理。重靈降誅，尚復其所。問左史氏，史豹曰：蟲飛集戶，是曰失所。惟彼小人，弗克以育君子。史良曰：是謂闗親，將留其身歸于母氏，而後獲寧。册而藏之，厥休將振。王與令尹册而藏之於櫝。居三月，越姬死，七日而復，言其情曰：先君怒予甚，曰：爾夷隸也，胡竊君之子，不歸母氏，將寘而大戮，及王子于治。」墨筆眉批：「此等撰法，去騷意不遠。古文周書，奇書，不得見矣。周穆王、姜后、越姬。弟字在此處亦奇僻。及，謂急也，急之上文卽及也。」又墨筆根批：「蜉蝣似指二七之玄鳥也，與掘閱者同名。闗親二字不解。」又「斃以玄鳥」旁墨筆批：「此斃字是斃玄鳥也。」「弟」旁墨筆批：「小人。」「不歸母氏，將寘而大戮」旁墨筆批：「是所竊之子在也。」「及王子於治」旁墨筆批：「謂將王子速與之安也。」

「占既吉而無悔兮，簡元辰而俶裝。」墨筆眉批：「占。」

「問三丘于句芒。」注：「反到三山，反在水下。」墨筆改「反到」之「反」爲「及」。

「發昔夢於木禾兮，穀崐崘之高崗。」墨筆眉批：「夢。木禾。」

「流目眺夫衡阿兮，覩有黎之圮墳。」注：「馮□顯志賦序曰」云云。硃筆於「馮」下補「衍」字。

「顫覊旅而無友兮，余安能乎留茲。」墨筆眉批：「顫。」

「號馮夷俾清津兮，櫂龍舟以濟予。」墨筆眉批：「馮夷。」

「忸河林之蓁蓁兮，偉關睢之戒女。」墨筆眉批：「忸。」

「黄靈詹而訪命兮，樛天道其焉如？」墨筆眉批：「樛謂天道回曲，不可知也。即下所諸事。」

「牛哀病而成虎兮，雖逢昆其必噬。」墨筆眉批：「牛哀。」

「鼈令殪而尸亡兮，取蜀禪而引世。」墨筆眉批：「鼈令。」

「死生錯其不齊兮，雖司命其不晰。」墨筆眉批：「司命。」

「竇號行於代路兮，後膺祚而繁廡。」注：「漢書曰：孝文竇皇后，景帝母也。」墨筆眉批：「竇皇后。」

「尉龍眉而郎潛兮，逮三葉而遘武。」注：「漢武故事曰：顏駟不知何許人，漢文帝時爲郎。」墨筆眉批：「顏駟。」

「董弱冠而司衮兮，設王隧而弗處。」注：「漢書曰：董賢年二十二爲三公。」墨筆眉批：「董賢。」

「穆屆天以悦牛兮，豎亂叔而幽主。」硃筆旁批：「主叶如肘。」注：「左氏傳曰：穆，叔孫穆子，名豹，魯大夫。」「旦而瞻其待，無之。後穆子還，過庚宗，婦人獻態。」「未問其名，號之曰牛。曰唯，使爲豎。」「覆器空而選之。」墨筆改「待」爲「徒」，硃筆改「態」爲「雉」，並硃筆眉批：「雉。」「覆器空而選之」旁墨筆批：「此句與傳不同。」又墨筆眉批：「選，似還也。」

「文斷袪而忌伯兮，閹謁賦而寧后。」注：「國語曰：初獻公使寺人勃鞮伐文公於蒲城」，及入，勃鞮求見，於是呂甥、冀芮畏逼，悔納公，謀作亂，伯楚知之，故求見公。」墨筆眉批：「勃鞮。呂甥。冀芮。伯楚。」

「嬴擿讖而戒胡兮，備諸外而發内。」注：「秦語曰：秦三十二年，燕人盧生奏籙圖曰：亡秦者胡也。始皇乃使將軍蒙恬將兵三十萬，北擊胡。」「病甚，乃璽書賜扶蘇，使與喪，會咸陽而葬。」「丙寅，始皇崩於沙丘，惟少子胡亥從。」硃筆眉批：「亡秦者胡四字，何其似之。籙圖不知尚有他文耶？抑止此耳？」又墨筆眉批：「盧生。蒙恬。扶蘇。胡亥。」

「或輦賄而違車兮，孕行產而爲對。」注：「昔有周犨者，家貧，夫婦夜田。天帝見而矜之，問司命曰：此何富乎？司命曰：命當貧。有張車子財，可以假之。」墨筆改「何」爲「可」。墨筆眉批：「周犨。司命。張車子。」

「慎、竈顯以言天兮，占水火而妄訊。」注：「慎者，魯大夫梓慎。竈者，鄭大夫裨竈。」「叔孫昭子曰：旱也。」「子產曰：天道遠，人道邇，非爾及也。」墨筆眉批：「梓慎。裨竈。叔孫昭子。子產。」

「梁叟患夫黎丘兮，丁厥子而剚刃。」注：「呂氏春秋曰：梁國之北地名黎丘，有奇鬼焉。善効人之子姪昆弟之狀。」「漢書蒯通曰：不敢剚刃公之腹者，畏秦法也。」墨筆眉批：「黎丘奇鬼。蒯通。」

「親所睼而弗識兮，矧幽冥之可信。」墨筆眉批：「睼。」

「毋緜攣以倖己兮，思百憂以自疹。」墨筆眉批：「疹。」

「湯蠲體以禱祈兮，蒙庬褫以拯民。」墨筆眉批：「庬褫。」

「景三慮以營國兮，熒惑次於他辰。」注：「呂氏春秋曰：宋景公有疾，司馬子韋曰：熒惑守心。心，宋之分野，君當之。」墨筆眉批：「宋景公。司馬子韋。」

「魏顆亮以從治兮，鬼亢回以斃秦。」注：「左氏傳曰：初，魏武子有嬖妾，武子有疾，命顆曰：必嫁是妾。」「及卒，顆嫁之。及輔氏之役，顆見老人結草以抗杜回，回躓而顛，故獲之。」墨筆眉批：「魏武子。魏顆。杜回。」

「咎繇邁而種德兮，樹德懋于英六。」墨筆眉批：「咎繇。」

「魚矜鱗而并凌兮，鳥登木而失條。」注：「凌，力證切。」墨筆眉批：「凌。力證切。」

「怨高陽之相寓兮，䃂顓頊而宅幽。」墨筆眉批：「顓頊。䃂。」

「庸織路於四裔兮，斯與彼其何瘳。」墨筆眉批：「織路。」

「經重痻乎寂漠兮，慜墳羊之深潛。」硃筆眉批：「潛，叶如寢之平。」墨筆眉批：「墳羊。」

「瞰瑤谿之赤岸兮，弔祖江之見劉。」注：「山海經曰：鍾山有子曰敷，其狀人面而龍身。欽䲹殺祖江于崑崙之陽，帝乃戮之於鐘山之東。」墨筆眉批：「祖江。敷。欽䲹。」

「載太華之玉女兮，召洛浦之宓妃。」注：「列仙傳曰：毛女者，字玉姜，在華陰山中，體生毛，所止巖中有鼓琴聲。」墨筆眉批：「玉姜。」

「增嫮眼而娥眉。」注：「楚辭曰：嫮目冥笑眉曼。」墨筆改「冥」爲「宜」。

「屑瑤蘂以爲糇兮，斢白水以爲漿。」墨筆眉批：「斢。」

「羨上都之赫戲兮，何迷故而不忘？」注：「何感舊故而不忘新。愚以爲當去己之迷故之心也。」墨筆眉批：「愚。」

「廻志朅來從玄謀，獲我所求夫何思。」墨筆眉批：「謀，一作諆。」

卷第十六

閑居賦　潘安仁

「忝司空太尉之命，所奉之主，卽太宰魯武公其人也，舉秀才爲郎。」注：「臧榮緒晉書曰：賈充字公閭，封魯公，爲司空。」墨筆眉批：「賈充。」

「領太傅主簿，府主誅，除名爲民。」注：「臧榮緒晉書曰：楊駿爲太傅輔政，高選吏佐。」墨筆眉批：「楊駿。」

「張公大谷之梨，〔二〕梁侯烏椑之柹。周文弱枝之棗，房陵朱仲之李。」墨筆眉批：「梨。李。」

「太夫人乃御版輿，升輕軒。」墨筆眉批：「輕軒卽版輿耶？此三字亦須理會。」

長門賦一首　司馬長卿

「心慊移而不省故兮，交得意而相親。」注：「鄭玄周禮注曰：『慊，絕也。』」墨筆眉批：「慊烗。說文：慊，火柔車輞絕也。」

〔二〕「大」，傅山全書初版本誤作「太」，據批點底本改。

思舊賦一首　向子期

「余與嵇康、呂安居止接近，其人並有不羈之才，然嵇志遠而疏，呂心曠而放，其後各以事見法。」注：「干寶晉書曰：嵇康，譙人。呂安，東平人，與阮籍、山濤及兄巽友善。康有潛遯之志，不能被褐懷寶，矜才而上人。安、巽庶弟俊才，妻美，巽使婦人醉而幸之。醜惡發露，巽病之，告安謗己。巽於鍾會有寵，太祖遂徙安邊郡。〔一〕遺書與康，昔李叟入秦，及關而歎云：太祖惡之。追收下獄，康理之，俱死。」墨筆於「安、巽庶弟」下加「有」。墨筆眉批：「呂巽逕得免邪！」

「昔李斯之受罪兮，歎黄犬而長吟。」墨筆眉批：「劉彦和指瑕篇曰：向秀之稽生，方罪于李斯。殊失賦意。」

歎逝賦一首　陸士衡

「痛靈根之夙隕，怨具爾之多喪。」注：「靈根，祖禰也。具爾，兄弟也。南都賦曰：固靈根於夏華。」硃筆改「憂」爲「夏」。硃筆眉批：「靈根。」

懷舊賦　潘安仁

題首硃筆旁批：「題本不佳，賦大寥落，宜也。」

「余十二而獲見于父友東武戴侯楊君。」注：「潘岳楊肇碑曰：肇字秀初，滎陽人。封東武伯。

〔一〕「邊」，批點底本作「遠」，此據上海古籍出版社標點本。

薨，謚曰戴。」墨筆眉批：「楊肇。」
「而道元、公嗣亦隆世親之愛。」注：「賈弼之山公表注曰：肇生潭，字道元，太中大夫。次韶，字公嗣，射聲司馬。」墨筆眉批：「楊潭。楊韶。」

卷一百三十五　文選批注（五）

卷第十七

封面墨筆批：「文陸。洞簫王。舞傅。長笛馬。琴嵇。笙潘。嘯成。高唐宋。神女宋。好色登。洛神曹。文賦共見理字十。女字姓音事，嘯賦注。眲。長笛賦。」

文賦　陸士衡

題上墨筆眉批：「文。」題下墨筆批：「縝縝帀帀，只是不壯。」

「妍蚩好惡，可得而言。」墨筆眉批：「妍蚩好惡，複。」

「蓋非知之難，能之難也。」硃筆旁批：「知何容易？」

「故作文賦以述先士之盛藻，因論作文之利害所由。」墨筆眉批：「文中利害，實實有之。而此之所謂利害，仍前好惡耳。」

「若夫隨手之變，良難以辭逮。」墨筆眉批：「隨手之變，難以辭逮。知言哉！」

「蓋所能言者，具於此云。」墨筆眉批：「所能言者，具於此云。」又硃筆旁批：「有分寸。」

「佇中區以玄覽，頤情志於典墳。」墨筆眉批：「佇中區三字，亦是起頭帽子。」

「遵四時以歎逝，瞻萬物而思紛。」硃筆眉批：「砌文。」

「悲落葉於勁秋，喜柔條於芳春。心懍懍以懷霜，志眇眇而臨雲。」墨筆眉批：「秋，喜。霜，雲。」

「其始也，皆收視反聽，耽思傍訊。」墨筆眉批：「收視反聽。」

「情瞳矓而彌鮮，物昭晰而互進。」墨筆旁批：「看得見。」又墨筆眉批：「情瞳矓而彌鮮，物昭晰而互進。」

「傾羣言之瀝液，漱六藝之芳潤。」墨筆旁批：「取得來。」

「浮天淵以安流，濯下泉而潛浸。」墨筆眉批：「浸、深皆叶去聲。」注：「上至天淵於安流之中。」硃筆旁批：「文義左。」

「觀古今於須臾，撫四海於一瞬。」墨筆旁批：「此二句有文人操翰曠覽。」

「抱暑者咸叩。」硃筆改「暑」爲「音」。

「或妥帖而易施，或岨峿而不安。」硃筆眉批：「妥帖。」

「理扶質以立幹，文垂條而結繁。」墨筆旁批：「宋儒見了愛殺人。」又墨筆眉批：「理扶質以立幹。」注：「言文之體，必須以理爲本。」硃筆旁批：「不勞。」

「故每變而在顔。」硃筆旁批：「弱。」

「課虛無以責有，叩寂寞而求音。」墨筆眉批：「杜詩：叩寂豁煩襟。」

「函緜邈於尺素，吐滂沛乎寸心。」墨筆眉批：「杜詩：得失寸心知。」〔一〕

「辭程才以效伎，意司契而爲匠。」墨筆眉批：「意司契而爲匠。」

「故夫夸目者尚奢，愜心者貴當。」墨筆眉批：「杜詩：愜當久忘筌。」

〔一〕「失」，傅山全書初版本誤作「先」，據手稿改。

「言窮者無隘，論達者唯曠。」墨筆眉批：「無隘，猶言全是隘，遂不見其隘。」
「詩緣情而綺靡，賦體物而瀏亮。」墨筆眉批：「杜詩：緣情慰漂蕩。」
「銘博約而温潤，箴頓挫而清壯。」墨筆眉批：「頓挫。」「清壯」旁硃筆批：「叶韻而已。」
「要辭達而理舉，故無取乎冗長。」墨筆眉批：「理。」
「其會意也尚巧，其遺言也貴妍。」墨筆旁批：「句有病。」
「雖逝止之無常，固崎錡而難便。」墨筆眉批：「崎錡。」
「怕操末以續顛。」墨筆旁批：「此句亦不可概。」
「或辭害而理比，或言順而義妨。」墨筆眉批：「或辭害而理比。」
「考殿最於錙銖，定去留於毫芒。」注：「漢書曰：黄鍾之一籥，容千二百黍，重十二銖。然百黍重一銖也。」墨筆眉批：「百黍重一銖。」
「或文繁理富，而意不指適。」墨筆眉批：「理。」
「雖杼軸於予懷，怵佗人之我先。」硃筆旁批：「是何心？」
「塊孤立而特峙，非常音之所緯。」墨筆眉批：「緯。」注：「文之綺麗，若經緯相成」云云。墨筆旁批：「解恁費力。」
「心牢落而無偶，意徘徊而不能揥。」注：「蔡邕瞽師賦曰：時牢落以失次，咢絓蹇而陽絕。」墨筆眉批：「揥。時牢落以失次，咢絓蹇而陽絕。」
「綴下里於白雪，吾亦濟夫所偉。」墨筆旁批：「略寓臭腐神奇之義，注不到。」又墨筆眉批：「濟偉。」注：「言以此庸音，而偶彼嘉句。譬以下里鄙曲，綴於白雪之高唱。吾雖知美惡不倫，然且以益夫所偉也。」墨筆眉批：「且以益夫所偉，是何語？」又墨筆根批：「街談巷語，都可濟爲雕蟲，矜奇之用此，惟眞才人能之，詩則杜翁爲然。然此語不可語于鏖糟，粹然亦出于正之輩。」

「譬偏絃之獨張，含清唱而靡應。」墨筆眉批：「應。」

「象下管之偏疾，故雖應而不和。」墨筆眉批：「和。」

「或遺理以存異，徒尋虚以逐微。」墨筆眉批：「理。或遺理而存異。」

「猶絃么而徽急，故雖和而不悲。」墨筆眉批：「悲。」

「寤防露與桑間，又雖悲而不雅。」墨筆眉批：「雅。」

「或言拙而喻巧，或理朴而辭輕。」墨筆眉批：「理。」

「雖濬發於巧心，或受蚩於拙目。」硃筆眉批：「蚩。」

「患挈瓶之屢空，病昌言之難屬。」墨筆眉批：「挈瓶屢空，形容無才無學之人，死把一言半句，别無所資，極可笑。」

「方天機之駿利，夫何紛而不理。」〔二〕硃筆眉批：「天機。」又墨筆眉批：「理。」

「理翳翳而愈伏，思乙乙其若抽。」墨筆眉批：「理。」

「雖茲物之在我，非余力之所勠。」墨筆眉批：「勠，當讀如力求反。」

「固衆理之所因。」墨筆眉批：「理。」又硃筆旁批：「尤厭！」

「塗無遠而不彌，理無微而弗綸。」墨筆眉批：「理。」

「配霑潤於雲雨，象變化乎鬼神。」墨筆眉批：「配霑潤于雲雨，象變化乎鬼神。」

〔二〕「何」，傅山全書初版本誤作「向」，據批點底本改。

洞簫賦

王子淵

題首墨筆批：「洞簫。聲、字無不複，讀者須以文義曲爲別之。」題下墨筆批：「九百八十三字。」

題注：「如淳曰：洞者，通也。簫之無底者，故曰洞簫。」墨筆旁批：「廣雅，簫有底。」

「原夫簫幹之所生兮，于江南之丘墟。」注：「江圖曰：慈母山。此山竹作簫笛，有妙聲。」墨筆眉批：「慈母山。」

「揚素波而撣連珠兮，聲礚礚而澍淵。」墨筆眉批：「撣。」硃筆眉批：「一本作揮。」

「處幽隱而奧庰兮，密漠泊以獥猭。」墨筆眉批：「獥猭。」注：「嵺岶，竹密貌。」硃筆眉批：「从山曰竹密。」

「惟詳察其素體兮，宜清靜而弗諠。」墨筆眉批：「惟詳察其素體，句腐拙。」

「可謂惠而不費兮，因天性之自然。」硃筆旁批：「漢文。」

「於是般匠施巧，夔妃准法。」墨筆眉批：「妃不知。」

「帶以象牙，掍其會合。」墨筆眉批：「掍。」

「鄰菌繚糾，羅鱗捷獵。」注：「言簫之形也。」墨筆眉批：「簫多管，有底，不知底是何如式？若分謂一管一管之底，但謂竹之不去節者，在下面，與洞簫兩頭通者異。若不爾，則是廿四管齊，有个安插之底。」

「膠緻理比，挹抐擫擸。」注：「挹抐擫擸，言中制也。」墨筆眉批：「挹抐擫擸，似謂簫管之排列，參差之製。擸與摖同。挹取出。抐又入之。」又墨筆旁批：「取竹而納於底，以指擫擸之，令編排齊整。簫之參差者，謂管之長短不齊。而橫列，則無參差也。」又墨筆根批：「撳，即壓。說文：一指按也。廣韻：持也。挹，說文：挹，抒也。抐，一作搙，打搙也。擫，篇海：中制也，即引注中語，不知中制是連上四字，總爲卜度之詞耳。」

「於是乃使夫性昧之宕冥，生不覩天地之體勢，闇於白黑之貌形。憤伊鬱而酷䘏，愍眸子之喪精。」墨筆眉批：「宕冥。䘏。『乃使』以下謂瞽者。」

「故吻吮值夫宫商兮，龢紛離其匹溢。」墨筆眉批：「吻吮。」

「形旖旎以順吹兮，瞋㖃㗅以紆鬱。」注：「言簫聲既發，形旖旎以隨之。」墨筆眉批：「形旖旎。說文：簫，箾也。與鑰同聲義。此是編竹于底而又加鉗束之義也。瞋㖃㗅。今吹瑣納者，有㖃㗅意。」又墨筆根批：「形旖旎，說到吹者之形，義乖，然亦有之。」

「氣旁迕以飛射兮，馳散渙以逫律。」墨筆眉批：「逫律。廣韻：逫，走貌。」

「趣從容其勿述兮，騖合遝以詭譎。」墨筆眉批：「勿述二字之義從『從容』看。」

「惏慄密率，掩以絕滅。㗱霵曄踕，跳然復出。」墨筆眉批：「掩以絕滅，跳然復出，謂聲欲斷而又來。㗱霵。廣韻：霵，助急切，暴雨貌。」又墨筆根批：「跌宕抑揚。」

「啾咇喞而將吟兮，行鍖銋以龢囉。」墨筆眉批：「鍖銋，从金、从甚、从任。甚猶湛溟，壬猶荏苒，與注『不進』始合。吾嘗以二字形容技金絲匠。」

「要復遮其蹊徑兮，與謳謠乎相龢。」墨筆眉批：「要復遮蹊徑，險聲也。」硃筆旁批：「方言『叜』之一字可盡此句。叜。」

「故聽其巨音，則周流氾濫，幷包吐含，若慈父之畜子也。其妙聲則清靜厭瘱，順叙卑迖，若孝子之事父也。」墨筆眉批：「厭瘱。迖。」「若慈父之畜子也」，「若孝子之事父也。」硃筆旁批：

「此等話頭，開下一大老套，厭！厭！」

「科條譬類，誠應義理。」硃筆眉批：「理。」

「故其武聲則若雷霆，輘輷佚豫以沸憒。」墨筆眉批：「沸憒。」

「或雜遝以聚斂兮，或拔摋以奮棄。」墨筆眉批：「拔摋。」

「被淋灑其靡靡兮，時橫潰以陽遂。」墨筆眉批：「陽遂。」

「哀悁悁之可懷兮，良醰醰而有味。」墨筆眉批：「醰。」

「剛毅彊虣反仁恩兮，嘽唌逸豫戒其失。」墨筆眉批：「嘽唌，音但如禪延亦可。」又硃筆眉批：「『失』字，去聲。」

「師襄、嚴春不敢竄其巧兮，浸淫叔子遠其類。」墨筆眉批：「師襄。顏叔子。」

「嚚頑、朱、均暢復慧兮，桀、跖、鬻、博儡以頓顇。」墨筆眉批：「夏鬻、申博。」

「愺恅瀾漫，亡耦失疇。薄索合沓，罔象相求。」墨筆眉批：「愺恅，嘽嘐。廣韻：心亂也。亡偶失儔之義，似捶鉤承蜩之倫。看下文『罔象』字則明矣。但『愺恅』心亂之解，于此信矣。引埤蒼『嘽嘐，寂靜』，似之矣。」又墨筆旁批：「聲音幽寂，遠遷至于無人之境，精微獨喻，如罔象之于珠矣。」

「其奏歡娛，則莫不憚漫衍凱，阿那腲腇者已。」墨筆眉批：「腲腇。」

「是以蟋蟀蚸蠖，蚑行喘息。」注：「爾雅曰：蠖，蚸蠖也。」「郭璞曰：今蝍蝛也。」墨筆眉批：「蝍蝛。」

「亂曰：狀若捷武趙騰，踰曳迅漂巧兮。又似流波，泡溲汎淁，趨巇道兮。」墨筆眉批：「字書：汎淁，裁有水也。上有『流波』，下有『趨巇』之文，似不可語『裁有水』之『淁』義。淁字在此，不得以埤蒼解之。」又墨筆根批：「巧、道叶。」「哮呷呟喚，躋躓連絕，淈殄沌兮。」墨筆眉批：「哮呷呟喚。『呟』字不音。」又「哮呷呟喚」旁墨筆批：「出、入、小、大。」墨筆根批：「淈，又『骨』、『屈』二音，又與『汩』同，水出貌。沌、頹叶。」「攪搜㵿捎，逍遙踊躍，若壞頹兮。」注：「攪搜㵿捎，水聲也。」墨筆眉批：「『攪搜㵿捎』四字謂水聲，非義。『逍遙』當作『消搖』，于下『壞頹』才合。」「攪搜㵿捎」旁墨筆批：「三从扌，中夾一㵿字，曰水聲，何見？」又墨筆根批：「爾雅：夏有水，冬無水。㵿，玉篇：㵿同。」「優游流離，躊躇稽詣，亦足耽兮。頹唐遂往，長辭遠逝，漂不還兮。」墨筆眉批：「頹唐。」墨筆根批：「耽、還叶。」「賴蒙聖化，從容中道。樂不淫兮。條暢洞達，中節操兮。」墨筆眉批：「操，叶如摻之平。」又墨筆根批：「淫、操音叶。」「吟氣遺響，聯緜漂撇，生微風兮。連延駱驛，變無窮兮。」墨筆根批：「風、窮叶。」

舞賦一首　傅武仲

題首墨筆批：「舞。少年讀吾家武仲舞賦，不甚滿意。又怪末之忽流連散客之馬，如不相關。老來虛求，始覺有情。文章一道，眞不許輕狂前輩耶！」「聽其聲，不如察其形。」注：「鄭玄注樂記曰：宮、商、角、徵、羽，雜比曰聲，單曰音。」墨筆眉批：「雜比曰聲，單曰音。」「餘日怡蕩，非以風民也。」墨筆眉批：「餘日怡蕩。」

「玉曰：唯唯。夫何皎皎之閑夜兮，明月爛以施光。朱火曄其延起兮，燿華屋而熺洞房。黼帳袪而結組兮，鋪首炳以焜煌。」墨筆眉批：「獨說及『鋪首』。」

「姣服極麗，姁媮致態。貌嫽妙以妖蠱兮，紅顏曄其揚華。眉連娟以增繞兮，目流睇而橫波。珠翠的皪而炤燿兮，華袿飛髾而雜纖羅。」墨筆眉批：「『姣服』至『纖羅』，言美容麗服。」

「顧形影，目整裝。順微風，揮若芳。動朱脣，紆清陽。亢音高歌爲樂方。」墨筆改「陽」爲「揚」，又墨筆眉批：「『顧形影』至『紆清揚』，言吟歌之情態。」

「歌曰：攄予意以弘觀兮，繹精靈之所束。弛緊急之絃張兮，慢末事之骫曲。舒恢炱之廣度兮，闊細體之苛縟。」墨筆眉批：「歌。恢炱。」

「於是躡節鼓陳，舒意自廣」云云。墨筆眉批：「『躡節』以下，言將舞之態。」

「其少進也，若翺若行，若竦若傾。兀動赴度，指顧應聲。羅衣從風，長袖交橫。駱驛飛散，颯擖合并。鶣鷅燕居，拉揩鵠驚。綽約閑靡，機迅體輕。」墨筆眉批：「『少進』至『體輕』，說舞。」墨筆根批：「燕居，謂燕未飛時也。鶣鷅，猶翩飄，卻下一『居』字。」

「姿絕倫之妙態」云云。墨筆眉批：「『姿絕』以下，又不說舞。」

「在山峨峨，在水湯湯。與志遷化，容不虛生。」墨筆眉批：「生叶湯。」

「明詩表指，嘳息激昂。」注：「歌中有詩。」墨筆眉批：「明詩表指。歌中有詩，從舞寫之。」

「眄般鼓，則騰清眸。」硃筆眉批：「般鼓。」

「吐哇咬，[一]則發皓齒。」注：「咬，淫聲也，烏文切。」墨筆改「文」爲「交」。

[一]「吐」，傅山全書初版本誤作「哇」，據批點底本改。

「擊不致策，蹈不頓趾。」墨筆眉批：「擊不致策。」

「及至迴身還入，迫於急節」云云。墨筆眉批：「又大舞」。

「黎收而拜，曲度究畢。遷延微笑，退復次列。觀者稱麗，莫不怡悅。」墨筆眉批：「舞罷矣。黎收。」

「於是歡洽宴夜，命遣諸客。擾攘就駕，僕夫正策。車騎並狎，巃嵸逼迫。良駿逸足，蹌捍凌越。龍驤橫舉，揚鑣飛沫。馬材不同，各相傾奪。或有踰埃赴轍，霆駭電滅。蹠地遠羣，闇跳獨絕。〔二〕或有宛足鬱怒，般桓不發。後往先至，遂爲逐末。或有矜容愛儀，洋洋習習。遲速承意，控御緩急。車音若雷，騖驟相及。〔三〕駱漠而歸，雲散城邑。」墨筆根批：「或有踰埃赴轍，霆駭電滅。蹠地遠羣，闇跳獨絕。或有宛足鬱怒，般桓不發。後往先至，遂爲逐末。或有矜容愛儀，洋洋習習。遲速承意，控御緩急。車音如雷，騖驟相及。駱漠而歸，雲散城邑。」墨筆眉批：「舞賦終篇，獨及於客散之馬之客，何也？有心耶？無意耶？若無意則已；若有意，則謂觀舞之後，馨控馳驟，皆帶舞情。猶美人之當場騁技也！」

卷第十八

長笛賦　馬季長

題首墨筆批：「長笛。」

〔二〕「闇跳獨絕」，傅山全書初版本誤作「闇跳猶絕」，據批點底本改。

〔三〕「及」，傅山全書初版本誤作「反」，據批點底本改。

「融旣博覽典雅，精核數術。又性好音，能鼓琴、吹笛，而爲督郵。」墨筆眉批：「督郵。」
「吹笛爲氣出，精列相和。」墨筆眉批：「氣出，精列。」
「追慕王子淵、枚乘、劉伯康、傅武仲等簫、琴、笙、頌。」墨筆眉批：「王子淵、枚乘、劉伯康、傅武仲。」
「作長笛賦。其辭曰」云云。墨筆根批：「序凡九十五字。賦通一千四百零十字。」
「特箭槀而莖立兮，獨聆風於極危。」注：「箭、槀，二竹名也。言此二竹或生而莖立，或生於極危。」硃筆眉批：「文義單一箭耳，非竹名也。」又墨筆根批：「二竹，非。」
「秋潦漱其下趾兮，冬雪揣封乎其枝。」墨筆眉批：「揣封。」
「巔根跱之槷刖兮，感迴飇而將穨。」墨筆眉批：「槷刖。」墨筆根批：「槷刖聲義俱如臲卼。」
「夫其面旁重巘增石，簡積頵砡」云云，至「林簫蔓荆，森槮柞樸。」墨筆眉批：「簡積頵砡。」
墨筆根批：「『面旁』以至『柞樸』，言山林。」
「兀嶁狋觺，傾昊倚伏。」墨筆旁批：「傾昊，義如垂開。」墨筆眉批：「兀嶁狋觺。廣韻：狋，大怒貌。廣韻支韻注：觺，獸角貌，無从肉者。卽『五鹿觺觺』之義。又魚力切。此從肉，或角之小訛。玉篇肉部：觺字，魚矜切，肥也。又作魚肌切。義當用觺之角貌，不當用肉之癡。昊，又似昃之訛。」
「庨窌巧老，港洞坑谷。」墨筆根批：「庨窌。」
「嶰壑澮峗，嵧窞巖𥨉。」墨筆眉批：「爾雅：小山別，大山嶰。不作嶰。𥨉。」
「運裛穿洝，岡連嶺屬。」墨筆眉批：「穿洝。」
「於是山水猥至，渟涔障潰」云云，「動机其根者，歲五六而至焉。」墨筆根批：「『山水猥至』

以至『五六而至焉』，言水。」

「顀淡滂流，碓投瀺穴。」墨筆眉批：「顀。碓投瀺穴。」

「爭湍苹縈，汩活澎濞。」墨筆眉批：「澎濞。」

「㵿瀑噴沫，犇遯碭突。」墨筆眉批：「㵿。」

「寒熊振頷，特麕昏髟。」硃筆眉批：「昏，音遲，如氏頹之氏聲。」又墨筆眉批：「昏髟。振頷，謂振其頷。昏髟則對振頷，亦當似昏其髟矣。自視其髟，何義？若以上下文之晨夜之類，則昏仍是晨昏之昏，無謂也。」

「由衍識道，噍噍讙譟。」墨筆根批：「識道二字不解。」

「纖末奮蒴，錚鐨讋嗃。」墨筆眉批：「錚鐨讋嗃。」

「若絙瑟促柱，號鍾高調。」注：「博物志曰：藍脅、號鍾，善琴名。」墨筆眉批：「藍脅、號鍾。」

「於是放臣逐子，棄妻離友，彭、胥、伯奇、哀姜、孝已。」注：「左傳曰：魯哀公夫人姜氏」云云。墨筆改「哀」爲「文」。

「攢乎下風，收精注耳。靁歎頹息，掐膺擗摽，泣血泫流，交橫而下。通旦忘寐，不能自禦。於是乃使魯般、宋翟構雲梯，抗浮柱。」墨筆眉批：「頹。掐。焚輪之風。下字向下叶，獨摽字上不叶耳，下不叶下。當以『靁歎』一連讀至『而下』爲一句，以起下文禦、柱諸韻。」

「蹉纖根，跋篾縷。」注：「言以足蹉蹋纖根，又跋躐細縷也。蹉，七何切，一作搓。埤蒼曰：搓，擵也。方言曰：篾，小也。縷，言細似縷也。上林賦曰：布結縷。顏監注：蔓生，着地之處，皆生細根，如相結，故名縷。今俗乎鼓箏草。」墨筆眉批：「篾。躐。擵。鼓箏草。」

「膺陗阤，腹陘阻。」墨筆眉批：「阤，直紙切。」

「鍃硐隤墜，程表朱裏。」注：「說文曰鍃，大鑿中木也。然則以木通其中，皆曰鍃也。」墨筆眉批：「鍃硐。今行說文：『鍃，倉紅切，大鑿平木也。』此云『鑿中木，以木通其中』，義與从悤者近。中字是平字差。硐與挏聲義俱近，謂以碎石甄甀其中，以圖光滑，不礙音聲也。今人制簫管，多以磁屑甄甀其中。」又墨筆眉批：「理學先生看長笛賦，遇字多認不得。唯到『程表朱裏』四字，極口誇好！程朱之學，原相表裡。看過此句，下又認不得，曰通篇只此四字。」又墨筆根批：「程朱不解。」

「食舉雍徹，勸侑君子。」注：「食舉，謂進食於天而記樂。」墨筆改「記」爲「奏」。墨筆眉批：「樂師、小師皆有大饗，亦如之言，故周禮疏尊鄭玄之注云：但祭祀歌雍，而徹饗食、徹器亦歌雍。」墨筆根批：「雍祭時所歌也，食時歌之何取？周禮樂師之文：『及徹，帥學士而歌徹。』司農云：謂將徹之時，自有樂，故帥學士而歌徹。玄謂徹者歌雍。小師：『大祭祀，登歌擊拊，下管擊應鼓，徹歌也。』注曰：『於有司徹而歌雍。』吾終不以『食竟徹器，歌祭祀之雍』爲然也。司農云：『徹自有樂是也。』膳夫職云：『卒食，以樂徹于造。』注不云何樂，但解『造』是造食故所居處也。疏云：『徹祭器之時，歌雍。徹食器之時，樂章未聞爲何樂也。』最明白。」

「然後退理乎黃門之高廊。」注：「桓譚新論曰：漢之三主，內置黃門工倡。」墨筆眉批：「黃門工倡。」

「重丘宋、灌，名師郭、張。」墨筆眉批：「宋、灌、郭、張。」

「於是遊閒公子，暇豫王孫。」注：「閒，士莧切。」墨筆眉批：「士莧切，又一音。」

「心樂五聲之和，耳比八音之調。」墨筆旁批：「此皆不的之賦笛。」

「詳觀夫曲胤之緐會叢雜，何其富也！」墨筆眉批：「曲胤，義與引通，義則如子孫承續不絕也。」

「嶆距刧遻，又足怪也。」墨筆眉批：「嶆距刧遻。」

「啾咋嘈啐似華羽兮，綾灼激以轉切。」墨筆眉批：「啾咋嘈啐。華羽。」

「震鬱佛以憑怒兮，耾碭駭以奮肆。」墨筆眉批：「耾。」

「氣噴勃以布覆兮，乍跱蹠以狼戾。」墨筆眉批：「跱蹠。」

「靁叩鍛之岌峇兮，正瀏漂以風冽。」硃筆眉批：「鍛。」墨筆眉批：「叩鍛。岌峇。」

「長矕遠引，旋復迴皇。」墨筆眉批：「長矕遠引。吹笛中說出長矕，今吹瑣納者，每有此態。此處矕字雖从目作解，〔二〕而其實未然。」墨筆根批：「矕，卽綿蠻之蠻。矕，卽當彎字亦可。」

「充屈鬱律，瞋菌碨柍。」墨筆眉批：「瞋菌碨柍。」

「洪殺衰序，希數必當。」墨筆眉批：「洪殺衰序。」「數」字旁硃筆批：「入聲。」

「蓋滯抗絕，中息更裝。」墨筆眉批：「蓋滯抗絕。」注：「許慎淮南子注曰：裝，束也。」墨筆根批：「裝，不必作束解。今以物置器中，皆曰裝。此謂以氣息裝笛中耳。」

「微風纖妙，若存若亡。蓋滯抗絕，中息更裝。奄忽滅沒，曄然復揚。」硃筆眉批：「都自洞簫演之。」

「或乃聊慮固護，專美擅工。」墨筆眉批：「聊慮固護。」

「或乃植持縼纆，佁儗寬容。」注：「漢書音義：張景曰：二股謂之糾，三股謂之纆。」墨筆

〔二〕「雖」，傅山全書初版本脫，據手稿補。

眉批：「二股糾，三股纆。縰。」

「簫管備舉，金石並隆」云云，「衆音猥積，以送厥終。」墨筆眉批：「『簫管備舉』至『以送厥終』，于長笛無干。」

「無相奪倫，以宣八風。」注：「杜預左氏傳注曰：八風，八方之風。金乾主磬，其風不周。石坎主鼓，其風廣漠。革艮主笙，其風明庶。匏震主簫，其風條竹。巽主柷敔，其風清明。木離主瑟琴，其風景絲。神主鍾，其風涼。土兌主壎，其風閶闔。」墨筆改「神」爲「坤」。墨筆眉批：「革艮笙，絲坤鍾，不解配法。」又「革艮主笙」旁硃筆批：「不解。」「絲坤主鍾」旁硃筆批：「不解。」墨筆根批：「金磬乾。石鼓坎。革笙艮。匏簫震。竹柷敔巽。木琴瑟離。絲鍾坤。土壎兌。」

「律呂既和，哀聲五降。」墨筆眉批：「降，讀如虹。」

「惆悵怨懟，窳圔窴赦。」墨筆眉批：「窳圔窴赦有解矣。皮，赧。」「窳圔窴赦」旁墨筆批：「四字要从上四字來。」

「蚡緼蟠紆，經宛蜿蟺。」墨筆改「經」爲「纒」。墨筆根批：「纒。」墨筆眉批：「纒卽絪、如烟、煙之或從因，或從垔。」

「箟笏抑隱，行入諸變。」墨筆眉批：「篦笏抑隱。」

「絞槪汨湟，五音代轉。」墨筆眉批：「絞槪汨湟。」

「挼拏捘臧，遞相乘邅。」墨筆眉批：「挼拏捘臧。」

「反商下徵，每各異善。」注：「沈約宋書曰：下徵，調法。」墨筆眉批：「下徵，調法。」

「聽簉弄者，遙思於古昔，虞志於怛惕，以知長戚之不能閒居焉。」墨筆眉批：「長戚者不能閒居焉。」

「故論記其義，協比其象，徬徨縱肆，曠瀁敞罔，老莊之槪也。溫直優毅，孔孟之方也。」硃筆改「優」爲「擾」。墨筆眉批：「老莊以下，不勝掄援，非其般數塡挂義扎，吾無取焉。」

「激朗清厲，隨、光之介也。」墨筆眉批：「隨、光。」

「牢刺拂戾，諸、賁之氣也。」墨筆眉批：「牢刺，諸、賁。」

「節解句斷，管、商之制也。」墨筆眉批：「管、商。」

「條決繽紛，申、韓之察也。」墨筆眉批：「申、韓。」

「繁縟絡繹，范、蔡之說也。」墨筆眉批：「范、蔡。」

「𠢕櫟銚㦗，晳、龍之惠也。」墨筆眉批：「𠢕櫟銚㦗。晳、龍。」

「魚鱉禽獸，聞之者莫不張耳鹿駭」云云。墨筆眉批：「若窮理者讀此，定須辨魚鱉亦能拊諜耶，定令老馬張口沒說，只得唯唯謝之曰：我差、我差而已。」

「屈平適樂國，介推還受祿，澮臺載尸歸，臯魚節其哭。」墨筆眉批：「諸所引喻，亦不全得其倫。如此之類，豈有窮盡耶！」

「長萬輟逆謀，渠彌不復惡。」墨筆眉批：「長萬。高渠彌。」

「蒯聵能退敵，不占成節鄂。」墨筆眉批：「蒯聵。陳不占。鄂，此當作鄂。」

「宦夫樂其業，士子世其宅。」墨筆旁批：「俗話。」

「瓠巴聑柱。」墨筆眉批：「聑，丁篋切。玉篇：安也。廣韻：耳垂貌。廣韻葉韻：聑，上愜切，耳重貌。」

「留眎瞜眙，累稱屢讚。」〔一〕墨筆眉批：「瞜眙。」

「僬眇睢維，涕洟流漫。」注：「字林曰：維，持也。」墨筆眉批：「僬眇睢維。維字在此處作持解，無味之甚。」

「女媧制簧，暴辛爲塤。」硃筆眉批：「女媧，黄帝臣。」又墨筆眉批：「暴辛。」

「垂之和鍾，叔之離磬，或鑠金礱石，華睆切錯。」注：「樂汁圖徵曰：鑠金爲鐘，四時九乳。」墨筆眉批：「垂。叔。離字不解。四時九乳。睆，刮節目也。」墨筆根批：「此金畢竟是單指鐘也。」

「若然，六器者，猶以二皇聖哲黈益，況笛生乎大漢，而學者不識。」注：「黈，猶演也。」墨筆眉批：「黈，猶演也，不知何據？黈纊充耳，冕傍之纊曰黈。此義取耳之審聲意。」墨筆根批：「黈，一作斢。」

「悲夫有庶士丘仲，言其所由出而不知弘妙。其辭曰」云云。墨筆眉批：「其辭以下，即引丘仲之言，正言其所由出也。此亦賦中別一結束。」

「易京君明識音律。」墨筆眉批：「君明。」

琴賦　嵇叔夜

題首墨筆批：「琴。」

（以上原書缺一頁）墨筆眉批：「（以上缺）咸池以祀地祇。大呂、黄鐘之合，陽聲之首。而雲

〔一〕「累」，傅山全書初版本誤作「屢」，據批點底本改。

門，黄帝樂也。咸池，堯樂也。不敢用黄鐘，而以太蔟次之。然則祭天者，圜鐘爲宫，黄鐘爲角，太蔟爲徵，姑洗爲羽；祭地者，函鐘爲宫，太蔟爲角，姑洗爲徵，南吕爲羽，訖不用商及二少。蓋商聲剛，而二少聲下。所以取其正，裁其繁也。漢祭天則用商，而宗廟不用，謂鬼神畏商之剛。西京諸儒惑圜鐘、函鐘之説，故其自受命郊祀，宗廟樂唯用黄鐘一均。章帝時太常丞鮑業始旋十二宫。夫旋宫以七聲爲均。均音韻也。古無韻字，猶言一韻聲也。始以某律爲宫，某律爲商，某律爲角，某律爲徵，某律爲羽，某律少宫，某律少徵，〔二〕亦曰變昆。一均成，則五聲爲之節族。此旋宫也，乃取律。次之以示涚，涚時七十餘，以爲未始聞而收未冠也。宋崔遵度琴箋云：世之言琴者，必曰長三尺六寸，象期之日；十三徽，象期之月，居中者，象閏。前世未有辨者。至唐協律郎劉眖，以樂器配諸節族，而謂琴爲夏至之音。至於泛聲，卒無述者。愚嘗病之，因張弓附案泛其弦，而十三徽聲具焉，況琴、瑟之弦乎？是知非所謂象者，蓋天地自然之節耳，又豈止夏至之音而已？夫易有太極，是生兩儀。兩儀者，太極之節也。四時者，兩儀之節也。律吕者，四時之節也。晝夜者，律吕之節也。刻漏者，晝夜之節也。節節相受，自細至大而歲成焉。既不可使之節，亦不可使之不節，氣之自然者也。氣既節矣，聲同則應。既不可使之應，亦不可使之不應，數之自然者也。既節其應，則天地之交成矣。文之義也，或任形而著，或假物而彰。日星文乎上，山川理乎下，動物、植物，花者、節者，五色具矣。斯任形者也。至於人常有五性而不著，以事觀之然後著；日常有五色而不見，以水觀之然後見；氣常有五音而不聞，以絃考之然後聞。斯假物者也。是故聖人不能作易而能知自然之數；不能作琴而能知自然之節。何則？數本於一而成於三，因而重之，故易畫六

〔二〕以上十二字，傅山全書初版本脱，據手稿補。

而成卦。及其應也。一必於四，二必於五，三必於六焉。氣氣相召，其應也必矣。卦既成畫矣，〔二〕故畫琴焉，始以一弦泛桐。當其節，則清然而號；不當其節，則泯然無聲，豈人力也哉！且徽有十三，而居中者爲一。自中而左泛有三焉；又右泛有三焉，其聲殺而已。絃盡，則聲滅。及其應也，一必於四，二必於五，三必於六焉。節節相召，其應也必矣。易之書也，偶三爲六，三才之配具焉，萬物由之而出。雖曰六畫，及其數也，止三而已矣。琴之畫也，偶六而根於一。一鐘者，道之所生也。在數爲一，在律爲黃，在音爲宮，在本爲根，在四體爲心，衆徽由之而生，雖曰十三，及其節也，止三而已矣。卦之德方，經也。蓍之德圓，緯也。故萬物不能逃其象。徽三其節，經也。絃五其音，緯也。故衆音不能勝其文。先儒謂八音以絲爲君，絲以琴爲君。愚謂琴以中徽爲君，盡矣。夫徽十三者，蓋盡昭昭可聞者也。苟盡絃而考之，乃總有二十三徽焉。是一氣也，丈絃具之，尺絃亦具之，豈有長短大小之限哉？是則萬物本於天地，天地本於太極，太極之外以至於萬物；聖人本於道，道本於自然，自然之外以至於無爲；樂本於琴，琴本於中徽，中徽之外以至於無聲。是知作易者，考天地之象也；作琴者，考天地之聲也。往者，藏音而未談；來者，專聲而忘理。琴箋之作也，庶乎近之。苟其闕也，請俟考。」

「春蘭被其東，沙棠殖其西。涓子宅其陽，玉醴涌其前。」墨筆眉批：「西與前叶。」

「夫所以經營其左右者，〔三〕固以自然神麗而足思願愛樂矣。」墨筆眉批：「樂字不叶。」

「鏤會褭厠，朗密調均。」硃筆眉批：「鏤會褭厠。」

〔二〕「成」字，傅山全書初版本脫，據手稿補。

〔三〕「其」，傅山全書初版本脫，據批點底本改。

「器冷絃調，心閑手敏。」硃筆眉批：「敏讀如弭。」

「揚和顔，攘皓腕。飛纖指以馳騖，紛㒧譶以流漫。」墨筆眉批：「㒧譶二字義相反。吳都賦：㒧譶𣜓㺒。」

「時劫掎以慷慨，或怨嫿而躊躇。」墨筆眉批：「嫿。」

「紛文斐尾，慊縿離纚。」「慊」字旁墨筆批：「緂。」又墨筆眉批：「慊縿本緂縿。」

「或摟攙櫟捋，縹繚潎冽。」墨筆眉批：「摟勾來，攙辟去，櫟擊打，捋按拂。潎冽，皆有寒凛之義。」「摟攙櫟捋」旁墨筆批：「向裏、向外、打、拂。」

「輕行浮彈，明嫿瞭惠。」墨筆眉批：「明不暗，嫿不混亂，瞭智，惠慧，四字从上『浮行輕彈』來。」

「遠而聽之，若鸞鳳和鳴戲雲中；迫而察之，若衆葩敷榮曜春風。」注：「郭璞曰：葩爲古花字。含讀音于彼切。」硃筆眉批：「遠、迫大厭。」「含」字旁硃筆批：「賦文中不見含字。」墨筆眉批：「聲中眼通，妙有神會。但此未足以盡致。」

「非夫至精者，不能與之析理也。」墨筆眉批：「理。」

「理含至德之和平。」墨筆眉批：「理。」

「是故懷戚者聞之，莫不憯懍慘悽，愀愴傷心，含哀懊咿，不能自禁。其康樂者聞之，則欨愉懽釋，抃舞踊溢。留連瀾漫，嗢噱終日。」墨筆眉批：「懷戚、康樂兩段，不必輒琴乃爾。嗢噱。」

「是以伯夷以之廉，顔回以之仁，比干以之忠，尾生以之信，惠施以之辯給，萬石以之訥慎。」墨筆旁批：「可厭！」

笙賦　潘安仁

題注：「郭璞曰：列管匏中，施簧管端。」

題首墨筆眉批：「笙。」題注下硃筆批：「簧不在管端。」

「駢田獵攦，鉀鰈參差。」墨筆眉批：「鰈即鰈，音地列切。景福殿賦：紅葩鉀鰈。」

「劉櫢羅以奔邀，似將放而中匱。」墨筆眉批：「劉櫢羅。櫢聲近翕。羅義則入笙用噏時多。」

「郁捋劫悟，泓宏融裔。」注：「郁捋，口循孔貌。劫悟，氣相衝激。泓宏，聲大貌。融裔，聲長貌。」墨筆眉批：「郁捋劫悟，笙不但吹，亦用吸。」硃筆根批：「口循孔說不去，委于多孔，可云循耳。」

「哇咬嘲嗌，壹何察惠。」墨筆眉批：「哇咬嘲嗌。」

「光歧儼其偕列，雙鳳嘈以和鳴。」注：「光，華飾也。歧，衆管也。」墨筆眉批：「光歧如象管之解，未必。」

嘯賦　成公子安

題首墨筆眉批：「嘯。」題下硃筆批：「至嘽！可謂無一句奈何乎子安！」

「晞高慕古，長想遠思。」注：「謝承後漢書曰：陳謙晞高視遠，清舉嬌俗。」墨筆眉批：「謝承後漢書。」

「濟洪災於炎旱，反亢陽於重陰。」注：「靈寶經曰：『禪黎世界，墜王有女，字姓音』，『姓音右手題赤石之上』，『遺朱宮靈童』」云云。硃筆改「王」爲「玉」。墨筆改「姓音」爲「神人」，改「遺」爲「遺」。墨筆眉批：「靈寶經，女姓音。朱宮靈童。」

「硼硠震隱，訇磕𥐟嘈。」墨筆眉批：「𥐟嘈。」

卷第十九

高唐賦一首　宋玉

題首墨筆眉批：「高唐。」題下墨筆批：「只是質樸。一千七十七字。」又硃筆批：「高唐、神女二賦須連讀之。」

「望高唐之觀，其上獨有雲氣。崪兮直上，忽兮改容。」注：「爾雅曰：崪者厜㕒。注謂山峯頭巉嵒然，言雲氣形似於山。」墨筆眉批：「高唐之觀，注不曾解出是何。」

「王問玉曰：此何氣也？玉對曰：所謂朝雲者也。」墨筆眉批：「雲。」

「玉對曰：其始出也，㬳兮若松榯。」注：「㬳，茂貌，如瞫𥌃也。」墨筆眉批：「瞫𥌃，字書不見𥌃字。」

「惟高唐之大體兮，殊無物類之可儀。比巫山赫其無疇兮，道互折而層累。」墨筆眉批：「高唐比巫山，是高唐亦山名也。」

「登巉巖而下望兮，臨大阺之稸水。」墨筆眉批：「稸。」

「濞洶洶其無聲兮，潰淡淡而並入。」注：「字林曰：濞，水暴至聲也。」硃筆眉批：「濞。」

又墨筆眉批：「字林：『濞，水暴至聲。』而賦文則『濞洶其無聲』，與字林義異。楊雄蜀都賦：

反波逆濞。」

「滂洋洋而四施兮，翕湛湛而弗止」云云。墨筆眉批：「水。」

「勢薄岸而相擊兮，隘交引而卻會。」墨筆眉批：「此『而卻會』是水。」

「巨石溺溺之瀺灂兮，沫潼潼而高厲。」墨筆眉批：「瀺灂。」

「猛獸驚而跳駭兮，妄奔走而馳邁。」墨筆眉批：「獸。」

「鵰鶚鷹鷂，飛揚伏竄。」墨筆眉批：「鳥。」

「於是水蟲盡暴，乘渚之陽。」墨筆眉批：「蟲。」

「玄木冬榮，煌煌熒熒。」墨筆眉批：「木。」

「榛林鬱盛，葩華覆蓋。」注：「榛林，栗林也。」墨筆根批：「榛，莽也，亦不單謂榛栗之榛。」

「雙椅垂房，糾枝還會。」注：「毛詩曰：其桐其椅。注：椅，梧屬。」墨筆眉批：「若椅指椅梧之椅，不應于叢林中單取于椅，又曰雙椅也。下對糾枝，則此亦言其樹木之並立而椅柅者，垂相覆屋耳。」

「徙靡澹淡，隨波闇藹。」硃筆旁批：「林木之在水邊者。」又墨筆旁批：「徙，衆也。」又墨筆眉批：「自『玄木之榮』至此，賦木。而言隨波，非指水之波。隨如委隨，波如流蕩，總形容樹木之披靡搖颺耳。」

「東西施翼，猗狔豐沛。」墨筆旁批：「施當如『女蘿施于松柏』之去聲。」墨筆根批：「若好搶古蹟作土地門面者，定當說巫山在豐、沛間，指此『猗狔豐沛』爲證。又可說豐、沛在林木間。斷章又可說豐、沛人之美，猗猗狔狔也。」

「清濁相和，五變四會。」硃筆眉批：「五變四會。」

「感心動耳，迴腸傷氣。」墨筆眉批：「回腸傷氣四字，神女賦中又用了。」

「盤岸巑岏，振陳磑磑。」墨筆眉批：「巑從贊。贊上二兟，與朁字相似。說文云：進也兟聲，然賛卽贊之去聲，〔一〕不知何故從兟？」

「陬互橫啎，背穴偃蹠。」墨筆眉批：「陬互橫啎，背穴偃蹠。陬，角之相交互。」

「仰視山巔，肅何芊芊。」墨筆眉批：「山。」

「俯視崝嶸，窐寥窈冥。」墨筆眉批：「窐。」

「不見其底，虛聞松聲。」注：「言山下香遠不見。」墨筆改「香」爲「杳」。

「傾岸洋洋，立而熊經。」注：「言岸既將傾，水流又迅，故立者恐懼，而似熊經。」墨筆旁批：「懸空。」墨筆眉批：「熊經，似是說岸之傾下，云久而不去，方覺說人。」

「箕踵漫衍，芳草羅生。」注：「言山勢如簸箕之踵也。」硃筆旁批：「是何繹？」

「秋蘭茝蕙，江離載菁。」墨筆眉批：「草。」

「聯延夭夭，越香掩掩。」墨筆眉批：「越香。」

「王睢、鸝黃，正冥、楚鳩，姊歸、思婦，垂雞高巢。其鳴喈喈，常年遨遊。更唱迭和，赴曲隨流。」硃筆眉批：「正冥不注。」墨筆眉批：「鳥。正冥豈一鳥名耶？若韻求之，當非。鳩、巢、遊、流四字爲叶。」

「有方之士，羨門高谿。」墨筆眉批：「羨門高谿。」

〔一〕「去」，傅山全書初版本誤作「上」，據手稿改。

「上成鬱林，公樂聚穀。」墨筆眉批：「上成鬱林。」

「於是乃縱獵者，基趾如星。」墨筆眉批：「獵。」

「何節奄忽，蹄足灑血。」注：「何，問辭也。」墨筆眉批：「何，問辭，未是。」

神女賦一首　宋玉

題首墨筆眉批：「神女。」題下墨筆批：「八百六十六字。」

「王曰：茂矣、美矣，諸好備矣，盛矣、麗矣，難測究矣！」墨筆眉批：「茂、美、備。盛、麗、究。備叶美，究叶麗。」

「極服妙采照萬方。」墨筆眉批：「極服妙采照萬方，形容采服而至萬方。古人高拙，後來不能。」

「嫷被服，俛薄裝，沐蘭澤，含若芳。」墨筆眉批：「嫷、俛，似謂墮去解脱之義，乃與下文沐蘭澤合。」

「毛嬙鄣袂，不足程式。西施掩面，比之無色。」注：「慎子曰：毛嬙、先施，天下之美妓也。衣之以皮倛」云云。墨筆眉批：「毛嬙、西施。先、西同音。皮倛。」

「素質幹之醲實兮，志解泰而體閑。既姽嫿於幽靜兮，又婆娑乎人間。」墨筆眉批：「解泰兩字面，自是聰慧舒展之義。所以下又有體閑，言不矜持也。姽不庯靡，嫿不糢糊。既姽嫿于幽靜，又婆娑乎人間。好語！」

「澹清靜其愔嫕兮，性沈詳而不煩。」墨筆眉批：「澹清靜其愔嫕，性沈詳而不煩。」

「含然諾其不分兮，喟揚音而哀歎。」墨筆眉批：「含然諾其不分，喟揚音而哀歎。」

登徒子好色賦一首　宋玉

題首墨筆眉批：「好色。」題下墨筆批：「高簡。」

「臣里之美者，莫若臣東家之子。」墨筆眉批：「東家之子。」

「其妻蓬頭攣耳，齞脣歷齒。」墨筆眉批：「齞。」

「是時秦章華大夫在側，因進而稱曰」云云，「以爲守德，謂不如彼矣！」注：「章華，楚地名。大夫楚人」云云。墨筆眉批：「注麻煩扭捩，不知說甚。」

洛神賦一首　曹子建

題首墨筆眉批：「洛神。」

「古人有言，斯水之神，名曰宓妃。」墨筆眉批：「宓妃。」

「丹脣外朗，皓齒内鮮。明眸善睞，靨輔承權。」墨筆眉批：「昌黎送僧澄觀七言：伏犀插腦高頰權。注：選洛神賦：『張敏俳文，高權長頰。』若此賦，無此二句。」

「嗟佳人之信脩，羌習禮而明詩。」墨筆眉批：「嗟佳人之信脩，羌習禮而明詩。」

「悼良會之永絕兮，哀一逝而異鄉。」墨筆眉批：「悼良會之永絕，哀一逝而異鄉。」

補亡詩六首　束廣微

題首墨筆眉批：「惠亡。」〔一〕

述祖德詩二首　謝靈運

題首墨筆眉批：「述德。」

「拯溺由道情，龕暴資神理。」墨筆眉批：「理。」

諷諫詩一首　韋孟

題首墨筆眉批：「諷諫。」又硃筆眉批：「詩不諷。」

題下硃筆批：「不過以其言之正存之耳，若説佳作，似不大佳。」

「至于有周，歷世會同。」硃筆眉批：「會同。」

「我祖斯微，遷于彭城。在予小子，勤唉厥生。」硃筆眉批：「唉。」

勵志詩一首　張茂先

題首墨筆眉批：「勵志。嘽。」

「川廣自涼，成人在始。」硃筆改「涼」爲「源。」

〔一〕「惠」，傅山全書初版本誤作「補」，據手稿改。

「累微以著，乃物之理。」墨筆眉批：「理。乃物之理四字，喜殺宋儒。」「乃物之理」旁墨筆批：「腐弱！」

卷一百三十六　文選批注（六）

卷第二十

封面墨筆批：「安得賴鳴琴，西射堂廿二。萬流屋，顏延年釋奠詩注引嵇康高士傳項橐之言。金鏡。張敏，高惠。廿卷末沈詩注。虛皛滴德，謬彰甲吉，關中詩注不醒。」

上責躬應詔詩表　曹子建

「不圖聖詔，猥垂齒召。」注：「尚書曰：降霍叔于庶人，三年不齒。」墨筆眉批：「三年不齒。」

責躬詩一首

「超商越周，與唐比蹤。」墨筆旁批：「孝子慈孫。」

「傲我皇使，犯我朝儀。」注：「魏志曰：使者灌均希旨奏植醉酒勃逆。」墨筆眉批：「灌均。」

關中詩一首　潘安仁

題注：「孝明時，護羌校尉竇林上降羌顛岸，以爲羌豪，岸兄顛吾復降。」墨筆眉批：「竇林。顛岸。顛吾。」

「蠢爾戎狄，狡焉思肆。」注：「傅暢諸公讚曰：北地盧水胡，馬蘭羌，因此爲亂，推齊萬年爲主。」墨筆眉批：「齊萬年。」

「岳牧慮殊，威懷理二。」硃筆旁批：「厭句。」又墨筆眉批：「理二兩字可笑。」

「翹翹趙王，請徒三萬。朝儀惟疑，未逞斯願。」注：「傅暢晉諸公讚曰：司馬倫，字子彝，咸熙中封趙王。朱鳳晉書曰」云云。墨筆眉批：「司馬倫。朱鳳晉書。」

「桓桓梁征，高牙乃建。」注：「干寶晉紀曰：梁王肜，爲征西大將軍。」墨筆眉批：「梁王肜。」

「誰其繼之，夏侯卿士。」注：「王隱晉書曰：遣安西將軍夏侯駿西討氐、羌。」墨筆眉批：「夏侯駿。」

「惟系惟處，列營棊跱。」注：「王隱晉書曰：解系，字少連，濟南人，爲雍州刺史。又曰：周處，字子隱，吳興人。」墨筆眉批：「解系。周處。」

「飛檄秦郊，告敗上京。」注：「王隱晉書曰：周處、解系與賊戰於六陌。」墨筆眉批：「周處、解系。」

「盧播違命，投畀朔土。」墨筆眉批：「盧播。」

「命被上谷，指日遄逝。」注：「王隱晉書曰：孟觀，字叔時，稍遷至積弩將軍，封上谷郡公。」墨筆眉批：「孟觀。」

「紂之不善。」注：「而同約之不善」云云。墨筆改「約」爲「紂」。

「虛皛滴德，謬彰甲吉。」注：「孔安國尚書傳曰：滴、甲，二羌號也。德、吉，其名也。言觀虛明誅二羌之功，此觀之過也。虛皛、謬彰，其義一耳。」墨筆眉批：「滴德、甲吉。注言虛明誅二羌之功，既云滴德、甲吉爲其名矣，則虚畠云云，未及其誅之之功，而二羌之名，又何爲輒畠之彰之也？且上下文義不相接。」又硃筆眉批：「卽如注，是二羌之名，于虚畠繆彰何屬？」

「當乃明實，否則證空。」墨筆旁批：「婆嫣。」

「不見竇林，伏尸漢邦。」注：「東觀漢記曰：護羌竇林奉使羌，顛岸降詣林，林欲以爲功，劾奏言大豪。後顛岸兄顛吾復詣林」云云。墨筆眉批：「竇林。顛岸。顛吾。」

公讌詩一首 曹子建

墨筆眉批：「公讌。」

公讌詩一首 王仲宣

「見眷良不翅，守分豈能違。」注：「論語摘衰聖承進讖曰」云云。墨筆眉批：「論語摘衰聖承進讖。」

公讌詩一首 劉公幹

「華館寄流波，豁達來風涼。」墨筆眉批：「華館寄流波，豁達來風涼。妙句。」

「投翰長歎息。」墨筆旁批：「此『長嘆息』三字大有別情。」

晉武帝華林園集詩一首 應吉甫

題注：「孫盛晉陽秋曰：散騎常侍應貞詩最美。」硃筆尾批：「華林美，應嘽。」又墨筆眉批：「孫盛華林美應貞。應貞。」

「悠悠太上」至「天歷在虞。」墨筆眉批：「八句迂帽。」

「光我晉祚，應期納禪。」硃筆眉批：「突而及晉。」又墨筆眉批：「如此四言，孫盛云美，不知何見。七十四句略無警策。應嘽。應嘽。」

「率土咸序，人胥悅欣。」硃筆眉批：「悅欣眞押韻。」

「六府孔修，九有斯靖。」墨筆眉批：「靖當叶如戩。」

「貽宴好會，不常厥數。」墨筆旁批：「此處才說及題上。」

「示武懼荒，過亦爲失。」墨筆眉批：「失叶去聲。」

九日從宋公戲馬臺集送孔令詩一首　謝宣遠

題注：「沈約宋書曰：孔靖，字季恭，宋臺初建，以爲尚書令，讓不受。」墨筆眉批：「孔靖。」又注：「宋書七志曰：謝瞻，字宣遠」云云，「以弟晦權貴。」「高祖遊戲馬臺，命僚佐賦詩，瞻之所作冠于時。」墨筆眉批：「謝瞻。謝晦。題爲送孔令，而詩不多言之，但末四句耳。謂此詩冠當時，亦不解，看後康樂作，即見才之同異。」

「巢幕無留鷰。」注：「天子之在此」云云。墨筆改「天」爲「夫」。

「聖心眷嘉節，揚鑾戾行宮。」墨筆根批：「聖心才宋公，而賦詩恁媚矣。」

「扶光迫西汜，歡餘謙有窮。逝矣將歸客，養素克有終。」墨筆改「謙」爲「讌」。又墨筆眉批：「『謙』字本爲『讌』字之訛。周易曰謙者，引以注『有終』字。」

樂遊應詔詩一首　范蔚宗

題注：「沈約宋書曰：范曄，字蔚宗。」墨筆眉批：「范曄。」

九日從宋公戲馬臺集送孔令詩一首　謝靈運

「良辰感聖心，雲旗與暮節。」墨筆眉批：「聖心。」

「餞宴光有孚，和樂降所缺」云云。墨筆眉批：「必竟才高于宣遠。」

「在宥天下理，吹萬羣方悅。」墨筆眉批：「理。」

「餞宴光有孚」至「指景待樂闋。」墨筆眉批：「由餞宴而至于不廢和樂，在宥吹萬，生出歸客遂之一字，針線密度，自關才筆，宣遠無此。」

皇太子釋奠會作詩一首　顏延年

「庶士傾風，萬流仰鏡。」注：「稽康高士傳：孔子問項橐曰：居何在？曰：萬流屋是也。」墨筆眉批：「項橐。萬流屋。」

「思皇世哲，體元作嗣。」墨筆眉批：「誰知爲後日之元凶？」

侍宴樂遊苑送張徐州應詔詩一首　丘希範

題注：「劉璠梁典曰：張謖，字公喬。」墨筆眉批：「劉璠。張稷。」

送應氏詩二首　曹子建

題下墨筆批：「前篇略無祖餞意，何也？」

「不見舊耆老，但覩新少年。」墨筆旁批：「想來可笑。」〔一〕

「洛陽何寂寞」云云，「中野何蕭條。」墨筆眉批：「洛陽何寂寞，中野何蕭條，格調複。」

篇末墨筆眉批：「若掩耳，子建看此二首，成何才人之言？」

新亭渚别范零陵詩一首　謝玄暉

「廣平聽方籍，茂陵將見求。」注：「王隱晉書曰：郭衮，字林叔」云云，「且盧子家，王子邕繼踵此郡。」墨筆眉批：「郭衮。盧子家。王子邕。」

别范安成詩一首　沈休文

「夢中不識路，何以慰相思。」注：「韓非子曰：六國時張敏與高惠二人爲友」云云。墨筆眉批：「張敏。高惠。」

〔一〕此條，傅山全書初版本脱，據手稿補。

卷第二十一

詠史詩一首　王仲宣

「自古無殉死，達人共所知。」硃筆旁批：「近傖。」
「妻子當門泣，兄弟哭路垂。」墨筆旁批：「塡札數念。」
「黄鳥作悲詩，至今聲不虧。」墨筆眉批：「『聲不虧』成何語？」

詠史詩八首　左太沖

「弱冠弄柔翰，卓犖觀羣書」云云。墨筆眉批：「題曰咏史，而詩似自述。」
「長嘯激清風，志若無東吳。」墨筆眉批：「左睹何爾仇東吳也？」
「世胄躡高位，英俊沉下僚。」墨筆旁批：「傖。」
「悠悠百世後，英名擅八區。」墨筆旁批：「鼓兒詞耳。」
「振衣千仞崗，濯足萬里流。」墨筆眉批：「難爲左睹此十字。」
「主父宦不達，骨肉還相薄。買臣困采樵，伉儷不安宅。陳平無產業，歸來翳負郭。長卿還成都，壁立何寥廓。四賢豈不偉，遺烈光篇籍。當其未遇時，憂在塡溝壑。英雄有屯邅，由來自古昔。何世無音才，遺之在草澤。」墨筆眉批：「薄、宅、郭、廓、籍、壑、昔、澤。」

詠史一首　張景陽

題注：「臧榮緒晉書曰：張協，字景陽。」墨筆眉批：「張協。」

「清風激萬代，名與天壤俱。」硃筆旁批：「俗調。」

覽古一首　盧子諒

題注：「徐廣晉紀曰：盧諶，字子諒」云云。又曰：「諶依石季龍。」墨筆眉批：「盧諶。石季龍何等人，而盧諶樂依之？」

張子房詩一首　謝宣遠

題注：「王儉七志曰：高祖遊張良廟，並命僚佐賦詩，瞻之所造，〔二〕冠于一時。」墨筆眉批：「謝瞻。詩大嘽。當時謂冠於一時者，或指『逝者如可作，揆子慕周行』二句，奉承劉裕，裕誇好耳。」

「濟濟屬車士，粲粲翰墨場。瞽夫違盛觀，竦踴企一方。四達雖平直，蹇步愧無良。飡和忘微遠，延首詠太康。」墨筆眉批：「濟濟以下八句，不知何謂。」

〔二〕「之」字，傅山全書初版本脱，據批點底本補。

秋胡詩一首　顏延年

「昔醉秋未素。」硃筆×掉「醉」字，又墨筆眉批：「醉字錯。」

「慘悽歲方晏，日落遊子顏。」注：「言情之慘悽在乎歲之方晏，日之將落，愈思遊子之顏。」

墨筆眉批：「日落遊子顏，如注解，不妙。」

五君詠五首

「郭奕已心醉，山公非虛覯。」墨筆眉批：「郭奕。」

詠霍將軍北伐詩一首　虞子陽

題注：「虞義集序曰：義字子陽。」墨筆眉批：「虞義子陽。」

「乘墉揮寶劍，蔽日引高旍。」墨筆眉批：「乘墉十字，律。」

「胡笳關下思，羌笛隴頭鳴。」墨筆眉批：「胡笳十字，律。」

「玉門罷斥候，甲第始修營。」墨筆眉批：「玉門罷斥候，惟罷字不響，若讀如瘦聲，合矣，但義不得。」

百一詩一首　應璩

題注：「張方賢楚國先賢傳曰」云云。又「李充翰林論曰」云云。墨筆眉批：「張方賢。李充。」

「宋人遇周客，慙愧靡所如。」注：「客見俛而掩口盧胡而笑曰」云云。墨筆眉批：「盧胡。」

遊仙詩六首　郭景純

「長揖當塗人，去來山林客。」注：「漢書武帝制曰：守文法，以戴冀其世者，甚衆。」墨筆眉批：「守文法，以戴冀其世者，甚衆。注引此句，不知何謂？」

卷第二十二

招隱詩二首　左太沖

「非必絲與竹，山水有清音。」墨筆眉批：「山水有清音。」

「相與觀所尚，逍遙撰良辰。」墨筆眉批：「撰。」

反招隱詩一首　王康琚

「鵾雞先晨鳴，哀風迎夜起。」注：「崔琦七蠲曰」云云。墨筆眉批：「崔琦七蠲。」

「推分得天和，矯性失至理。」墨筆眉批：「理。」

芙蓉池作一首　魏文帝

「丹霞夾明月，華星出雲間。」墨筆眉批：「丹霞十字，壓死六朝千百篇矣。瞞兒會造語。」

南州桓公九井作一首 殷仲文

「四運雖鱗次，理化各有準。」墨筆眉批：「理。」
「獨有清秋日，能使高興盡。」墨筆旁批：「突出爽語。」

從遊京口北固應詔一首 謝靈運

「事爲名教用，道以神理超。」墨筆眉批：「理。」

晚出西射堂一首

「安排徒空言，幽獨賴鳴琴。」墨筆眉批：「妙句。」

遊赤石進帆海一首

「仲連輕齊組，子牟眷魏闕。」注：「言仲連輕齊組而之海上」云云，又曰：「恐有輕朝廷之譏，故云子牟眷魏闕。」墨筆眉批：「如注『恐有』、『故云』，大非詩意。看下『矜名』、『適己』二句，自是前列兩出處。不同之人，而後歸重在適己而已。」

石壁精舍還湖中作一首

「慮澹物自輕，意愜理無違。」墨筆旁批：「格調腐淺。」又墨筆眉批：「理。」又墨筆根批：「意愜理無爲，本自好話，聲調近腐。在謝詩無用相許。」

登石門最高頂一首

「沈冥豈別理，守道自不攜。」墨筆眉批：「理。」

於南山往北山經湖中瞻眺一首　謝靈運

「孤遊非情歎，賞廢理誰通。」墨筆眉批：「理。」

應詔觀北湖田收一首　顔延年

「蓄軫豈明懋，善遊皆聖仙。」墨筆眉批：「蓄軫。」
「疲弱謝淩遽，取累非纆牽。」墨筆眉批：「纆牽。」

車駕幸京口侍遊蒜山作一首

「春江壯風濤，蘭野茂梯英。」墨筆眉批：「春江壯風濤。」

從冠軍建平王登廬山香鑪峯　江文通

「日落長沙渚，曾陰萬里生。」墨筆眉批：「『日落長沙渚，曾陰萬里生』十字，逕沉健不蠻。」

鍾山詩應西陽王教一首　沈休文

「山中咸可悅，賞逐四時移。」墨筆眉批：「『咸可悅』三字想來稚甚。」

宿東園一首　沈休文

「槿籬疎復密，荆扉新且故。」墨筆眉批：「疎復密、新且故，可厭之極。」

古意詶到長史溉登琅邪城詩一首　徐敬業

題注：「何之元梁典曰：徐勉弟三息悱，字敬業。」墨筆眉批：「徐悱。」

「脩篁壯下屬，危樓峻上干。」墨筆眉批：「『下屬』字如此用。」

卷第二十三

詠懷詩十七首　阮嗣宗

封面墨筆批：「董褐。梧宮。」

「繁華有憔悴，堂上生荆杞。」注：「文子曰」云云。墨筆眉批：「文子。」

「昔日繁華子，安陵與龍陽。」注：「説苑曰：安陵君纏得寵於楚恭王」云云，「歲陽君釣十餘魚而弃。」硃筆改「歲」爲「龍」。又墨筆眉批：「安陵請殉。龍陽泣魚。」

「悦懌若九春，磬折似秋霜。」墨筆眉批：「磬折。」

「多言焉所告，繁辭將訴誰？」墨筆眉批：「多言、繁辭，複句。」

「千秋萬歲後，榮名安所之。乃娱羨門子，噭噭今自蚩。」注：「戰國策曰：楚王謂安陵君」

云云，「史記曰：始皇使燕人盧生求羨門。」墨筆眉批：「安陵君。盧生。羨門。」

「不見悲離別。」硃筆鈎「離別」爲「别離」。

「朱華振芬芳，高蔡相追尋。」墨筆眉批：「高蔡。」

秋懷一首　謝靈運

「頗悦鄭生偃，無取白衣宦。」注：「後漢書曰：鄭均，字仲虞。」墨筆眉批：「鄭均。」

幽憤詩一首　嵇叔夜

「理弊患結，卒致囹圄。」墨筆眉批：「理。」

悼亡詩一首　潘安仁

「望廬思其人，入室想所歷。」墨筆旁批：「成甚話説。」

「如彼翰林鳥，雙棲一朝隻。」墨筆眉批：「俗。」

「庶幾有時衰，莊缶猶可擊。」墨筆眉批：「大虧庶幾二句。」

「獨無李氏靈，髣髴覩爾容。」墨筆旁批：「可笑。」

「撫衿長歎息，不覺涕霑胸。」墨筆旁批：「甚詩？」

廬陵王墓下作一首　謝靈運

題注：「廬陵聰敏好文，常與陵運周旋」云云，「徐羨之等奏廢廬陵爲庶人，徙新安郡，羨之使使殺廬陵也。」硃筆改「陵運」爲「靈運」。墨筆眉批：「徐羨之自然辭死。」

「道消結憤懣，運開申悲涼。」注：「沈約宋書曰：少帝諱義符，武帝長子。即位，爲邢安泰所害。」墨筆眉批：「邢安泰。」

「理感深情慟，定非識所將。」墨筆眉批：「理。」注：「言己往日疑彼三人。」硃筆改「三」爲「二」。又注：「常調嘏、玄曰」云云。硃筆改「調」爲「謂」。又注：「天丁郭有本不足。」硃筆改「丁郭」爲「下寧」。

出郡傳舍哭范僕射一首　任彥昇

「運阻衡言革，時泰玉階平。」墨筆眉批：「運阻衡言革。」

「濬沖得茂彥，夫子值狂生。」注：「傅暢讚曰：王戎，字濬沖，戎爲選官。〔一〕時江夏李重，字茂曾，汝南李毅，字茂彥。重以清尚，毅淹而通，二人操異，俱處要職，戎以識會待之，各得其用。」墨筆眉批：「王戎識會。李重。李毅。」又注：「淮南子曰：臺無所鑒，謂之狂生。高誘曰：臺，持也。所鑒者玄德，故爲狂生。臺，古握字也。」硃筆眉批：「今行淮南逕作『持』字，見詮言篇。若高誘之解，則見俶眞篇：『臺簡以游太清。』」又硃筆旁批：「今行淮南猶曰『所鑒者非玄德』，于無字義倍。若因其多一『非』字而深之，似別有說者。」

〔一〕「戎」，傅山全書初版本脫，據批點底本補。

贈蔡子篤詩一首　王仲宣

題首墨筆眉批：「三篇四言，大老嘽貨，若不題姓字，那里猜度到仲宣也。」

贈士孫文始一首

題注：「三輔決錄趙岐注曰：士孫孺子名萌，字文始。」硃筆改「孺」爲「瑞」。墨筆眉批：「士孫萌文始。」

贈文叔良一首

題注：「搜神記曰：文穎，字叔良，南陽人。」墨筆眉批：「文穎叔良。」「君子敬始，慎爾所主。謀言必賢，錯說申輔。延陵有作，僑肸是與。先民遺跡，來世之矩。」硃筆眉批：「無用嘽語，大厭人。」又硃筆旁批：「且說要此八句作甚？」「董褐荷名，胡寧不師。」注：「周室既畢」，「君若卑天子」云云。墨筆眉批：「董褐，司馬寅也。『荷名』不注。」硃筆改「畢」爲「卑」。墨筆於「若」下加「無」字。「梧宮致辯，齊楚構患。」注：「王命陳先生對之。陳子曰：臣不如貂勃。」墨筆眉批：「梧言之辯。陳先生。貂勃。」

贈五官中郎將四首　劉公幹

「涼風吹沙礫，霜氣何皚皚。」注：「易通卦驗」云云。墨筆眉批：「通卦驗。」

「小臣信顔㢧，僶俛安能追。」注：「李尤東觀賦曰」云云，「魯與㢧同。」墨筆眉批：「李尤東觀賦。顔魯。」

贈徐幹一首 劉公幹

「兼燭八紘内。」注：「燭六合耀八紘」云云。硃筆改「紘」爲「紘」。

「獨我抱深感，不得與此焉。」硃筆根批：「焉。」又墨筆眉批：「焉。」

贈從弟三首

「豈不羅凝寒。」硃筆改「羅」爲「罹」。

「奮翅凌紫氣。」硃筆改「氣」爲「氛」。

卷第二十四

贈徐幹一首 曹子建

「寶棄怨何人，和氏有其愆。」墨筆眉批：「和氏。」

「彈冠俟知己，知己誰不然？」注：「漢書曰：蕭育與朱博友，往者有王陽、貢公，故長安語曰：蕭朱結綬，王貢彈冠。」墨筆眉批：「蕭育。朱博。王陽。貢公。」

「良田無晩歲，膏澤多豐年。」注：「漢書曰：翟義請陂下良田。」墨筆眉批：「翟義。」

贈丁儀一首

題注：「魏略曰：丁儀，字正禮。太祖辟儀爲掾。」墨筆眉批：「丁儀正禮。」

又贈丁儀王粲一首

題注：「集云答丁敬禮王仲宣。翼字敬禮，今云儀，誤也。」墨筆眉批：「丁翼敬禮。」

贈白馬王彪一首

墨筆眉批：「曹彪。」

「孤魂翔故城，靈柩寄京師。」硃筆旁批：「也太粗率了。」

「咄唶令心悲。」注：「說文曰：咄，叱也，丁元切。聲類曰：唶，大呼也。」硃筆改「元」爲「兀」，又墨筆旁批：「兀。」墨筆眉批：「聲類。」

贈丁翼一首

題注：「文士傳曰：翼，字敬禮。」墨筆眉批：「丁敬禮。」

贈秀才入軍五首　嵇叔夜

題注：「集林曰：嵇熹，字公穆。」墨筆眉批：「嵇熹。」

「凌厲中原，顧盼生姿。」墨筆眉批：「五首中惟凌厲二句可取。」

贈山濤一首　司馬紹統

墨筆眉批：「司馬紹統。」

答何劭二首　張茂先

墨筆眉批：「何敬祖。」

「周任有遺規，其言明且清。」墨筆眉批：「明且清三字，卽有本，亦厭。」

贈張華一首　何敬祖

「奚用遺形骸，忘筌在得魚。」注：「莊子曰：申徒，兀者，謂子產曰」云云。墨筆眉批：「申屠，兀者。」

贈馮文羆遷斥丘令一首〔一〕　陸士衡

題注：「集云：文羆爲太子洗馬，遷午丘令。」墨筆改「午」爲「斥」。墨筆眉批：「馮文羆。斥丘令。」「否泰苟殊，窮達有違。」注：「列子：西門子謂北宮子曰」云云。墨筆眉批：「西門子。北宮子。」

〔一〕「遷」，傅山全書初版本脫，據批點底本補。

答賈長淵一首

題注：「晉書曰：魯公賈謐，字長淵。」墨筆眉批：「賈謐長淵。」
「邈矣終古，崇替有徵。」注：「國語：監君亹謂子西曰」云云。墨筆眉批：「監君亹。子西。」
「如彼墜景，曾不可振。」注：「丁德禮寡婦賦曰」云云。墨筆眉批：「丁德禮。」

贈顧交阯公眞一首

題注：「晉百官名曰：交州刺史顧祕，字公眞。」墨筆眉批：「顧祕公眞。」
「伐鼓五嶺表，揚旌萬里外。」注：「裴淵廣州記五嶺云大庚」云云。墨筆改「庚」爲「庾」。

贈從兄車騎一首

題注：「集云陸士光。」墨筆眉批：「陸士光。」
「髣髴谷水陽，婉孌崐山陰。」注：「陸道瞻吳地記曰：海鹽縣東北二百里有長谷。」墨筆眉批：「陸道瞻。長谷。」
「寤寐靡安豫，願言思所欽。」墨筆眉批：「所欽。」

答張士然一首

題注：「孫盛晉陽秋曰：張悛，字士然。」墨筆眉批：「張悛士然。」

爲顧彦先贈婦二首

題注：「集云：爲令彦先作，今云顔彦先，誤也。」墨筆眉批：「令彦先。」題中「顧」旁墨筆批：「令。」

贈馮文羆一首

「慷慨誰爲感，願言懷所欽。」墨筆眉批：「所欽。」

爲賈謐作贈陸機一首　潘安仁

「肇自初創，二儀烟熅」云云。硃筆眉批：「嘽。」

「商吳伊何，僭號稱王。」墨筆改「商」爲「南」。

「婉婉長離，凌江而翔。」墨筆眉批：「長離。」

贈河陽一首　潘正叔

「河陽」旁硃筆批：「潘岳。」

卷第二十五

贈何劭王濟一首　傅長虞

「朗陵公何敬祖，咸之從内兄。」硃筆旁批：「傅母何氏。」

答傅咸一首　郭泰機

題注：「傅咸集曰：河南郭泰機，寒素後門之士」，「余雖心知之，而末如之何，〔二〕此屈非復文辭所了，故直戲以答其詩云。」墨筆尾批：「如此傅咸，是一無意味人。」

爲顧彦先贈婦二首　陸士龍

硃筆鈎題中「贈婦」爲「婦贈」。

「華容溢藻幄，哀響入雲漢。」注：「列子曰：薛談學謳於秦青。」墨筆眉批：「薛談。秦青。」

「時暮復何言，華落理必賤。」墨筆眉批：「理。」

答盧諶　劉越石

「緑葉繁縟，柔條修罕。」注：「宋玉笛賦曰：罕節簡枝。」墨筆眉批：「笛賦中『罕節簡枝』

〔二〕「末」，傅山全書初版本誤作「未」，據批點底本改。

謂竹之節之希而枝之簡者，如此掉亦少誤。」硃筆眉批：「罕。」
「逝將去乎，庭虛情滿。」墨筆眉批：「庭虛情滿。」

贈劉琨一首并書　盧子諒

「義由恩深，分隨昵加。」墨筆眉批：「意氣。」
「昔在暇日，妙尋通理。」墨筆眉批：「理。」
「尤彼意氣，使是節士。」注：「謝承後漢書曰：節士鮑昴，有鴻漸浮雲之志。」墨筆眉批：「鮑昴。」

贈崔温一首

題注：「集曰與温太眞崔道儒何法盛。晉錄曰：温嶠，字太眞。崔悦，字道儒。」墨筆眉批：「温太眞。崔悦道儒。」
「恨以駑蹇姿，徒煩飛子御。」注：「周孝王召使主馬」云云。硃筆改「周」爲「秦」。
「何武不赫赫，遺愛常在去。」注：「漢書曰：自武爲大司空。」硃筆改「自」爲「何」。
「惟以二子故。」硃筆旁批：「是何語？」

答魏子悌一首

「乖離令我感，悲欣使情傷。」硃筆改「傷」爲「愓」。
「理以精神通，匪日形骸隔。」硃筆旁批：「聲調腐。」墨筆眉批：「理。」

於安城答靈運一首　謝宣遠

「尋塗塗既暌，即理理已對。」墨筆眉批：「理。」

還舊園作見顔范二中書一首　謝靈運

「辭滿豈多秩，謝病不待年。偶與張炳合，久欲還東山。」墨筆眉批：「張炳，撮兩人之姓而爲辭，六朝人往往爾，亦不覺妙。」

「投沙理既迫，如邛願亦愆。」墨筆眉批：「理。」

登臨海嶠初發疆中與從弟惠連見羊何共和之一首　謝靈運

「顧望脰未悁，汀曲舟已隱。」注：「何休公羊傳注曰：脰，頸也。陸彦聲詩曰：相思心既勞，相望脰亦悁。説文曰：痟，疲也。痟與悁通。」墨筆眉批：「脰。悁。痟。」

酬從弟惠連一首

「凌澗尋我室，散帙問所知。」墨筆眉批：「散帙問所知，致足受用。」

「務協華京想，詎存空谷期。」墨筆眉批：「務，遠也。」

卷第二十六

封面墨筆批：「扶輪，宋郊祀歌。」

贈王太常一首　顏延年

題注：「蕭子顯齊書曰：王僧達除太常。」墨筆眉批：「王僧達太常。」

「側同幽人居，郊扉常晝閉。林閭時晏開，亟迴長者轍。」墨筆眉批：「『郊扉常晝閉，林閭時晏開』又成對。」

「庭昏見野陰，山明望松雪。」墨筆眉批：「『山明望松雪』五字好。」

「豫往誠歡歇，悲來非樂闋。」墨筆眉批：「豫往，悲來，顏格貫有之。」

夏夜呈從兄散騎車長沙一首

題注：「集曰：從兄散騎，字敬宗。車長沙，字仲遠。」墨筆眉批：「顏敬宗。車仲遠。通篇情語。」

直東宮答鄭尚書一首

「踟蹰清防密，徙倚恆漏窮。」墨筆眉批：「清防。」「美價難克充。」硃筆旁批：「句不佳。」

和謝監靈運一首

墨筆眉批：「凡顏詩，皆氣色暗慘，其病失之呆實，儘力雕鏤而不能悠遠，豈曰無才？過傷組織耳。」

答顔延年一首　王僧達

「珪璋既文府，精理亦道心。」墨筆眉批：「理。」

「聿來歲序暄，輕雲出東岑。」墨筆眉批：「『輕雲出東岑』句好看。」

郡内高齋閑坐答吕法曹一首　謝玄暉

「非君美無度，孰爲勞寸心。」墨筆眉批：「今可勞心者實少。」

暫使下都夜發新林至京邑贈西府同僚一首

題注：「長史王秀之以晀年少相動」云云。墨筆眉批：「王秀之。」

「風雲有鳥路，江漢限無梁。」注：「南中八志曰：交阯郡治龍編縣，自興古鳥道四百里。」墨筆眉批：「鳥道四百里。」

酬王晉安一首

題注：「集曰：王晉安，德元。」墨筆眉批：「王德元。」

奉答内兄希叔一首　陸韓卿

題注：「顧氏家譜曰：眄，字希叔。」又注：「蕭子顯齊書曰：陸厥，字韓卿」，「厥父被誅。坐繫尚方。尋有令故，厥恨父不及，感慟而卒。」硃筆改「故」爲「赦」。又墨筆眉批：「顧眄希叔。陸厥。」

「屬叨金馬署，又點銅龍門。」注：「點銅龍門，謂爲太傅功曹掾也。」硃筆於「太傅」前加「太子」。

「殂落固云是，寂蔑終始斯。」硃筆旁批：「此二句謂遭家禍時耶？」

「春華與秋實，庶子及家臣。」注：「庶子劉楨書諫植曰：家丞邢顒，北土之彥，而植禮遇殊特，顒反疎簡。」硃筆改「植」爲「楨」。又墨筆眉批：「邢顒。劉楨。」

「相如恧溫麗，子雲慙筆札。」注：「西京雜記曰：枚皋文章捷疾，長卿製作淹遲。」墨筆眉批：「長卿。枚皋。」

「平原十日飲，中散千里遊。」注：「史記曰：秦昭王聞魏齊在平原君家，遺平原君好書曰」云云。墨筆眉批：「十日之飲，本秦昭王以好語誘平原，來脇取魏齊，非佳會之類。而今人相期集聚，動云十日云云，吾常嫌其用之不善。自陸韓卿已爾矣！」

古意贈王中書一首　范彥龍

題中「王中書」旁硃筆批：「融。」

迎大駕一首　潘正叔

「道逢深識士，舉手對吾揖。」墨筆眉批：「題爲迎大駕，而詩中無一句扈蹕鋪張之語，憂愁危懼不可言。深識兩字是其自寓。」

赴洛詩二首　陸士衡

「載多悲心，感物情悽惻。」硃筆於「載」下加「離」字。

辛丑歲七月赴假還江陵夜行塗口一首　陶淵明

「叩栧親月船，臨流別友生。」墨筆眉批：「別本作『叩枻新秋月』。」
「商歌非吾事，依依在耦耕。」注：「淮南子曰：甯戚商歌車下。」墨筆眉批：「甯戚。」

永初三年七月十六日之郡初發都一首　謝靈運

「述職期闌暑，理棹變金素。」墨筆眉批：「理。」
「李牧愧長袖，郤克慙躧步。」墨筆眉批：「李牧。郤克。」
「曰余亦支離，依方早有慕。」注：「莊子曰：支離疏者，頤隱於齊。」墨筆眉批：「支離疏。」

過始寧墅一首

「白雲抱幽石，綠篠媚清漣。」墨筆眉批：「白雲抱幽石。」

富春渚一首

「亮乏伯昏分」。注：「列子曰：列御寇爲伯昏無人射。」墨筆眉批：「伯昏無人。」
「懷抱既昭曠，外物徒龍蠖。」注：「莊子：苑風謂諄芒曰」云云。墨筆眉批：「苑風。諄芒。」

初去郡一首

「彭薛裁知恥，貢公未遺榮。」注：「漢書曰：彭宣，字子佩。」「薛廣德，字長卿。」「班固漢書：彭薛平當述曰」云云。墨筆眉批：「彭宣。薛廣德。平當。」

「解龜在景平。」注：「漢書曰：薛宣爲左馮翊，高陽令楊湛解印綬」云云。墨筆眉批：「薛宣。楊湛。」

初發石首城一首

「日月垂光景，成貸遂兼茲。」硃筆眉批：「成貸。」

「出宿薄京畿，晨裝摶魯颸。」硃筆眉批：「『魯颸』何説？」

入彭蠡口一首

「三江事多往，九派理空存。」墨筆眉批：「理。」

卷第二十七

之宣城出新林浦向版橋一首

謝玄暉

「雖無玄豹姿，終隱南山霧。」注：「列女傳曰：陶荅子治陶三年，名譽不興，家富三倍。其妻抱兒而泣」云云，墨筆眉批：「陶答子妻。」

敬亭山詩一首

「皇恩竟已矣，兹理庶無睽。」墨筆眉批：「理。」

休沐重還道中一首

「還邛歌賦似，休汝車騎非。」注：「漢書曰：司馬相如家貧。」又注：「范曄後漢書曰：許劭，汝南人，爲郡功曹，同郡袁紹，濮陽令。」墨筆眉批：「司馬相如。許劭。袁紹。」

「雲端楚山見」。注：「枚乘樂府詩曰：美人在雲端。」墨筆眉批：「枚乘。」

晚登三山還望京邑一首

「餘霞散成綺，澄江静如練。」墨筆眉批：「澄江静如練。」

早發定山一首　沈休文

「眷言採三秀，徘徊望九仙。」注：「列仙傳曰：涓子者，齊人，好餌術。至三百年，乃見於齊。後授伯陽九仙法。」墨筆眉批：「九僊法。」

從軍詩五首　王仲宣

墨筆眉批：「王仲宣之從軍，不敢與杜工部之出塞較也。命題曰從軍，但自述其從軍往來之意耳，非漫謂軍士也。五首中無一句警語，獨『將秉先登』二句尚可觀也。」

「從軍有苦樂，但問所從誰？」注：「漢書曰：李廣、程不識爲名將。」墨筆眉批：「李廣。程不識。」

「外參時明政，内不廢家私。」硃筆旁批：「十字何用？」

「禽獸憚爲犧，良苗實已揮。」注：「左氏傳曰：賓孟適郊」云云。「國語曰：秦伯將饗公子，如饗國君之禮，使子餘相。」墨筆眉批：「賓孟。子餘。」

「孰覽夫子詩，信知所言非。」注：「孔叢子曰：趙簡子使聘夫子，將至，及河，聞鳴犢與竇犨之見殺。」硃筆改「竇犨」爲「舜華」。

「將秉先登羽，豈敢聽金聲。」注：「東觀漢記曰：賈復繫青犢於射犬。」「孫卿子曰：聞鼓聲而進，聞金聲而退。」墨筆眉批：「賈復。聞鼓而已，不聞金。仍用左傳事。」

「卽戎有授命，茲理不可違。」墨筆眉批：「理。」

「一由我聖君。」墨筆旁批：「嘴臉太卑微矣！」

「許歷爲完士，一言猶敗秦。」墨筆眉批：「許歷。」

宋郊祀歌二首　顏延年

「月御案節，星驅扶輪。」墨筆眉批：「扶輪。」

白馬篇　曹子建

「控弦破左的，右發摧月支。」墨筆眉批：「月支。」

王明君辭一首　石季倫

「其造新之曲，多哀怨之聲。」硃筆鈎「造新」爲「新造」。
「延我於穹廬，加我閼氏名。」墨筆眉批：「索然。」

卷第二十八

猛虎行　陸士衡

「渴不飲盜泉水，熱不息惡木陰。惡木豈無枝，志士多苦心。」注：「江邃文釋云」云云。墨筆眉批：「江邃。」

君子行

「掇蜂滅天道，拾塵惑孔顔。」注：「説苑曰：王國君，前母子伯奇」云云。「呂氏春秋曰：孔子窮於陳蔡之間，藜羹不糝，七日不嘗粒。晝寢，顔回索米」，「顔回對曰：不可。嚮者炱煤」云云。墨筆眉批：「伯奇。顔淵。炱煤。」

豫章行

「三荆歡同株，四鳥悲異林。」注：「田廣兄弟欲分。」墨筆眉批：「田眞。」

「寄世將幾何，日昃無停陰。」注：「尸子：老萊子曰」云云。墨筆眉批：「尸子。」

飲馬長城窟行

「將遵甘陳迹，收功單于旃。」注：「漢書曰：甘延壽，字君況，北地人也。爲郎中諫大夫，使西域，與副校尉陳湯共誅斬郅支單于。」墨筆眉批：「甘延壽、陳湯。」

君子有所思行

「善哉膏粱士，營生奧且博。」墨筆眉批：「膏粱。」

齊謳行

「鄙哉牛山歎，未及至人情。」注：「晏子春秋曰：景公遊牛首山」云云。墨筆眉批：「齊景。」

悲哉行

「願託歸風響，寄言遺所欽。」墨筆眉批：「『所欽』字，選詩多用之。吾不喜此兩字。」

吳趨行

「八族未足侈，四姓實名家。」墨筆眉批：「八族。四姓。」

短歌行

「時無重至，華不再陽。」注：「論語摘輔像讖曰」云云。墨筆眉批：「摘輔像讖。」

日出東南隅行

題注：「秦氏，邯鄲久，有女名羅敷，嫁爲邑人」云云。硃筆改「久」爲「人」，「爲」爲「與」。

「丹脣含九秋。」硃筆旁批：「好！」墨筆眉批：「丹脣含九秋，九秋似用歌事，自『悲歌』『雅舞』來，皆一帖歌，一帖舞。傅咸有董逃行帶九秋篇，則九秋亦樂府矣。」又墨筆根批：「古樂府有歷九秋妾薄命行。」

前緩聲歌

「宓妃興洛浦，王韓起太華。」注：「神仙傳曰：衛叔卿歸華山，漢武帝令叔卿子度求之。見其父與數人博，度曰：向與博者爲誰？叔卿曰：是洪崖先生、王子晉、薛容也。」墨筆眉批：「衛叔卿子度。洪崖先生。王子晉。薛容。」

塘上行

「天道有遷易，人理無常全。」墨筆眉批：「理。」「人理無常全」旁硃筆批：「俚。」注：「司馬遷悲士不遇賦曰」云云。墨筆眉批：「悲士不遇賦。」

東武吟　鮑明遠

「願垂晉主惠，不愧田子魂。」注：「咎犯聞之而夜哭」云云，「昔田子方出見老馬於道。」墨筆眉批：「咎犯。田子方。」

出自薊北門行

「世亂識忠良。」硃筆旁批：「俗。」

東門行

「傷禽惡弦驚，倦客惡離聲。」注：「更嬴與魏王處京臺之下。」墨筆眉批：「更嬴。」

苦熱行

「財輕君尚惜，士重安可希。」注：「韓詩外傳曰：宋燕相齊」，「門尉田饒」云云。墨筆眉批：「宋燕。田饒。」

白頭吟

「鳧鵠遠成羡，薪芻前見陵。」注：「韓詩外傳曰：田饒事魯哀公而不見察。」墨筆眉批：「田饒。」

升天行

「鳳臺無還駕，簫管有遺聲。」注：「列仙傳曰：簫史者，秦繆公時人也，〔二〕善吹簫。」墨筆眉批：「簫史。」

鼓吹曲一首　謝玄暉

「江南佳麗地，金陵帝王州。」注：「吴録曰：張紘言於孫權」云云。墨筆眉批：「張紘。」

中山王孺子妾歌一首　陸韓卿

「子瑕矯後駕，安陵泣前魚。」注：「戰國策曰：魏王與龍陽君共船而釣。」墨筆眉批：「子瑕。龍陽。」

〔二〕「繆」，傅山全書初版本誤作「穆」，據批點底本改。

卷一百三十七　文選批注（七）

卷第二十九

封面墨筆批：「沈迷薄領書，回回自昏亂。公幹。」

古詩十九首

「迴風動地起，秋草萋已綠。」硃筆眉批：「此『已』字非從『綠』字起，卻是從『萋』字來，謂悽然罷其綠矣。」

「被服羅裳衣，當戶理清曲。」墨筆眉批：「理。」

與蘇武詩三首　李少卿

「良時不再至，離別在須臾。」注：「論語摘輔像識曰」云云。墨筆眉批：「論語摘輔像識。」

雜詩一首　嵇叔夜

「紘超子野，歎過綿駒。」硃筆改「歎」爲「歌」。〔二〕

〔二〕此條，傅山全書初版本脫，據手稿補。

雜詩一首　傅休奕

題注：「臧榮緒晉書曰：傅玄字休奕。」墨筆眉批：「傅玄。」

思友人詩一首　曹顏遠

題注：「臧榮緒晉書曰：曹攄字顏遠」，「流人王逌等侵掠城邑」云云。墨筆眉批：「曹攄。王逌。」

「精義測神奥，清機發妙理。」墨筆眉批：「理。」

雜詩一首　何敬祖

「心虚體自輕。」硃筆旁批：「是則然矣，但調俚。」注：「劉梁七舉曰：霍爾體輕。」墨筆眉批：「劉梁七舉。」

雜詩一首　王正長

題注：「臧榮緒晉書曰：王瓚字正長。」墨筆眉批：「王瓚。」

雜詩一首　棗道彦

題注：「今書七志曰：棗據字道彦。」墨筆眉批：「棗據。」

「士生則懸弧，有事在四方。安得恆逍遥，端坐守閨房。」墨筆眉批：「大虧『士生』四句。」

雜詩一首　張季鷹

題注：「今書七志曰：張翰字季鷹，吳郡人也。之藻新麗。」硃筆改「之」爲「文」。又墨筆眉批：「張翰。」又硃筆眉批：「豈不情深，而興會不遠。」

「青條若揔翠，黃華如散金。」硃筆旁批：「季鷹曠士，作爾句邪？」

「榮與壯俱去，賤與老相尋。」硃筆旁批：「調俗。」

雜詩十首　張景陽

「騰雲似涌煙，密雨如散絲。」硃筆旁批：「不成話了。」

「流俗多昏迷，此理誰能察。」墨筆旁批：「成何語？」又墨筆眉批：「此理。」

「經阻貴勿遲，此理著來今。」墨筆眉批：「此理。」

「何必操干戈，堂上有奇兵。」注：「呂氏春秋曰：士尹陁爲荆使於宋，司城子罕觴之南面之牆，犨於其前而不直，西家潦注於庭下而不止。問其故，子罕曰：南家，輓工也」云云。「高誘曰：犨，出也。輓，履也。」墨筆眉批：「士尹陁。司城子罕。輓，履也，亦曼鼓之名。」

「折衝樽俎間，制勝在兩楹。」注：「晏子春秋曰：晉平公使范昭觀齊國政」云云。墨筆眉批：「晉平公。范昭。」

「養眞尚無爲，道勝貴陸沉。」墨筆眉批：「陸沈。」

「飛廉應南箕，豐蔭迎號屏。」注：「王逸曰：屏號起雨，何以興之？」硃筆改「王逸」爲「天問」。

「雖榮田方贈，慙爲溝壑名。」墨筆眉批：「不忍以身爲溝壑。」

卷第三十

時興一首　盧子諒

「北踰芒與河，南臨伊與洛。」硃筆眉批：「疊『與』字，厭！」

南樓中望所遲客詩一首　謝靈運

「瑶華未堪折，蘭苕已屢擿。」注：「楚辭曰：折疏麻兮瑶華。」墨筆眉批：「折疏麻兮瑶華。」

田南樹原激流植援詩一首　謝靈運

題下硃筆批：「好題。」又硃筆改「授」爲「援」。

石門新營所住四面高山迴溪石瀨脩竹茂林詩一首〔二〕　謝靈運

題下硃筆批：「好題。」

「感往慮有復，理來情無存。」墨筆眉批：「理。」

「庶特乘日用，得以慰營魂。」墨筆改「用」爲「車」。

〔二〕「林」，傅山全書初版本誤作「村」，據批點底本改。

「匪爲衆人說，冀與智者論。」硃筆旁批：「不成話。」

雜詩一首　王景玄

題注：「沈約宋書曰：王徽字景玄。」墨筆眉批：「王徽。」

翫月城西門解中一首　鮑明遠

「迴軒駐輕蓋，留酌待情人。」硃筆眉批：「情人。」

和伏武昌登孫權故城一首　謝玄暉

題注：「余勉伏曼容墓誌序曰」云云。墨筆眉批：「余勉。伏曼容。」

「文武共葳蕤，聲明且葱蒨。」墨筆眉批：「文武共葳蕤。」

應王中丞思遠詠月一首　沈休文

「洞房殊未曉，清光信悠哉。」墨筆眉批：「悠哉。」

擬魏太子鄴中集詩八首　謝靈運

「論物靡浮說，析理實敷陳。」墨筆眉批：「理。」

卷第三十一

封面墨筆批：「涸章。螭龍。德牧。觸涌並起。驚心動耳。誡不必悔。决絶以諾。七發。」

效曹子建樂府白馬篇一首　袁陽源

題注：「孫巖宋書曰：袁淑字陽源。」墨筆眉批：「袁淑。」

「意氣深自負，肯事郡邑權？」墨筆眉批：「意氣。」

「五侯競書幣，羣公亟爲言。」注：「戰國策秦王謂趙使涼毅曰：吾所使趙國者，大小皆聽吾言，則受書幣。」墨筆眉批：「涼毅。」

擬古二首　劉休玄

題注：「沈約宋書曰：南平穆王鑠字休玄。」墨筆眉批：「劉鑠。」

擬古三首　鮑明遠

「石梁有餘勁，驚雀無全目。」注：「闞子曰：宋景公使工人爲弓」云云。墨筆眉批：「闞子、宋景公。」「帝王世紀曰：帝羿有窮氏與吳賀北遊」云云。墨筆眉批：「羿。吳賀。」

代君子有所思一首　鮑明遠

「智哉衆多士，服理辨昭昧。」墨筆眉批：「理。」

感遇　劉楨

題下硃筆批：「頗不似矜奇。」

詠懷　阮籍

「青鳥海上遊，鷽斯蒿下飛。」硃筆眉批：「青。」

潘岳青春速天機詩

刻本失題，硃筆補題：「悼内」。

雜述　張綽

硃筆改作者之姓「張」爲「孫」。

「靜觀尺棰義，理足未常少。」硃筆眉批：「理。」又墨筆眉批：「何必輒須『理』字！」

「囧囧秋月明，憑軒詠堯老。」硃筆眉批：「堯老未見多押。」

興矚　殷仲文

「青松挺秀萼，惠色出喬樹。」墨筆眉批：「惠色出喬樹。」

遊山　謝靈運

「平明登雲峰，杳與廬霍絕。」墨筆眉批：「雲峰。」

「嵒嶀轉奇秀，岑崟還相蔽。赤玉隱瑶溪，雲錦被沙汭。夜聞猩猩啼，朝見鼯鼠逝」，「且泛桂水潮，映月游海澨。」硃筆眉批：「蔽、汭、逝、澨，皆叶入聲。」

侍宴　顔延之

「列漢構仙宫，開天制寶殿。」硃筆眉批：「『開天制寶殿，列漢構仙宫』一聯，響亮唐什。」

題下硃筆批：「殆會似之矣。」

「敢飾輿人詠，方慙緑水薦。」注：「淮南子曰：牙會緑水。」墨筆眉批：「牙會緑水。」

贈别　謝惠連

「昨發赤亭渚，今宿浦陽汭。方作雲峯異，豈伊千里别。芳塵未歇席，涔淚猶在袂。」墨筆眉批：「雲峯。」又硃筆眉批：「汭、袂，皆去聲，此叶皆入。」

「點翰詠新賞，開袠瑩所疑。」墨筆眉批：「開袠瑩所疑。」

「幸及風雪霽，青春滿江皋。」墨筆眉批：「青春滿江皋。」

養疾　王微

「窈藹瀟湘空，翠磵澹無滋。」注：「杜育䓞賦曰：懷豐穰之滋潤。」墨筆旁批：「妙。」硃筆眉批：「『滋』，似不得以『潤』字擬之，當作何故使有水滋。」

從駕 袁淑

「宮廟禮哀敬，枌邑道嚴玄。」墨筆眉批：「嚴玄，若世本亦無甚義。」〔一〕

「雲旆象漢徙，宸網擬星懸。」墨筆眉批：「宸網。」

「朱櫂麗寒渚，金鍐映秋山。」墨筆眉批：「鍐。」

「和惠頒上笏，恩渥浹下筵。」墨筆眉批：「笏。」

「幸侍觀洛後，豈慕巡河前。」墨筆旁批：「工句。」注：「尚書中侯曰：天乙在亳。」墨筆眉批：「天乙。」

戎行 鮑昭

「徇義非爲利。」硃筆旁批：「拙。」又墨筆眉批：「『徇義非爲利』不成詩，儘好打發宋人。」

「寒陰籠白日，太谷晦蒼蒼。」墨筆眉批：「寒陰籠白日。」

怨別 僧惠休

「西北秋風至，楚客心悠哉。日暮碧雲合，佳人殊未來。」墨筆眉批：「日暮碧雲合，佳人殊未來。悠哉。」

〔一〕「甚」，傅山全書初版本脫，據手稿補。

「寶書爲君掩。」注：「道學傳曰」云云。墨筆眉批：「道學傳不知是何書。」

卷第三十二

離騷經一首　屈平

題下墨筆批：「吾、余、我、予、朕互用。廿四『吾』，四十七『余』，四『朕』，四『予』，二『我』。」

墨筆眉批全篇所用之韻：「庸，降。名，均。能，佩。與，莽。序，暮。度，路。在，茝。路，步。隘，績。武，怒。舍，故。他，化。畝，芷。刈，穢。索，妒。急，立。英，傷。蕊，纚。服，則。茝，悔。心，淫。錯，度。時，態。然，安。詬，厚。反，遠。息，服。裳，芳。離，虧。荒，章。常，懲。予，野。節，服。情，聽。茲，詞。縱，巷。狐，家。忍，隕。殃，長。差，頗。輔，土。極，服。悔，醢。當，浪。正，征。圃，暮。迫，索。桑，羊。屬，具。夜，御。下，予。佇，妒。馬，女。佩，貽。在，理，叶。遷，盤。遊，求。下，女。好，巧。可，我。遙，姚。固，惡。寤，古。之，之。女，女。宇，惡。異，佩。當，芳。疑，之。迎，故，不知何叶。（此處又硃筆眉批：「迎讀如御。」）同，調，不知何叶。（此處又硃筆眉批：「同，調。」）媒，疑。舉，輔。央，芳。之，之。（此處又硃筆眉批：「蔽，折，叶。」）留，茅。艾，害。長，芳。幃，祇。化，離，不知叶。茲，沫，不知叶。女，下。行，粻。車，疏。流，啾。極，翼。〔二〕與，予。待，期。馳，

〔二〕「翼」，當爲「旍」，青主筆誤。

移。邈，樂。鄉，行。都，居。」

「朝搴阰之木蘭兮。」墨筆眉批：「木蘭。」

「朝飲木蘭之墜露兮。」墨筆眉批：「木蘭。」

「長太息以掩涕兮，哀人生之多艱。余雖好脩姱以鞿羈兮，謇朝誶而夕暜。」墨筆眉批：「替，非暜，暜之平聲，叶艱。」

「伏清白以死直兮，固前聖之所厚。」墨筆眉批：「清白。」

「曰鮌婞直以亡身兮。」墨筆眉批：「鮌以治水罪死，而此云婞直以亡。」

「濟沅湘以南征兮，就重華而陳詞。」墨筆眉批：「重華。」

「及榮華之未落兮，相不女之可貽。」硃筆改「不」爲「下」。又墨筆眉批：「下女。」

「吾令蹇脩以爲理。」墨筆眉批：「理。」

「紛總總其離合兮，忽緯繣其難遷。」墨筆眉批：「『紛總總』句複。」

「理弱而媒拙兮，恐導言之不固。」墨筆眉批：「理。」

「椒專佞以慢諂兮。」硃筆眉批：「諂、謟兩義，不知原是何字。」

「麾蛟龍使梁津兮，西皇使涉予。」墨筆於「西」上加一「詔」字。

「國無人，莫我知兮。」「我」字旁硃筆批：「我。」

湘君　屈平

「吾乘兮桂舟。」注：「言己雖在湖澤之中，猶乘桂木之船沛然而行。」硃筆將注文删去，並旁批：「于文義何？」

「今沅湘兮無波。」硃筆加墨筆改「今」爲「令」。
「承荃撓兮蘭旌。」硃筆改「撓」爲「橈」。
「采芳洲兮杜若，將以遺兮下女。」墨筆眉批：「下女。」

湘夫人　屈平

「洞庭波兮木華下。」墨筆改「華」爲「葉」。
「捐余袂兮江中，遺余褋兮澧浦。」注：「裸身而行，將適九夷也。」硃筆將注文删去，並旁批：「不曾説。」

卷第三十三

山鬼　屈平

「歲既晏兮孰華予。」墨筆眉批：「誰當使我不如，誰以我爲如少年之榮華也。」

涉江　屈平

「吾與重華遊兮瑤之圃。」墨筆眉批：「重華。」

卜居一首　屈平

「將突梯滑稽，如脂如韋，以絜楹乎？」硃筆眉批：「絜楹，猶言摶圓。楹必圓，絜猶挈，似鏇錾去稜角耳。」

九辯五首　宋玉

「憯悽增欷兮，薄寒之中人。」墨筆眉批：「雅。」

招魂一首

「巫陽對曰：掌夢。」注：「巫陽對天地言」云云。「地」字旁墨筆批：「帝。」

「叢管是食些。」墨筆改「管」爲「菅」。

「靡顔膩理，遺視矊些。」注：「遺，竊視。」硃筆眉批：「遺，流也。」

「仰觀刻桷，畫」下墨筆添補：「龍蛇些。」

「麗而不奇些。」注：「不奇，奇也。」墨筆眉批：「若此不奇是奇，則後之不廢是廢，不分是分耶？」

「娛酒不廢，沉日夜些。」注：「言雖以酒相娛樂，不廢政事，晝夜沈湎以忘憂也。」墨筆眉批：「不廢，謂不廢飲酒也。注『不廢政事』矣，又云『晝夜沈湎』，是何文義？」

卷第三十四

七發　枚乘

「客曰：今太子之病」云云。墨筆眉批：「一。」

「使琴摯斫斬以爲琴」云云。墨筆眉批：「琴歌。」

「客曰：犓牛之腴」云云。墨筆眉批：「二。美味。」

「熊蹯之臑，勺藥之醬，薄耆之炙。」墨筆眉批：「勺藥。薄耆。」

「客曰：鍾岱之牡」云云。墨筆眉批：「三。御駿。」

「客曰：既登景夷之臺」云云。墨筆眉批：「四。」

「溷章白鷺，孔鳥鶤鵠，鵷鶵鵁鶄，翠鬣紫纓，螭龍德牧，邕邕羣鳴。」墨筆眉批：「溷章。鳥。璃龍德牧。」又墨筆根批：「邕。」

「景春佐酒，杜連理音。」墨筆眉批：「理。」

「此亦天下靡麗、皓侈、廣博之樂也。」墨筆眉批：「靡麗。」

「魚跨麋角。」注：「麋角，執麋之角也。」硃筆眉批：「下有『踐麋鹿』三句，此不可謂執麋角也。」

「此校獵之至壯也。」墨筆眉批：「校獵。」

「陽氣見於眉宇之間，侵淫而上，幾滿大宅。」注：「大宅未詳。」墨筆眉批：「大宅未詳，豈不曾見？」

「收獲掌功」，「羞炰膾炙，以御賓客。」墨筆眉批：「獵畢引御，血氣彭勝，有陽無陰，飲啖雄赳，談論憤盈，至誠必定，然諾慷慨，不似幀寢機械、對面懷私之集也，故有『涌觸並起』一段。」

「涌觸並起，動心驚耳，誠必不悔，決絕以諾。」硃筆旁批：「此四句全爲賓客言之。」又墨筆眉批：「『觸』，一作『觴』。〔一〕此數句在此，有精義，寫獵畢宴御之氣耳。造語之摯。」注：「言游

〔一〕此下，傅山全書初版本衍「造語之摯」四字，據手稿删。

獵歡宴，忠誠爲之，必不有悔」云云。硃筆旁批：「說甚？」

「觀其所駕軼者，所擢拔者，所揚汩者，所温汾者，所滌汔者」。墨筆眉批：「駕軼，擢拔，揚汩，温汾，滌汔。可以喻行文之妙。」又墨筆根批：「『駕軼』至『滌汔』凡十字，須一一細訓。」〔一〕

「純馳浩蜺。」墨筆眉批：「純。」

「顒顒卬卬，椐椐彊彊，莘莘將將。」墨筆眉批：「『顒顒』三句，全不用从『氵』之字。」

「初發乎或圍之津，涯荄軫谷分。」注：「一本無『荄』字。」硃筆圈去「荄」字，並墨筆眉批：「無『荄』字是。」

「迴翔青篾，銜枚檀桓。」注：「銜枚，水無聲也。」墨筆眉批：「『銜枚』字用之水上，若呆貨豈不與之辨駁曰：『水無口，何處銜之？』」

「通厲骨毋之場。」「骨」字旁硃筆批：「胥。」

「發怒庢沓，清升踰跇。」墨筆眉批：「庢沓。」

「合戰於藉藉之口。」墨筆眉批：「藉藉之口。」

「沇沇湲湲。」墨筆眉批：「沇，『沇』字易與『沈』混。」

「客曰：　將爲太子奏方術之士」云云。注：「孔安國論語注曰：方，道也。」墨筆眉批：「方術要言妙道。」又墨筆眉批：「結章甚蕭索。」

「論天下之精微，理萬物之是非。」墨筆眉批：「理。」

〔一〕以下原書缺一頁。

七啓八首

曹子建

「予聞君子不遯俗而遺名，智士不背世而滅勳。」硃筆旁批：「格調腐爛，卽用此意而稍變之，何如？」

「寒芳苓之巢龜。」墨筆眉批：「寒。」

「此肴饌之妙也。」墨筆眉批：「肴饌。」

「此容飾之妙也。」墨筆眉批：「容飾。」

「此羽獵之妙也。」墨筆眉批：「羽獵。」

「乃使任子垂釣，魏氏發機。」注：「吳越春秋曰：越王欲伐吳，范蠡進善射者陳音。越王問其射所起焉，音曰：黄帝作弓，以備四方。後有楚狐父以其道傳羿，羿傳逢蒙，蒙傳楚琴氏，琴氏傳大魏，大魏傳楚三侯：麇侯、翼侯、魏侯也。」墨筆眉批：「范蠡，陳音，楚狐父，羿，逢蒙，楚琴氏，大魏，麇侯，翼侯，魏侯。」

「此宮館之妙也。」墨筆眉批：「宮館。」

「此聲色之妙也，子能後我而游之乎？」墨筆眉批：「聲色。」又墨筆改「後」爲「從」。

「公叔畢命於西秦。」墨筆眉批：「公叔。」

「此乃游俠之徒耳。」墨筆眉批：「游俠。」

「若夫田文無忌之儔，乃上古之俊公子也。」墨筆眉批：「俊公子。」

「鏡機子曰：世有聖宰，翼帝霸世」云云。墨筆眉批：「結局一段，大老俗話。」

「於是玄微子攘袂而興曰：韓哉，言乎！」硃筆改「韓」爲「偉」。

卷一百三十八　文選批注（八）

卷第三十九〔一〕

封面墨筆批：「揚雄有覈靈賦，見江淹書注。任彦昇、沈休文彈文，皆細曲可讀。公孫弘故人高賀。彈劉整文注引西京雜記。失簪，亡履，辭隋王牋。」

上書秦始皇一首　李斯

「臣聞吏議逐客，竊以爲過矣。」墨筆眉批：「高文直頭逕説，不用帽子，顧是秦文，亦屬李斯之才力。」

上書吴王一首　鄒陽

題下墨筆批：「四百七十七字。」

「臣聞秦倚曲臺之官，懸衡天下」云云。墨筆改「官」爲「宫」。墨筆眉批：「眞止漢文，閃爍爍，不可的視，左五右六，點化阿濞不得。」

「何則列郡不相親，萬室不相救也？」墨筆旁批：「自初至此，説秦。」

〔一〕以上卷第三十五至卷第三十八批本散佚。

「今胡數涉北河之外。」墨筆旁批：「今胡，即秦所加兵之胡。」

「何則彊趙責於河間？」「何則」旁硃筆批：「五。」注：「應劭曰：趙幽王爲呂后所幽死，文帝立其長子爲趙王，取趙之河間，立弟辟彊爲河間王。至子哀王無嗣，國除。」墨筆眉批：「趙幽王之子辟彊，河間王。」又「哀王」旁墨筆批：「河間。」

「六齊望於惠后。」注：「齊文王薨，無子，於是分齊爲六，將閭爲齊王，惠爲濟北王，賢爲淄川王，雄渠爲膠東王，卬爲膠西王，辟光爲濟南王也。」墨筆眉批：「將閭，齊。惠，濟北。賢，淄川。雄渠，膠東。卬，膠西。辟光，濟南。」

「城陽顧於盧博。」注：「孟康曰：城陽王，喜也。喜父章，與弟興居討諸呂有功。」墨筆眉批：「喜，城陽。章。興居。」

「三淮南之心思墳墓。」注：「上乃立厲王三子，安爲淮南王，傲爲衡山王，陽爲盧江王。」墨筆眉批：「安，淮南。傲，衡山。陽，盧江。」

「大王不憂，臣恐救兵之不專。」注：「孟康解其文，故言不專救漢。如淳解其意，故云不能爲吳。」墨筆眉批：「孟康解文，如淳解意。」

「雖使粱幷淮陽之兵下淮東，越廣陵，以遏越人之糧。漢亦折西河而下，北守漳水，以輔大國。」〔一〕注：「雖使當爲乃使，越人當爲吳人，輔當爲禦。」墨筆眉批：「雖使當爲乃使，越人當爲吳人。」又硃筆於「雖」字旁批「乃」，於「越」字旁批「吳」，於「輔」字旁批「禦」。

「臣之所爲大王患也。」「之」字旁硃筆批：「百。」

〔一〕批點底本無「大」字，此據上海古籍出版社標點本。

「今臣盡智畢議，易精極慮」云云。墨筆眉批：「此下痛切矣，亦不曾明明說出其反謀，只得爾，只得爾。」

「竊高下風之行，尤說大王之義。」「風」字旁硃筆批：「百。」

「故願大王審畫而已。」「而」字旁硃筆批：「百。」

「自立天子之後，使東牟朱虛，東褒儀父之後，深割嬰兒王之。壤子王梁代，益以淮陽。」墨筆眉批：「東牟朱虛。」注：「晉灼曰：方言：『梁益之間所愛，諱其肥盛，曰壤也。』善曰：方言云『瑋其肥盛』，晉書注以瑋爲詳。」墨筆眉批：「壤。梁益之間諱其肥盛，曰壤。『諱』作『瑋』字是。」

「卒仆濟北，囚弟於雍者，豈非象新垣等哉？」「弟」字旁墨筆批：「淮南王。」又墨筆眉批：「象字何不解？」

「臣恐周鼎復起於漢。」「鼎」字旁硃筆批：「百。」

獄中上書自明　鄒陽

「昔者荆軻慕燕丹之義，白虹貫日，太子畏之；衛先生爲秦畫長平之事，太白蝕昴，昭王疑之。」墨筆眉批：「荆軻。衛先生。」

「昔玉人獻寶，楚王誅之。李斯竭忠，胡亥極刑。是以箕子陽狂，接輿避世。」墨筆眉批：「玉人，和氏。李斯。胡亥。箕子。接輿。」

「臣聞比干剖心，子胥鴟夷。」墨筆眉批：「比干。子胥。」

「故樊於期逃秦之燕，藉荆軻首以奉丹事。王奢去齊之魏，臨城自刭，以卻齊而存魏。」墨筆眉批：「樊于期。王奢。」

「是以蘇秦不信天下，爲燕尾生。白圭戰亡六城，爲魏取中山。」墨筆眉批：「蘇秦。尾生。白圭。」

「昔者司馬喜臏脚於宋，卒相中山。范雎摺脇折齒於魏，卒爲應侯。」墨筆眉批：「司馬喜。范雎。」

「此二人者昔信必然之畫。」墨筆改「昔」字爲「皆」。

「是以申徒狄蹈雍之河，徐衍負石入海。」注：「善曰：論語讖曰：徐衍負石伐子自狸。」墨筆眉批：「申徒狄。徐衍。論語讖。」

「故百里奚乞食於路，穆公委之以政。甯戚飯牛車下，而桓公任之以國。」墨筆眉批：「百里奚。甯戚。」

「昔魯聽季孫之說逐孔子，宋信子冉之計囚墨翟。」墨筆眉批：「季孫。子冉。」

「是以秦用戎人由余而霸中國，齊用越人子臧而彊威宣。」墨筆眉批：「由余。子臧。」

「不合則骨肉爲讎敵。朱象、管蔡是矣。」墨筆眉批：「朱象。管蔡。」

「是以聖王覺悟，捐子之之心，而不悅田常之賢。」墨筆眉批：「子之。田常。」

「夫晉文公親其讎而彊霸諸侯。」注：「張晏曰：寺人勃鞮也。」墨筆眉批：「勃鞮。」

「至夫秦用商鞅之法，東弱韓魏，立彊天下，而卒車裂之。越用大夫種之謀，禽勁吳而霸中國，遂誅其身。是以孫叔敖三去相而不悔，於陵子仲辭三公爲人灌園。」墨筆眉批：「商鞅。大夫種。孫叔敖。子仲。」

「然則荆軻湛七族，要離燔妻子，豈足爲大王道哉！」墨筆眉批：「荆軻。要離。」

「故秦皇帝任中庶子蒙嘉之言，以信荆軻之説，而匕首竊發。周文王獵涇渭，載呂尚而歸，以王天下。」墨筆眉批：「蒙嘉。呂尚。」

「此鮑焦所以忿於世而不留富貴之樂也。」墨筆眉批：「鮑焦。」

詣建平王上書

江文通

「下官每讀其書，未嘗不廢卷流涕。」注：「沈約書曰：郡縣爲封國者，内史並於國主稱臣，去任便止。世祖孝建中，始改此制爲下官。」硃筆眉批：「郡縣爲封國者，内史並於國主稱臣。孝建中，改制爲下官。」

「備鳴盜淺術之餘，豫三五賤伎之末。」注：「抱朴子軍術曰：大將軍當明案九宮，視年在宮，常就三居五。五爲死，三爲生。能知三五，横行天下。」墨筆眉批：「抱朴子。三五。」

「大王思以恩光，顧以顔色。」硃筆眉批：「思字不解。」

「實佩荆卿黄金之賜。」注：「燕丹子曰：荆軻之燕太子東宫，臨池而觀。軻拾瓦投鼃，太子令人奉盤金轉用抵。」墨筆眉批：「燕丹子。荆軻投鼃。」

「近則伯魚被名於不義。」注：「後漢書曰：第伍倫，字伯魚。」硃筆眉批：「第五伯魚。」

「青雲浮雒，榮光塞河。」注：「尚書中候曰：成王觀于洛河。」墨筆眉批：「尚書中候。」

「莫不浸仁沐義，昭景飲醴而已。」注：「揚雄覈靈賦曰：文王之始起，浸仁漸義，會賢儹智。儹，音攢。論語輔像曰」云云。墨筆眉批：「揚雄覈靈賦。論語輔像。」又硃筆眉批：「儹。」

「仰惟大王，少垂明白，則梧丘之魂，不愧於沈首。鴻亭之鬼，無恨於灰骨。」注：「謝承後漢書曰：蒼梧廣信女子蘇娥，行宿高安鵲巢亭，爲亭長龔壽所殺」，「交阯刺史周敞行部宿亭，覺壽姦罪，奏之，殺壽。列異傳云鵠奔亭。」墨筆改「敝」爲「敞」。又墨筆眉批：「梧丘，宴子春秋。鴻亭，鵠奔亭，謝承漢書。蘇娥。龔壽。周敞。」

卷第四十

奏彈曹景宗一首　任彥昇

「故司州刺史蔡道恭，率勵義勇，奮不顧命。」墨筆眉批：「蔡道恭。」

「不有嚴刑誅賞，安寘景宗卽主。」墨筆眉批：「卽主。」

奏彈劉整一首　任彥昇

「臣聞馬援奉嫂，不冠不入。氾毓學孤，家無常子。」墨筆眉批：「馬援。氾毓。」

「齊故西陽內史劉寅妻范，詣臺訴列，稱出適劉氏二十許年。劉氏喪亡，撫養孤弱。叔郎整常欲傷害侵奪。分前奴教子、當伯，並已入衆，又以錢婢姊妹弟溫，仍留奴自使伯。又奪寅息逡婢綠草，私貨得錢，並不分逡。寅第二庶息師利，去歲十月，往整田上，經十二日，整便責范米六㪷哺食，米未展送，忽至戶前，隔箔攘拳大罵，突進房中，屛風上取車帷準米去。二月九日夜，婢采音偷車欄、夾杖、龍牽。范問失物之意，便打息逡。整及母并奴婢等六人來，共范屋中，高聲大罵。婢采音舉手查范臂，求攝檢如訴狀，輒攝整亡父舊使奴海蛤到臺辨問，列稱整亡父興道，先爲零陵郡，得奴婢四人。分財，以奴教子乞大息寅，亡寅後，第二弟整仍奪教子，云應入衆。整便留自使，婢姊及弟各准錢五千文，不分逡。其奴當伯先是衆奴，整兄弟未分財之前，整兄寅以當伯貼錢七千，共衆作田。」墨筆眉批：「劉寅。劉整。奴教子、當伯。劉逡。綠草。劉師利。采音。打。奴海蛤。劉興道。奴教子、當伯、綠草。劉師利。」又硃筆改「亡寅後」爲「寅亡後」。

「劉整兄寅第二息師利」云云。硃筆改「劉」爲「列」，並旁批：「列。」

「范今年二月九日夜失車欄子、夾杖、龍牽等，范及息逡道是采音所偷。整聞聲，仍打逡。范喚問何意打我兒，整母子爾時便同出中庭，隔箔與范相罵，婢采音及奴教子、楚王、法志等四人于時在整母子左右，整語采音：『其道汝偷車校具，汝何不進裏罵之？』既進，爭口舉手，誤查范臂。車欄、夾杖、龍牽，實非采音所偷。進責寅妻范奴苟奴、列娘。」墨筆眉批：「逡。打，相罵。采音，查。奴教子，楚王，法志，苟奴。」

「重贖當伯、教子，列娘被奪，今在整處，使悉，與海蛤列不異。以事訴法令史潘僧尚議」，「委之獄官，悉以法制從事，如法所稱，整即主。」墨筆眉批：「海蛤。潘僧尚。即主。」

「薛包分財，取其老弱。高鳳自穢，爭訟寡嫂。」墨筆眉批：「薛包。高鳳。」

「整之撫姪，食有故人。」硃筆旁批：「掉。」注：「西京雜記曰：公孫弘起家徒步，爲丞相。故人齊高賀從之，弘食以脫粟飯，覆以布被。賀怨曰：『何用故人富貴爲？脫粟布被，我自有之！』弘大慙。賀乃告人曰：『公孫弘内厨五鼎，外膳一肴，豈可以臨天下？』於是朝右疑其矯焉。弘歎曰：『寧逢惡賓，不逢故人！』」墨筆眉批：「高賀齷齪貪横之人，在弟兄間如此極多，不足怪也。」

「何其不能折契鍾庾，而禴帷交質。」注：「鄭玄曰：帷裳，童容也。」墨筆眉批：「童容。」

篇末墨筆眉批：「文章無甚大關係，寫得細曲亦足觀。」

奏彈王源一首　沈休文

「販鬻祖曾，以爲賈道。」墨筆眉批：「販鬻祖曾，猶言賣卻祖父也。」

「風聞東海王源嫁女與富陽滿氏。源雖人品庸陋，胄實參華。曾祖雅，位登八命。祖少卿，内侍帷幄。父璿，升采儲闈，亦居清顯。」墨筆眉批：「王源。王雅。王少卿。王璿。」

「輒攝媒人劉嗣之到臺辨問，嗣之列稱吳郡滿璋之相承，云是高平舊族寵奮胤胄，家計温足，見託爲息鸞覓婚。王源見告窮盡，即索璋之簿閥，見璋之任王國侍郎，鸞又爲王慈吳郡正閤主簿。源父子因共詳議，判與爲婚。璋之下錢五萬，以爲聘禮。」墨筆眉批：「劉嗣之。滿璋之。滿寵。滿奮。滿鸞。聘禮五萬。」

「源先喪婦，又以所聘餘直納妾。」硃筆旁批：「不堪耳。」

「鄙情贅行，造次以之。」注：「蜀志諸葛亮表：李平曰」云云。墨筆眉批：「李平。」

「糾慝繩違，允茲簡裁，源即主。」墨筆眉批：「即主。」

「宋子河魴，同穴於輿臺之鬼。」注：「毛詩曰：豈其食魚，必河之魴？」墨筆眉批：「河魴，當作齊姜。逕作河魴，暗，掉書袋。」

「免源所居官，禁錮終身，輒下禁止視事，如故。」墨筆眉批：「禁止視事，句。」

「源官品應黄紙，臣輒奉白簡以聞。」墨筆眉批：「黄紙。白簡。」

答臨淄侯牋　楊德祖

「是以對鶡而辭作。」硃筆改爲：「是以對鶡，鶡而辭作。」

「呂氏、淮南，字直千金。」注：「乃其事約豔、體具、而言微也。」硃筆眉批：「約豔、體具、言微。」

「季緒璅璅，何足以云。」注：「曹植書曰：劉季緒好詆訶文章。」墨筆眉批：「劉季緒。」

與魏文帝牋一首　繁休伯

「時都尉薛訪車子，年始十四。」墨筆眉批：「薛訪車子。」

「及與黃門鼓吹温胡迭唱迭和。」墨筆眉批：「温胡。」

「自左騏、史納、謇姐名倡」云云。墨筆眉批：「左騏，史納，謇姐。」

答東阿王牋一首　陳孔璋

「昨加恩辱命，幷示龜賦。」墨筆眉批：「龜賦。」

「君侯體高世之才，秉青萍干將之器。」墨筆眉批：「青萍。」

「拂鐘無聲，應機立斷。」注：「說苑曰：西閭過東渡河中而溺，船人接而出之，問曰：『子何之？』過曰：『欲說東諸侯。』船人曰：『子渡河而溺，安能說東諸侯乎？』過曰：『獨不聞干將莫邪，拂鐘不錚，試物不知。然以之綴履，曾不如兩錢之錐？』」墨筆眉批：「西閭過。」又於注旁硃筆批：「妙語，何必與辨。」

答魏太子牋一首　吳季重

「雖年齊蕭王，才實百之。」墨筆眉批：「年齊蕭王。」

在元城與魏太子牋一首　吴季重

「雖虞卿適趙，平原入秦，受贈千金，浮觴旬日，無以過也。」硃筆眉批：「平原十日之飲，實秦昭誘怵之計，不足爲宴會之良。」又墨筆眉批：「書袋之掉。如十日之飲，文士往往。」

「然觀地形，察土宜，西帶恒山，連岡平代。」墨筆眉批：「元城去代郡遠甚。」

「重以泜水，漸漬疆宇。」注：「漢書恒山郡元氏縣有泜水。」墨筆眉批：「重以泜水，止此一句似有關地方事。」又硃筆眉批：「若以今之元城論之，泜水大遠。」

「東接鉅鹿，存李齊之流。」注：「漢書：文帝問馮唐曰：吾居代時，吾常食監高祛，數爲我言趙將李齊之賢。」墨筆眉批：「李齊。高祛。」又「常」字旁硃筆批：「尚。」

「皆懷慷慨之節，包左車之計。」墨筆眉批：「李左車。」

「賦事行刑，資於故實。」注：「國語：樊穆仲曰：魯侯賦事行刑，必問於遺訓而咨於故實。」墨筆眉批：「樊穆仲。」

「往者嚴助釋承明之歡，受會稽之位。壽王去侍從之娛，統東郡之任。」墨筆眉批：「嚴助。壽王。」

「張敞在外，自謂無奇。陳咸憤積，思入京城。」墨筆眉批：「張敞。陳咸。」

爲鄭冲勸晉王牋一首　阮嗣宗

題注：「臧榮緒晉書曰：魏帝封晉太祖爲晉公」，「太祖，晉文帝也。」墨筆眉批：「晋太祖，文帝。」

「今大魏之德，光于唐虞。明公盛勳，超於桓文。」硃筆旁批：「胡說了。」

「然後臨滄洲而謝支伯，登箕山以揖許由。」硃筆旁批：「此二句亦有滋味。」

拜中軍記室辭隋王牋一首　謝玄暉

「如其簪履或存，衽席無改。」注：「韓詩外傳曰：少原之野，有婦人刈蓍薪而失簪，哭甚哀，言不忘舊。楚昭王亡其踦履，已行三十步而還之。」墨筆眉批：「失簪。亡履。」

到大司馬記室牋一首　任彥昇

「含生之倫，庇身有地。」墨筆眉批：「含生之倫，庇身有地。」又墨筆旁批：「亂朝危世，冀望聖人，眞切之語。」

「雖情謬先覺，而迹淪驕餌。」墨筆眉批：「驕餌。」

百辟勸進今上牋一首　任彥昇

「近以朝命蘊策。」注：「方言曰：蘊，崇也。」墨筆眉批：「蘊，崇也。」

「蓋聞受金於府，通人之弘致。」硃筆旁批：「引喻不倫。」

「增玉璜而太公不以爲讓。」注：「尚書中候曰：王至，田於溪水畔。」墨筆眉批：「尚書中候。」又於「王」字旁硃筆批：「文。」

「加以朱方之役，荆河是依。」注：「劉璠梁典曰：蕭順之生高帝及兄懿。懿爲豫州刺史，鎭歷陽，護軍將軍崔慧景反。」墨筆眉批：「蕭懿。崔慧景。」

「雖累繭救宋，重胝存楚。」注：「高誘曰：公輸般，魯班之子。」墨筆眉批：「公輸般是魯班之子。」

「而惑甚盜鍾，功疑不賞。」硃筆旁批：「也不是功。」

「是以玉馬駿奔，表微子之去。金版出地，告龍逢之怨。」注：「論語比考讖曰：殷惑妲己，玉馬走。」「論語陰嬉讖曰：庚子之旦，金版尅書出地庭中。」墨筆眉批：「論語比考讖。論語陰嬉讖。庚子旦。」

卷第四十一

答蘇武書一首　李少卿

「自從初降以今日」。硃筆於「以」與「今」之間加「至」字。

「舉自言笑，誰與爲歡。」硃筆改「自」爲「目」。

報任少卿書一首　司馬子長

「若望僕不相師」。墨筆眉批：「望，猶怨也，責也。」

「諺曰：誰爲爲之，孰令聽之。」注：「誰爲，猶爲誰也，言己假欲爲善，當爲誰爲之乎？復欲誰聽之乎？」墨筆眉批：「如注解，則上『爲』字當去聲。然亦可以下「爲」字作去聲，猶言誰爲之相爲也。」

「愛施者，人之端也。」墨筆改「人」爲「仁」。
「事有關於宮豎。」墨筆改「宮」爲「官」。
「及以至是言不辱者，所謂强顔耳。」墨筆眉批：「强顔。」

論盛孝章書一首　孔文舉

題注：「虞預會稽典錄曰：盛憲，字孝章，器量雅偉，舉孝廉，補尚書，節遷吳郡太守，以疾去官。孫策平定吳會，誅其英豪。」「憲素有名，策深忌之」，「果爲權所害。」硃筆改「節」爲「卽」。墨筆眉批：「既知爲英豪，何不與共事，而輒以私意害之？孫仲謀之于孝章，猶之乎操于北海矣。」

爲幽州牧與彭寵書一首　朱叔元

題注：「范曄後漢書曰：朱浮，字叔元」，「王莽時，故吏三千石，皆引幕府。」硃筆改「三」爲「二」。「浮密奏寵遣吏迎妻而不迎其母，又受貨賄殺害友人。」硃筆旁批：「果爾耶？」
「蓋聞智者順時而謀，愚者逆理而動。」硃筆旁批：「厭！」
「豈有身帶三綬，職典大邦，而不顧恩義，生心外叛者乎？」注：「范曄後漢書曰：更始使謁者韓鴻持節徇北州。」墨筆眉批：「韓鴻。」
「往時遼東有豕，生子白頭。」墨筆眉批：「遼豕。」
「凡舉事無爲親厚者所痛，而爲見讎者所快。」注：「范曄後漢書曰：寵齊獨在便室，蒼頭子密等三人因寵臥寐，共縛着牀」，「卽斬寵及妻頭，置囊中，便持記馳出城。因以詣闕，封爲不義侯。」墨筆眉批：「蒼頭子密，不義侯。」

爲曹洪與魏文帝書一首　陳孔璋

「蓋聞過高唐者，効王豹之謳。」墨筆眉批：「當云綿駒，而作王豹，此類文人儘多。」

「仰司馬、楊、王遺風，有子勝斐然之志。」注：「告子勝仁。」硃筆眉批：「告子勝。」

「及整蘭筋」。墨筆眉批：「蘭筋。」

卷一百三十九　文選批注（九）

卷第四十五〔一〕

墨筆封批：「桓礹、邴營，氣類經緯士人，王儉集叙，陳思求通表亦用之。以策劭爲營部，王儉集叙注。」

答客難一首　東方曼倩

「客難東方朔曰：蘇秦、張儀，壹當萬乘之主，而身都卿相之位，澤及後世。」硃筆眉批：「蘇張實無後世之澤。」

解嘲一首　楊子雲

「人有嘲雄以玄之尚白。」墨筆眉批：「玄之尚白。」

「或解縛而相，或釋褐而傅。」硃筆眉批：「傅，楊太傅也。」

「鄉使上世之士，處乎今世，策非甲科。」硃筆眉批：「甲科。」

「蔡澤，山東之匹夫也，顩頤折頞。」「顩」字旁硃筆批：「金。」

〔一〕以上卷第四十二至卷第四十四批本散佚。

「故有造蕭何之律於唐虞之世，則惟矣。」注：「服虔曰：惟猶繆也。」墨筆眉批：「惟，卽紕義。」

歸去來一首　陶淵明

題下硃筆批：「讀此辭後，便有遠情。」

「世與我而相遺，復駕言兮焉求？」硃筆眉批：「先生遺世耳，乃云世與我而相遺耶？此中難言，故凡高士皆世所遺，然後遺世。」

春秋左氏傳序一首　杜預

「或後經以終義，或依經以辨理。」硃筆眉批：「理。」

「渙然冰釋，怡然理順，然後爲得也。」硃筆眉批：「理。」

三都賦序一首　皇甫士安

「將以紐之王教，本乎勸戒也。」墨筆眉批：「紐。」

「魏以交禪比唐虞。」墨筆眉批：「左眇獨崇曹魏，吾既不解作意，而士安又有此序，猶不解，猶不解。」

卷第四十六

三月三日曲水詩序一首　顏延年

「然其宅天哀，立民極。」硃筆改「哀」爲「中」。

「皇上以叡文承歷，景屬宸居。」墨筆眉批：「宸居。」

「左關巖隥，右梁潮源。」注：「西蜀父老曰」云云。硃筆眉批：「源。」又墨筆改「西」爲「巴」。

「然後昇秘駕，胤緹騎。」硃筆眉批：「胤字不注。」

「三奏四上之調。」硃筆眉批：「四上。」

「悵釣臺之未臨。」硃筆眉批：「釣。」

三月三日曲水詩序一首　王元長

「是以得一奉宸。」墨筆眉批：「奉宸。」

「邑靜鹿丘之歎，遷鼎息大坰之慙。」墨筆眉批：「鹿丘之歎。大坰之慙。」

「猶且具明廢寢，吳晷忘餐。」注：「尚書曰：文王自朝至于日中吳，弗皇暇食。」墨筆改「吳」爲「昃」。

「懷御奔於秋駕。」注：「莊子曰：尹儒學御三年」云云。「御奔」旁墨筆批：「對春。」又墨筆眉批：「秋駕雖引尹儒事，卻在『御奔』兩字耳。尹儒。」

「分陝流勿翦之懽，來仕允克施之譽。」墨筆改「懽」爲「懽」，又硃筆眉批：「懽、懽混。」注：「韋昭曰：王仕於晉也。」硃筆改「王」爲「來」。

「引鏡皆明目，臨池無洗耳。沈冥之怨既缺，邁軸之疾已消。」注：「皇甫謐高士傳曰：堯致天下讓許由，巢父聞之，以爲汙，乃臨池水而洗耳。漢書曰：蜀嚴沉冥。侯巴曰：嚴君平常病不事，沉冥而死。鄭玄曰：邁，飢意。軸，病也。」墨筆眉批：「許由。巢父。侯巴。嚴君平。任永。邁，饑。軸，病。」

「侮食來王，左言入侍。」注：「古本作『晦食』。」墨筆眉批：「『侮食』作『晦食』，不解。」

「文鉞碧砮之琛。」注：「肅慎氏貢楛矢君砮。」墨筆改「君」爲「石」。

「功既成矣，世既貞矣。」注：「老子曰：王侯得一，以爲天下貞。」硃筆眉批：「貞。」

「殷殷均乎姚澤，膴膴尚於周原。狹豐邑之未宏，陋譙居之𤢎褊。」注：「齊有天子，爲舊宮。」「呂氏春秋曰：舜爲天子，輙輙啟啟。」墨筆改「𤢎」爲「撙」。硃筆改「天子」爲「天下」。又墨筆眉批：「撙。今行呂覽作『輣輣啟啟』，不作『輙』也。」

「禁軒承幸。」注：「如淳漢書注曰：省中本爲禁中。」硃筆眉批：「省，禁。」

「魚甲煙聚，具冑星羅。」硃筆改「具」爲「貝」，又硃筆眉批：「貝。」

「追伶倫於嶰谷。」硃筆眉批：「嶰谷。」

王文憲集序一首　任彥昇

「有一于此，蔚爲帝師。」注：「漢書曰：張良從容步遊下邳、圯上。有一老父，出一編書。」

墨筆眉批：「有一于此，逕用老父之句，亦踈脫之掉。」

「況乃淵角殊祥，山庭異表。」注：「摘輔像曰」云云。墨筆眉批：「摘輔相。山庭表異。三庭。」

「若乃金版玉匱之書，海上名山之旨。」注：「抱朴子曰：鄭君有玉匱記、金版經。范曄後漢書曰：荀爽遭黨錮，隱於海上。」墨筆眉批：「鄭君。荀爽。」

「雲屋大構，匠者何自？」墨筆眉批：「何自。」

「蔡公儒林之亞。」注：「俱有名譽，號曰中興三明。」墨筆眉批：「中興三明。」

「含經味道之生。」注：「杜詩謂功曹郭丹曰」云云。墨筆眉批：「杜詩。郭丹。」

「汝郁之幼挺淳至，黃琬之早標聰察。」墨筆眉批：「汝郁。黃琬。」

「與公母武康公主素不協。」墨筆眉批：「武康公主。」

「以選尚公主。」注：「吳均齊春秋曰：宋明帝太始中，儉尚陽羨公主。」墨筆眉批：「陽羨公主。」

「元徽初，遷秘書丞。」注：「沈約宋書曰：蒼梧王改年曰元徽。」墨筆眉批：「蒼梧年號元徽。」

「於是采公曾之中經，刊弘度之四部。」注：「王隱晉書曰：荀勗字公曾。」「臧榮緒晉書曰：李充字弘度。」墨筆眉批：「荀勗，公曾。李充，弘度。」

「時司徒袁粲有高世之度，脫落塵俗。」注：「袁喬與褚左軍解交書」云云。墨筆眉批：「袁粲。袁喬。褚左軍。」

「粲答詩曰：老夫亦何寄，之子照清襟。」墨筆眉批：「之子照清襟。」

「服闋，拜司徒右長史，出爲義興太守。」墨筆眉批：「儉傳：蒼梧暴虐，儉告袁粲求外出，引晉新安主壻王獻之任吳興爲例，補義興太守。」

「昔毛玠之公清，李重之識會。」注：「王戎爲選官時，李重、李毅二人操異。」墨筆眉批：「毛玠。李重。李毅。」

「俄遷侍中。」注：「蕭子顯齊書曰：昇明二年，儉遷長史兼侍中。」墨筆眉批：「昇明，宋順帝。」

「建元二年，遷尚書左僕射，領選如故。自營部分司，盧欽兼掌。」注：「應劭漢官儀曰：獻帝建始四年，始置左右僕射，以執金吾營部爲左僕射，衛臻爲右僕射。」墨筆眉批：「建元。〔二〕僕射。營部。盧欽。衛臻。」

「永明元年，進號衛將軍。」墨筆眉批：「永明。」

「六輔殊風。」注：「漢書曰：倪寛遷左内史，表奏開六輔渠。」墨筆眉批：「倪寛，開六輔渠。」

「故能使解劍拜仇，歸田息訟。」注：「謝丞後漢書曰」云云。墨筆眉批：「謝承後漢書。」

「前郡尹温大眞、劉貞長，或功銘鼎彝，或德標素尚。」注：「孔欣猛虎行曰」云云。墨筆眉批：「温太眞。劉貞長。孔欣。」

「挂服捐駒，前良取則。」注：「挂服未詳。王隱晉書曰：王遜字劭伯。」墨筆眉批：「挂服，疑『挂牀』之訛。月、爿。王遜。」

〔二〕「建元」，傅山全書初版本脱，據手稿補。

「臥轍棄子，後予胥怨。」注：「范曄後漢書曰：侯霸，字君仲，爲臨淮太守。王莽敗，霸卒全一郡。更始元年，遣使徵霸，百姓號哭。」墨筆眉批：「侯霸。霸爲莽之太守，而能令民如此。」

「皇太子不矜天姿。」注：「蜀志曰：諸葛亮與杜徽書」云云。墨筆眉批：「杜徽。」

「又領本州大中正。」注：「本號衞將軍。」墨筆眉批：「大中正。衞將軍。」

「七年，固辭選任，帝所重違。」注：「謝承後漢書曰」云云。墨筆眉批：「謝承後漢書。」

「長輿追專車之恨。」注：「臧榮緒晉書曰：和嶠爲黃門侍郎，遷中書令，舊監令此車入朝。及嶠爲令，荀勗爲監」云云。墨筆眉批：「和嶠。荀勗。」又墨筆改「此」爲「比」，並旁批：「並。」

「夫奔競之塗，有自來矣。」注：「晉諸公讚曰：傅宣定九品未訖，劉疇代之。」墨筆眉批：「傅宣。劉疇。」

「望側階而容賢。」注：「燕丹太子曰：田光見太子，太子側階而迎。家語：孔子謂魯哀公曰：衞有士曰慶足者，國有大事，則必赴而治之。」墨筆眉批：「田光。慶足。」

「豈直春者不相，工女寢機而已哉。」注：「劉紹聖賢本紀曰」云云。墨筆眉批：「劉紹。」

「沒世遺愛，古之益友。」注：「班固漢書贊曰：劉向指明梓柱，以推廢興。」硃筆眉批：「梓柱。」

「謚曰文憲，禮也。」注：「謚法曰：忠信接禮曰文。」墨筆眉批：「忠信接禮曰文，『接』字與今行謚異。」

「持論從容，未嘗言人所短。」注：「風俗通曰：太尉范滂辨於持論。」「吳志曰：是儀時時有所進，未嘗言人之短。」墨筆眉批：「范滂。是儀。」

「弘長風流，許與氣類。」注：「謝承後漢書曰：桓⿰石麗邴營，氣類經緯士人。」墨筆眉批：「謝承書。桓⿰石麗邴營，『邴營』何說？氣類經緯士人。『⿰石麗』字疑是『礹』字。曄書『礹』，一名曄，桓鸞子。」

「勗以丹霄之價。」注：「鍾會集言程盛」云云。墨筆眉批：「鍾會集。程盛。」

「雖張曹爭論於漢朝，荀摯競爽於晉世。」注：「東觀漢記曰：張酺拜太尉，章帝詔射聲校尉曹褒，案漢舊儀，制漢禮。酺以爲褒制禮，非禎祥之特達。」「臧榮緒晉書曰：太尉荀顗先受太祖勑，述所禮。太康初，尚書僕射朱整奏付尚書郎摯虞討論之。」墨筆眉批：「張酺。曹褒。荀顗。摯虞。朱整。」

「懷輕重之意。」注：「服虔曰：嚴延年爲涿郡太守，掾趙繡按高氏，卽爲兩劾。」墨筆眉批：「嚴延年。趙繡。」

「豈非希世之雋民。」注：「汝南先賢傳曰：謝子微高才遠見，許劭年十八時，有歎息曰：『此希世之偉人也。』」墨筆眉批：「謝子微。許劭。」

「出入禮闈，朝父舊館。」墨筆改「父」爲「夕」。

卷第四十七

聖王得賢臣頌一首　王子淵

「忽若篲氾、畫塗。」注：「如淳曰：若以篲掃於氾灑之處也。篲，音遂。塗，路也。」墨筆眉批：「篲汜畫塗，如注解，則爲『篲畫汜塗』矣。但分作兩部看，篲掃、汜灑是解『篲汜』兩字，不曾解『畫塗』也。」

「過都越國，蹶如歷塊。」墨筆眉批：「此『過』自是去聲矣。杜詩『歷塊過都見爾曹』，以聲律讀之，又自然是平聲。可見『過』字平、去二聲通用。」

「雖伯牙操竾鐘，逢門子彎烏號，猶未足以喻其意也。」墨筆眉批：「鐘。號。」

出師頌一首　史孝山

題注：「范曄後漢書曰：王莽末沛國史岑字孝山。」「流別集及集林又載岑和熹鄧后頌。」硃筆眉批：「二史岑。」

漢高祖功臣頌一首　陸士衡

「堂堂蕭公」。墨筆眉批：「鄴文終蕭何。」

「名蓋羣后。」注：「班固漢書贊曰：蕭何、曹參，位冠羣后。」墨筆眉批：「曹參。」

「文成作師」。注：「漢書：張良終，謚曰文成侯。」墨筆眉批：「張良。」

「曲逆宏達，好謀能深。」墨筆眉批：「陳平。」

「灼灼淮陰，靈武冠世。」墨筆眉批：「韓信。」

「彭越觀時」。墨筆眉批：「梁王彭越。」

「烈烈黥布」。墨筆眉批：「淮南王黥布。」

「張耳之賢」。墨筆眉批：「趙王張耳。」

「王信韓孽」。墨筆眉批：「韓王信。」

「盧綰自微」。注：「漢書曰：高祖與綰莊學書。」硃筆改「莊」爲「壯」。墨筆眉批：「燕王盧綰。」又硃筆眉批：「學書。」

「吴芮之王，祚由梅鋗。」注：「沛公攻南陽，遇芮之將梅鋗，與偕攻析酈。」「酈，持益切。」墨筆眉批：「長沙王吴芮。」又硃筆眉批：「酈，持益切，用持字者。有作直炙切，一音同。」

「肅肅荆王，董我王軍。」注：「漢書：劉賈將二萬人，騎數百，擊楚。」墨筆眉批：「劉賈。」

「我圖四方，殷薦其勳。」注：「楚大司馬周殷。」硃筆眉批：「周殷。」

「安國違親，悠悠我思。」注：「漢書曰：王陵以兵屬漢」云云。墨筆眉批：「王陵。」

「絳侯質木，多略寡言。」墨筆眉批：「周勃。」

「舞陽道迎，延帝幽藪。」墨筆眉批：「樊噲。」

「曲周之進，于其哲兄。」墨筆眉批：「酈商。」

「猗歟汝陰，綽綽有裕。」墨筆眉批：「夏侯嬰。」

「潁陰鋭敏，屢爲軍鋒。」墨筆眉批：「灌嬰。」

「陽陵之勳，元帥是承。」墨筆眉批：「傅寬。」

「信武薄伐，揚節江陵。」墨筆眉批：「靳歙。」

「恢恢廣野，誕節令圖。」墨筆眉批：「酈食其。」

「建信委輅，被褐獻寶。」墨筆眉批：「婁敬。」

「抑抑陸生，知言之貫。」墨筆眉批：「太中大夫陸賈。」

「稷嗣制禮，下肅上尊。」注：「漢書：叔孫通曰」云云。墨筆眉批：「稷嗣君叔孫通。」

「無知叡敏，獨昭奇跡。」墨筆眉批：「魏無知。」

「隨河辯達，因資於敵。」硃筆改「河」爲「何」，又墨筆眉批：「護軍中尉隨何。」

「皤皤董叟，謀我平陰。」墨筆眉批：「新城三老董公。」

「袁生秀朗，沈心善照。」墨筆眉批：「袁生。」

「紀信誑項，軺軒是乘。」墨筆眉批：「紀信。」

「周苛慷慨，心若懷水。」墨筆眉批：「周苛。」

「帝疇爾庸，後嗣是膺。」注：「襄平侯紀通，尚符節。張晏曰：紀信子也。」墨筆眉批：「紀通非紀信之子。」

「侯公伏軾，皇媼來歸。」墨筆眉批：「侯公。」

東方朔畫贊一首　夏侯孝若

「漢書且載其事」。墨筆改「且」爲「具」。

「我來自東，言適茲邑。」硃筆眉批：「『我來自東』以下非贊辭矣。」

三國名臣序贊　袁彦伯

「夫百姓不能自治，故立君以治之。明君不能獨治，則爲臣以佐之。」硃筆眉批：「迂緩大帽一頂。」

「然則三五送隆，歷世承基。」「三五」旁硃筆批：「皇帝。」又硃筆改「送」爲「迭」。

「夫萬歲一期，有生之通塗。千載一遇，賢智之嘉會」云云。硃筆眉批：「帽子裁了。」

「文若懷獨見之明，而有救世之心。」硃筆眉批：「荀彧。」

「公達慨然，志在致命。」硃筆眉批：「荀攸。」

「崔生高朗，折而不撓。」硃筆眉批：「崔琰。」

「孔明盤桓，俟時而動，遐想管樂，遠明風流。」硃筆眉批：「諸葛忠武侯。風流。」

「公瑾卓爾，逸志不羣。」硃筆眉批：「周瑜。」

「子布佐策，致延譽之美。」硃筆眉批：「張昭。」

「火德既微，運纏大過」云云。墨筆眉批：「過，平聲。總十六句，八韻。」

「英英文若，靈鑒洞照。」墨筆眉批：「荀彧。」

「探頤賞要。」墨筆改「頤」爲「賾」。

「公達潛朗，思同蓍蔡。」墨筆眉批：「荀攸。」

「亹亹通韻，跡不暫停。」硃筆眉批：「韻。」

「郎中温雅，器識純素。」墨筆眉批：「袁渙。」

「雖遇履虎，神氣恬然。」注：「且渙他日之事將軍，猶今日之事將軍也。」墨筆眉批：「恬。袁渙不肯駡昭烈。」又墨筆於「他日之事」下加一「劉」字。

「崔生體正心直，天骨疎朗。」墨筆眉批：「崔琰。」

「運極道消，碎此明月。」注：「魏志曰：琰爲中尉，太祖爲魏王，楊訓發表，褒述盛德。」硃筆眉批：「楊訓。」

「景山恢誕，韻與道合。」硃筆眉批：「韻。」又墨筆眉批：「徐邈。」

「遇醉忘辭，在醒貽答。」墨筆眉批：「貽。」

「長文通雅，義格終始。」墨筆眉批：「陳羣。」
「淵哉泰初，宇量高雅。」墨筆眉批：「夏侯玄。」
「處死匪難，理存則易。」硃筆眉批：「理。」
「烈烈王生，知死不撓。」墨筆眉批：「王經。」
「玄伯剛簡，大存名體。」墨筆眉批：「陳泰。」
「堂堂孔明，基宇宏邈。」墨筆眉批：「忠武侯。」
「士元弘長，雅性内融。」墨筆眉批：「龐統。」
「公琰殖根，不忘中正。」墨筆眉批：「蔣琬。」
「公衡仲達，秉心淵塞。」墨筆眉批：「黄權。」
「公瑾英達，朗心獨見。」墨筆眉批：「周郎。」
「子布擅名，遭世方擾。」墨筆眉批：「張昭。」
「昂昂子敬，拔跡草萊。」墨筆眉批：「魯肅。」
「子瑜都長，體性純懿。」墨筆眉批：「諸葛瑾。」
「伯言蹇蹇，以道佐世。」墨筆眉批：「陸遜。」
「元歎穆遠，神如形檢。」墨筆眉批：「顧雍。」
「仲翔高亮，性不和物。」墨筆眉批：「虞翻。」
「詵詵衆賢，千載一遇」云云。墨筆眉批：「又總十六句。」

卷一百四十　文選批注（十）

卷第四十八

封面墨筆批：「屯用，典引中二字無注。」

封禪文一首　司馬長卿

「大漢之德，逢涌原泉，沕潏曼羡。」注：「張揖曰：逢，遇也，喻其德盛，若遇原泉之湧出也。」硃筆眉批：「逢只是大義。」

「非唯雨之，又潤澤之。非唯偏之，我氾布護之。」墨筆眉批：「我。」

「旼旼穆穆，君子之態。」墨筆眉批：「旼旼穆穆。」

「厥塗靡從，天瑞之徵。茲亦於舜，虞氏以興。」墨筆眉批：「茲亦兩字，後人必不爾。」

「厥之有章，不必諄諄。依類託寓，喻以封巒。」硃筆眉批：「諄叶巒，當如敦之開口。」

劇秦美新一首　揚子雲

「臣伏惟陛下，以至聖之德，龍興登庸。欽明尚古，作民父母，爲天下主。執粹精之道，鏡照四海，聽聆風俗，博覽廣包，參天貳地，兼並神明，配五帝，冠三王，開辟以來，未之聞也。」墨筆眉批：「稱頌至此，尚謂雄非莽大夫耶？司馬温公死爲此貨回護，如何回護得了？雄卽不爾奉承，莽亦不必殺雄！鬼打老揚，出此大醜。」

「臣嘗有顛眴病，恐一旦先犬馬，塡溝壑。」墨筆旁批：〔二〕「到死了免得幹下此事！」

「敢竭肝膽，寫腹心，作劇秦美新一篇，雖未究萬分之一，亦臣之極思也。」墨筆眉批：「可惜此賦才，沒瓤沒腦儘著諂媚，千百年上下五色雲同也，可惜今之五色雲無由聞矣！」

「疊聞罕漫，而不昭察。」墨筆眉批：「疊當音如澀，聞音如汶。」

「秦餘制度，項氏爵號，雖違古而猶襲之。」墨筆旁批：「者个許說。」

「遒極數彈，闇忽不還。」墨筆旁批：「書獃不解天命，何出言之易也。」又墨筆眉批：「連漢也闇忽來了！讀至此，可見雄胡塗至極，絕不筭計漢尚有中興之理。」

「宜命賢哲，作帝典一篇，舊三爲一襲，以示來人，摛之罔極。」硃筆眉批：「雄本意望莽卽令雄作典也。莽不曾命雄，眞憋殺此鼠。」

典引一首　班孟堅

「臣固言，永平十七年，臣與賈逵、傅毅、杜矩、展隆、郗萌等」云云。注：「七略曰：尚書郎中北海展隆。然七略之作，雖在哀平之際，展隆壽或至永平之中。」墨筆眉批：「展隆大壽。自建武建元有卅一年，改中元有二年，至永平十七年共五十年矣。哀平二紀共十一年，中間王莽十八年，卽展隆在哀平之際約略五六年，加以十八年，則二十四年有餘，二十四加五十則七十四年，其爲尚書郎中時卽廿許歲，已九十年矣。」

〔二〕「旁批」，傅山全書初版本誤作「眉批」，據手稿改。

「詔因曰：司馬遷著書，成一家之言，揚名後世。至以身陷刑之故，反微文刺譏，貶損當世，非誼士也。」墨筆旁批：「人君不欲聞少不奉承之言如此。」

「司馬相如洿行無節，但有浮華之辭，不周於用，至於疾病而遺忠，主上求取其書，竟得頌述功德，言封禪事，忠臣效也，至是賢遷遠矣。」硃筆眉批：「滿腹私氣。」又墨筆眉批：「人主好諛，何往不見！」墨筆旁批：「帝王護短好諛，致人服事不下。」

「臣固頓首，伏惟相如封禪，靡而不典，揚雄美新，典而亡實。然皆游揚後世，垂爲舊式。」墨筆眉批：「美新那得與相如之書并稱！」

「若夫上稽乾則，降龍翼。」墨筆於「降」下加「成」字。墨筆眉批：「後漢書降下有『成』字，注：龍翼謂稷契等，謂堯之羽翼。」

「備哉粲爛，貞神明之式也。」墨筆改「貞」爲「眞」。

「雷動電熛，胡縊莽分，尚不涖其誅。」墨筆眉批：「固傳無尚字。」

「而禮官儒林，屯用篤誨之士，不傳祖宗之髣髴。」硃筆眉批：「屯用不解。」

「順命以創制，因定以和神。」墨筆眉批：「固傳作『定性以和神』。」

「兹事體大而允，寤寐次於心。」墨筆眉批：「固傳『次子聖心』。」

卷第四十九

公孫弘傳一首　班孟堅

「歷數則唐都、落下閎。」注：「益部耆舊傳曰：〔一〕閎字長公，巴郡閬中人也。明曉天文地理，隱於落亭。」墨筆眉批：「落亭。」

晉紀論晉武帝革命　干令升

「古者敬其事，則命以始。今帝王受命，而用其終。」注：「左氏傳曰：晉侯使太子申生伐東山臯落氏。狐突歎曰：時事之徵也，故敬其事，則命以始。今命以時，卒閟其事也。」墨筆眉批：「閔二年傳。」

晉紀總論一首　干令升

「史臣曰：昔高祖宣皇帝」云云。墨筆眉批：「司馬懿。」
「性深阻有如城府。」墨筆眉批：「城府。」
「爾乃取鄧艾於農隙，引州泰於行役。」墨筆眉批：「鄧艾。州泰。」
「西禽孟達，東舉公孫淵。」墨筆眉批：「孟達。公孫淵。」

〔一〕「部」，傅山全書初版本誤作「都」，據批點底本改。

「内夷曹爽，外襲王陵。」墨筆眉批：「曹爽。王陵。」
「世宗承基，太祖繼業。」墨筆眉批：「世宗，司馬景王太祖，司馬文王。」
「宣景遭多難之時，務伐英雄，誅庶桀以便事，不及脩公劉、太王之仁也」云云，「二祖逼禪代之期，不暇待參分、八百之會也。」「宣」字旁硃筆批：「懿。」硃筆眉批：「不及脩。不暇代。」
「進仕者，以苟得爲貴。」硃筆旁批：「此何時不爾？」
「劉頌屢言治道，傅咸每糾邪正，皆謂之俗吏。」注：「尚書郭啓出赴妹葬」云云。墨筆眉批：「郭啓。」
「子雅制九班而不得用。」注：「王隱晉書曰：劉頌字子雅，轉吏部尚書，爲九班之制。裴頠有所駮。」硃筆鉤去「裴頠有所駮。」並旁批：「錯。」
「又況我惠帝以蕩蕩之德臨之哉。」墨筆眉批：「我惠帝蕩蕩之德，妙語！」

後漢書皇后紀論一首　范蔚宗

「閨房肅雍，險謁不行者也。」注：「毛詩序曰：王姬猶執婦道，以成肅雍之德。又曰：后妃内有進賢之志，而無險詖私謁之心。」墨筆眉批：「撮『險詖私謁』四字而爲『險謁』，讀之有本，便不爲深謫，但就兩字求之，豈非不通？後人撮前典而用之，極有雋永于前人者。」
「高祖幃薄不脩，孝文衽席無辨。」注：「漢書曰：高祖時，戚姬愛幸，常從。吕后年長，常留守希見。」墨筆眉批：「高祖幃薄不脩，移古待大臣之語。若遇糟貨，也要圪喃。幃薄不脩，注但云吕后留守希見，忠厚之道。」

卷第五十

後漢書二十八將傳論一首　范蔚宗

「雖寇鄧之高勳，耿賈之鴻烈，分土不過大縣數四，所加特進朝請而已。」硃筆眉批：「朝請。」

「郭伋亦儀南陽多顯。」硃筆改「儀」爲「議」。

宦者傳論一首

「將以其體非全氣，情志專良。通關中人，易以役養乎。」注：「老子曰：未知牝牡之合而全作。」「而全作」旁硃筆批：「今作峻。」

逸民傳論一首

「自茲以降，風流彌繁。」硃筆眉批：「風流。」

「是時裂冠毀冕，相攜持而去之者，蓋不可勝數。」注：「范曄後漢書曰：胡剛清高有志節，值王莽居攝，解其衣冠，懸府門而去。」墨筆根批：「剛見胡廣傳。」

「揚雄曰：鴻飛冥冥，弋者何慕焉。」注：「宋哀曰」云云。硃筆改「哀」爲「衷」。

卷第五十一

非有先生論　東方曼倩

「遂及飛廉、惡來、革等。」注：「說苑：子石曰：費仲、惡來、革，長鼻決耳。」墨筆眉批：「說苑十七卷雜言。」

四子講德論一首　王子淵

題首墨筆眉批：「王褒。」

「微斯文學問於虛儀夫子曰」云云。墨筆眉批：「微斯文學。虛儀夫子。」

「則所謂浮游先生，陳丘子者也。」墨筆眉批：「浮游先生，陳丘子。」

「太子擊誦晨風，文侯諭其指意。」注：「韓詩外傳曰：魏文侯有子曰擊，次曰訢。訢少而立之以爲嗣，封擊中山，三年莫往來。其傅趙倉唐諫曰：何不遣使乎！」硃筆眉批：「說苑有。」又墨筆眉批：「倉唐。」

「凡人視之怢焉。」墨筆眉批：「怢。」

「紛紜天地，寂寥宇宙。」墨筆眉批：「紛紜天地，寂寥宇宙。」

「昔周公詠永王之德。」硃筆改「永」爲「文」。

「養雞者不畜貍。」注：「文子曰：乳犬噬虎，伏雞搏貍。」墨筆眉批：「文子：乳犬噬虎，伏雞搏貍。」

卷第五十二

封面墨筆批：「四科，奏議、書論、銘誄、詩賦。」

典論論文一首　魏文帝

「蓋奏議宜雅，書論宜理，銘誄尚實，詩賦欲麗。此四科不同，故能之者偏也。」墨筆眉批：「四科。」

博奕論一首　韋弘嗣

「枯棊三百，孰與萬人之將。」〔二〕墨筆眉批：「枯棊。」

卷第五十三

養生論一首　嵇叔夜

「若此以往，恕可與羨門比壽。」硃筆改「恕」爲「庶」。

〔二〕「將」，傅山全書初版本誤作「捋」，據批點底本改。

運命論　李蕭遠

「孟軻、孫卿，體二希聖。」注：「韓康伯曰：在理則昧，造形而悟，顔氏子之分也。失之於幾，故有不善，得之於二，不遠而復，故知之未嘗復行也。」墨筆眉批：「體二。得之於二。」

「體清以洗物，不亂於濁。」注：「晏子對曰：其行水也，美哉水乎，清其濁，無不寀。」墨筆眉批：「寀，式甚切。」

辯亡論上下二首　陸士衡

「而陸公亦挫之西陵。」硃筆眉批：「陸遜。西陵。」

卷第五十四

封面墨筆批：「滑臺卽鄭廪延陽給事誄注。」

辯命論　劉孝標

題首硃筆眉批：「唐蕭瑀作非辯命論，謂孝標傷先王之教，迷性命之理。其大者以爲人稟天地以生，孰云非命？然吉凶禍福，亦因人而有。若一之于命，其蔽已甚。柳顧言、諸葛穎稱之曰：自孝標後數十年間，言性命之理者，莫能詆詰。今蕭君此論，〔一〕足療劉子膏肓。」又墨筆眉批：「孝

〔一〕「此」，傅山全書初版本誤作「之」，據手稿改。

標此論，亦未曾的的謂命，但往復致其怨憤之疑耳。所謂辯，實不能致甚辯，雖云『子長闡惑』，仍是惑義。」

「持有在赤墀之下」云云。墨筆改「持」爲「時」。

「故性命之道，窮通之數，夭閼紛綸，〔一〕莫知其辯。仲任蔽其源，子長闡其惑。」硃筆眉批：「論中本義，其實與論衡同。」

「生之無亭毒之心。」注：「王弼曰：亭謂品其形，毒謂成其質。」硃筆眉批：「亭，品其形。毒，成其質。」

「墜之淵泉，非其怒；昇之霄漢，非其悅。蕩乎大乎，萬寶以之化。確乎純乎，一作而不易。」硃筆眉批：「鳥飛魚沉，性中即有命。而燕雀雉雞，俱有入水之化。不聞魚能化鳥，而化龍則亦飛。」注：「楚狂接輿謂肩吾曰：夫聖人之治也，治外乎？正而後行，確乎能其事者而已矣。」墨筆眉批：「莊子應帝王：肩吾見狂接輿，狂接輿曰：『日中始何以語汝？』肩吾曰：『告我君人者，以己出經式義度，人孰敢不聽而化諸？』狂接輿曰：『是欺德也。其於治天下也，猶涉海鑿河而使蚉負山也。夫聖人之治也，治外乎？正而後行，確乎能其事者而已矣。且鳥高飛以避矰弋之害，鼷鼠深穴乎神丘之下，以避熏鑿之患，而曾二虫之無知。』」又注：「性不可易，命不可變。」硃筆根批：「性不可易，命不可變二句有漏義。」

「化而不易則謂之命。命也者，自天之命也。」硃筆旁批：「此全謂貧富貴賤一定。」

「顔回敗其叢蘭，冉耕歌其芣苢。」注：「文子曰：日月欲明，浮雲蓋之。叢蘭欲茂，秋風敗

〔一〕「夭」，傅山全書初版本誤作「天」，據批點底本改。

之。」「薛君曰：芣苢。澤瀉也。芣苢，臭惡之草，詩人傷其君子有惡疾」云云。硃筆眉批：「叢蘭。芣苢。悼短命、惡疾。芣苢，澤瀉。『瀉』字當是『舄』字。」

「君山鴻漸，鍛羽儀於高雲。敬通鳳起，摧迅翮於風穴。」硃筆眉批：「鴻漸。鳳起。」

「陽文之與敦洽。」注：「曾子曰：先生存時，食不充虛，衣不蓋形。」硃筆改「虛」字爲「膚」字。〔一〕又注：「敦洽讎糜，推顙廣顏，色如漆赭。垂眼臨鼻，長時而盬投。」硃筆改「時」爲「肘」。並刪去「投」字，又硃筆眉批：「漆赭，漆一作浹，赭一作頳。長肘而盬。高注：盬，胝也，無『投』字。」

「然命體周流，變化非一，或先號後笑，或始吉終凶。」硃筆旁批：「此又少與一定之義有乖。」

「而或者覩湯武之龍躍，謂龕亂在神功。」注：「墨子曰：夏桀時天乃命湯於鑣宮，有神來告曰：夏德大亂，往攻之，予必使汝大戡之。商王紂時，周武王見三神」云云。硃筆眉批：「鑣宮之神。三神。」

「夫靡顏膩理，哆噅顣頞，形之異也。朝秀晨終，龜鵠千歲，年之殊也。聞言如響，智昏菽麥，神之辯也。同知三者，定乎造化；榮辱之境，獨曰由人；是知二五，而未識於十，其蔽一也。」硃筆眉批：「哆噅。」又墨筆眉批：「一蔽，謂妍媸、夭長、智愚皆有一定，不由人，與榮辱等，不可獨謂榮辱由人。」

「星虹樞電，昭聖德之符。」注：「春秋元命苞曰：大星如虹，下流華渚。女節夢意，感生朱宣。宋均曰：華渚，渚名也。朱宣，少昊氏。詩含神務曰：大電繞樞，照郊野，感符寶，生黃

〔一〕自「曾子曰」至此，傅山全書初版本脫，據手稿補。

帝。」硃筆眉批：「女節。朱宣，少昊。黃帝。」

「夜哭聚雲，鬱興王之瑞。」注：「漢高祖功臣頌曰：彤雲晝聚，素靈夜哭。」「素靈」旁硃筆批：「白帝子。」

「若謂驅貔虎，奮尺劍，〔一〕入紫微，升帝道，則未達宵冥之情，未測神明之數，其蔽二也。」注：「孔安國曰：貔，摯夷，虎屬也。」硃筆眉批：「貔、摯夷。」墨筆眉批：「二蔽，謂帝王公卿皆有一定相兆，非能驅貔虎，提尺劍而取之者。」

「空桑之里，變成洪川。」注：「呂氏春秋曰：有莘氏女子採桑，得嬰兒於空桑之中」云云，「故命之曰伊尹。」硃筆眉批：「空桑。」墨筆眉批：「呂氏春秋本味篇：故命之曰伊尹，謂其母本居伊水之上也。然『故命』句連于『化爲空桑』之下，似伊尹兩字與空桑字有所關，〔二〕而伊但有伊水近之，與空桑似無干也。」

「火炎崑岳，礫石與琬琰俱焚；嚴霜夜零，蕭艾與芝蘭共盡。雖游夏之英才，伊顏之殆庶，焉能抗之哉？其蔽三也。」墨筆眉批：「三蔽，謂水災陣亡之類，不分賢愚，雖游夏遇著，亦同沉沒。但語氣不𡡾，若先有賢智不遭災害之說以頓之，後說『火炎』數句。」

「或曰明月之珠，不能無纇。夏后之璜，不能無考。」墨筆眉批：「纇。考。」

「主父偃、公孫弘對策不升第，歷說而不入，牧豕淄原，見棄州部。〔三〕設令忽如過隙，溘死霜

〔一〕「尺」，傅山全書初版本誤作「天」，據批點底本改。

〔二〕「與」字，手稿作「有」，似誤，此據文意。

〔三〕「部」，傅山全書初版本誤作「郡」，據批點底本改。

露，其爲詬恥，豈崔馬之流乎」云云，「將榮悴有定數，天命有至極，而謬生妍蚩，其蔽四也。」墨筆眉批：「四蔽，謂崔、馬不甚顯達而卒。偃、弘先蹇後通，亦是造化有早晚不同，而人以遇者爲妍，阻者爲蚩。」

「故重華立而元、愷升。」硃筆眉批：「元、愷。」

「辛受生而飛廉進。」注：「孔安國曰：受，紂也，音相亂。」硃筆眉批：「受，紂，音相亂。然今以受爲名，紂爲謚。天下謂之紂，則又是『生前』之醜號。」

「然則天下善人少，惡人多。闇主衆，明君寡。」墨筆旁批：「此自喻無明主用之。」

「是使渾敦、檮杌踵武於雲臺之上，仲容、庭堅耕耘於巖石之下。」墨筆旁批：「此一辨有漏。渾敦雖非雲臺之才，然亦際在帝王聖人之時。大賢儘有在巖石下者。」〔二〕又硃筆眉批：「渾敦、檮杌。」

「横謂廢興在我，無繫於天，其蔽五也。」墨筆眉批：「五蔽，謂上明下良，如聖作物，睹之，應全是應運而生者，不關人事。若説是人，非天，則非矣。」又硃筆眉批：「五蔽全謂無明主用之也。與董策之義乖。然董有董義，劉有劉義。」又墨筆根批：「此兩句最全，用『是使』兩字謂廢興在人，卻又有『横謂』一句掩之。」

「彼戎狄者，人面獸心，宴安鴆毒」云云，「嗚呼，福善禍淫，徒虚言耳，豈非否泰相傾，盈縮遞運，而汨之以人，其蔽六也。」注：「孔安國尚書傳曰：汨，亂也。」墨筆眉批：「宴安酖毒，與左義不同，此謂安于毒害耳。」又硃筆眉批：「六蔽，説到時事上。此一段似謂如此大亂，是天

〔二〕「在」，傅山全書初版本脱，據手稿補。

亂，非人亂之也。」又墨筆眉批：「汨之以人一句，似謂天命至此，不可窮詰，而徒曰汨之以人，則其蔽矣。似謂天無當爾之理，而逕爾爾，故加『嗚呼』兩字，承之以『福善禍淫』云云。以爲否泰盈縮之常耶，是人所不得汨之者。然此段文義，卻涵胡不快，正由以亂字解汨字，不似本義。」

「是以素絲無恆，玄黃代起。」硃筆旁批：「此又可以混了。」

「鮑魚芳蘭，入而自變。」注：「如入鮑魚之四」云云。硃筆改「四」爲「肆。」

「楚穆謀於潘崇，成殺逆之禍，而商臣之惡，盛業光於後嗣。」硃筆眉批：「楚穆。商臣。」

「斯則邪正由於人，吉凶在乎命也。」硃筆旁批：「此又單單歸之命上。」

「爲善一，爲惡均，而禍福異其流，廢興殊其迹，蕩蕩上帝，豈如是乎！」墨筆眉批：「蕩蕩上帝。此處蕩蕩又與前版蕩之蕩有異義。前似謂法度壞，此似頌大而明，定有處分善惡之道。」

「土室編蓬，[一]未定憂其慮。」墨筆改「定」爲「足」。

卷第五十五

廣絕交論　劉孝標

「客問主人曰：朱公叔絕交論爲是乎，爲非乎？」注：「范曄後漢書曰：朱穆，字公叔。」墨筆眉批：「朱穆公叔。」

「范、張款款於下泉，尹班陶陶於永夕。」注：「范曄後漢書曰：范式，字巨卿，少與張劭爲

[一]「土」，傅山全書初版本誤作「十」，據批點底本改。

友。」「東觀漢記曰：尹敏與班彪相厚。」墨筆眉批：「范式。張劭。尹敏。班彪。」

「而朱益州汨彝叙，奥謨訓。」墨筆眉批：「朱益州。」

「若其寵鈞董、石。權壓梁、竇。」注：「董賢、石顯，已見西京賦。權猶勢也。范曄後漢書曰：梁異字伯卓。竇憲已見范曄宮者論。」墨筆眉批：「董賢。石顯。梁異。竇憲。」

「約同要離焚妻子，誓殉荆卿湛七族，是曰勢交，其流一也。」墨筆眉批：「要離。荆卿。勢交。」

「富埒陶白，貲巨程羅。」注：「陶朱公，已見過秦論。」「白圭，周人也。」「成都羅褒，貲至鉅萬。」「鄧通，蜀郡人也。」墨筆眉批：「陶朱。白圭。羅褒。鄧通。」

「銜恩遇，進款誠，援青松以示心，指白水而旌信，是曰賄交，其流二也。」墨筆眉批：「賄交。」

「陸大夫宴喜西都，郭有道人倫東國。」注：「陸賈爲大中大夫。」「郭泰，字林宗。」墨筆眉批：「陸賈。郭泰。」

「加以頷頤蹙頞，涕唾流沫，騁黄馬之劇談，縱碧雞之雄辯。」注：「解嘲曰：蔡澤頷頤折頞，涕唾流沫。」「莊子曰：惠施其言，黄馬驪牛三。」「馮衍與鄧禹書曰：衍以爲寫神輸意，則聊成之説，碧雞之辯，不足難也。王褒碧雞頌曰：持節使者」云云。墨筆眉批：「蔡澤。惠施。馮衍。王褒。」

「於是有弱冠王孫、綺紈公子，道不挂於通人，聲未遒於雲閣，攀其鱗翼，丐其餘論，附騏驥之旄端，軼歸鴻於碣石，是曰談交。其流三也。」墨筆眉批：「談交。」

「斯則斷金由於湫隘，刎頸起於苫蓋，是以伍員濯溉於宰嚭，張王撫翼於陳相，是曰窮交。其流四也。」墨筆眉批：「窮交。伍員。宰嚭。張耳。陳餘。」

「若衡不能舉，纊不能飛，雖顏、冉龍翰鳳雛，曾、史蘭薰雪白，舒、向金玉淵海，卿、雲黼黻河漢」云云。墨筆眉批：「顔。冉。曾。史。舒。向。卿。雲。」

「皆爲匍匐、逶迤、折枝、舐痔。」注：「趙岐曰：折枝，案摩，折手節，解罷枝也。」墨筆眉批：「折手節，解罷枝也，亦費解。」

「故輪蓋所游，〔一〕必非夷、惠之室，苞苴所入，實行張、霍之家。謀而後動，毫芒寡忒，是日量交。其流五也。」墨筆眉批：「量交。夷。惠。張。霍。」

「故桓譚譬之於闤闠，林回喻之於甘醴。」注：「戰國策：譚拾子謂孟嘗君曰：得無怨齊士大夫乎！」墨筆眉批：「譚拾子。林回。」

「由是觀之，張、陳所以凶終，蕭、朱所以隙末，斷焉可知矣。」墨筆眉批：「張。陳。蕭。朱。」

「而翟公方規規然勒門以箴客，何所見之晚乎！」墨筆眉批：「翟公。」

「故王丹威子以檟楚，朱穆昌言而示絕。」墨筆眉批：「王丹。」

「近世有樂安任昉，海内髦傑。」墨筆眉批：「任昉。」

「遒文麗藻，方駕曹、王。英跱俊邁，聯横許、郭。類田文之愛客，同鄭莊之好賢。」注：「曹、王，子建、仲宣也。」「許劭少峻名節，好人倫，多所賞識，故天下言拔士者，咸稱許、郭。」「孟嘗君名文，姓田氏。」「鄭當時，字莊。」墨筆眉批：「子建。仲宣。許劭。郭泰。田文。鄭莊。」

〔一〕「游」，傅山全書初版本誤作「交」，據批點底本改。

「莫不締恩狎，結綢繆，想惠、莊之清塵，庶羊、左之徽烈。」墨筆眉批：「惠。莊。羊。左。」

「自昔把臂之英，金蘭之友，曾無羊舌下泣之仁，寧慕郈成分宅之德。」墨筆眉批：「羊舌。郈成。」

卷第五十六

封燕然山銘一首　班孟堅

題首墨筆眉批：「孟堅復有北征頌一篇。」

「納于大麓，惟清緝熙。」硃筆眉批：「大麓、緝熙，用虞帝、周文事，不忌爾爾。」

「乃與執金吾耿秉述職巡禦。」硃筆旁批：「此字亦當解。」

「鷹揚之校，螭虎之士，爰該六師。」硃筆眉批：「該。」

「遂凌高闕，下雞鹿。」注：「漢書曰：遣將軍衛青出雲中，至高闕。臣瓚曰：山名也。范曄後漢書曰：竇憲與南匈奴萬騎出朔方雞鹿塞。」墨筆眉批：「高闕山。雞鹿塞。」

「斬温禺以釁鼓，血尸逐以染鍔。」注：「後漢書曰：匈奴，其大臣，次左右日逐王，〔二〕次左右温禺鞮王，皆單于子弟，次第當爲單于者也。其異姓大臣，左右骨都侯，次左右尸逐骨都侯。」墨筆眉批：「左右温禺。次左右尸逐骨都侯。」

〔二〕「日」，傅山全書初版本誤作「曰」，據批點底本改。「日」字下，傅山全書初版本衍一「尸」字，據批點底木刪。

「遂踰涿邪，跨安侯。〔一〕」注：「范曄後漢書曰：度遼將軍鄧鴻，與後諸軍皆會涿邪山。又曰：南單于上言：北單于創刈南兵，遯逃遠去，依安侯河西。」墨筆眉批：「涿邪山。安侯河。」

劍閣銘一首　張孟陽

題首墨筆眉批：「讀此等文，使人于文事中亦有竪子成名之歎。」

楊荆州誄一首　潘安仁

「周賴尚父，殷憑太阿。」硃筆眉批：「太阿特創。」

「寢伏牀蓐，念在朝廷。」硃筆眉批：「廷字古聲。」

卷第五十七

馬汧督誄一首　潘安仁

「建威喪元於好時，州伯宵遁乎大谿。」注：「王隱晉書曰：解系爲雍州刺史。又曰：朝廷以周處忠烈，欲遣討氐，乃拜爲建威將軍。」「建威」旁硃筆批：「周處。」「州伯」旁硃筆批：「解系。」

「寘壺鐳瓶甀以偵之。」墨筆眉批：「鐳。」

〔一〕「安侯」下，傅山全書初版本衍一「河」字，據批點底本删。

陽給事誄一首　顏延年

「永初之末，佐守滑臺。」注：「東郡國經曰：滑臺城卽鄭之廩延。」墨筆眉批：「滑臺卽鄭之廩延。」

「處父勤君，怨在登賢。」注：「左傳曰：晉蒐于夷，舍二軍。使狐射姑將中軍，趙盾佐之。陽處父至自温，改蒐于董。易中軍。陽子，成季之屬也，故黨於趙氏，且謂趙盾能，曰：使能，國之利也。賈季怨陽子之易其班。杜預曰：本中軍帥，易以爲左也。使續鞠居殺陽處父。」墨筆眉批：「狐射姑。賈季。趙盾。陽處父。成季。續鞠居。」

「苦夷致果，題子行間。」注：「杜預曰：苦越，苦夷也。」墨筆眉批：「苦越，苦夷。」

「憬彼危臺，在滑之垌。周衞是交，鄭翟是爭。」注：「史記：鄭入滑，滑聽命。」墨筆眉批：「鄭入滑。」

陶徵士誄一首

「宜謚曰：靖節徵士。」硃筆眉批：「靖節。」

「黔婁既沒，展禽亦逝。」注：「皇甫謐高士傳曰：黔婁先生死，魯參與門人來弔。魯參曰：先生終，何以爲謚？妻曰：以康爲謚。」墨筆眉批：「康謚有四：淵源流通，性無忌。温柔好樂，好豐年，勤民事。安樂撫民，無四方之隅。合民安樂，富而教之。」

宋孝武宣貴妃誄一首　謝希逸

「宣貴妃薨，律谷罷煖，龍鄉輟曉。」注：「陳留風俗傳曰：允吾縣者，宋陳楚地，故梁國，寧陵種龍鄉也。出鳴雞。」硃筆眉批：「掉一雞字，如此委曲。」

「天寵方降，王姬下姻。」硃筆眉批：「子尚有二王，子鸞、子雲，如何此處先言王姬也？」

「高唐渫雨，巫山鬱雲。」硃筆眉批：「張說爲妹銘有『雲雨』字，此『雲雨』字亦不嫌。可見後世俗士不解古人，不狎用此二字。」

「仰昊天之莫報，怨凱風之徒攀。」注：「毛詩曰：凱風，美孝子也。」硃筆眉批：「凱風如此用，當時不避嫌。」

卷第五十八

齊敬皇后哀策文一首　謝玄暉

題注：「高宗即明帝也」云云。硃筆根批：「鸞。」

「陋蒼梧之不從兮，遵鮒隅以同壤。」墨筆眉批：「鮒隅。」

「慕方纏於賜衣兮，哀日隆於撫鏡。」墨筆眉批：「賜衣。撫鏡。」

「思寒泉之罔極兮，託彤管於遺詠。」墨筆眉批：「寒泉凱母。」

郭有道碑文一首　蔡伯喈

「委辭召貢，保此清妙。」墨筆眉批：「保此清妙。」

陳太丘碑文一首

「兼資九德。」墨筆眉批：「九德。」

「遂隱丘山，懸車告老。」墨筆眉批：「懸車。」

「大將軍何公，司徒袁公，前後招辟。」注：「范曄後漢書：大將軍何進，司徒袁隗。」墨筆眉批：「何進。袁隗。」

「弘農楊公，東海陳公。」注：「范曄後漢書曰：太尉楊賜。司徒陳耽。」墨筆眉批：「楊賜。陳耽。」

「荀慈明、韓元長等五百餘人。」墨筆眉批：「荀慈明。韓元長。」

「河南尹种府君臨郡。」注：「謝承後漢書曰：劉翊，潁川人，河南尹种拂嘗來臨郡。」墨筆眉批：「种拂。」

「重部大掾，以時成銘。斯可謂存榮沒哀，死而不朽者也。」墨筆眉批：「重部不解，似愼遣掾來製碑也。」

褚淵碑文一首　王仲寶

「爰逮兩漢，儒雅繼及。」注：「謝承後漢書曰」云云。硃筆眉批：「謝承。」

「乃祖太傅元穆公。」注：「晉中興書曰：褚裒字季野，侍中。褚將軍薨，贈太傅，元穆侯。」墨筆眉批：「褚裒。」

「是以仁經義緯，敦穆於閨庭。」注：「張叶白鳩頌曰：經仁緯義。王隱晉書曰：汜勝之穆敦九族。」墨筆眉批：「張叶。汜勝之。」

「風儀與秋月齊明，音徽與春雲等潤。」墨筆眉批：「風儀與秋月齊明，音徽與春雲等潤。」

「袁陽源才氣高奇，綜覈精裁。」注：「沈約宋書曰：袁淑字陽源，少有風氣。」「臧榮緒晉書曰：呂安才氣高奇。又曰：荀顗綜覈名實，風俗澄一。范曄後漢書左朱零曰：范滂精裁。」墨筆眉批：「袁淑。呂安。荀顗。范滂。左朱零。」

「宋文帝端明臨朝，鑒賞無昧。」墨筆眉批：「宋文帝。」

「選尚餘姚公主。」墨筆眉批：「餘姚公主。」

「漢結叔高，晉姻武子。」注：「三輔決錄曰：平陵竇叔高，以經術稱。摯虞曰：叔高名玄。王隱晉書曰：王武子少知名，有俊才，尚武帝姊常山公主。」墨筆眉批：「竇玄字叔高。王武子。常山公主。」

「風流籍甚。」注：「習鑿齒晉陽秋曰：王夷甫、樂廣俱宅心事外。言風流者，稱王樂焉。」墨筆眉批：「王夷甫。樂廣。」

「以父憂去職。」注：「蕭子顯齊書曰淵父湛之，驃騎將軍。」墨筆眉批：「褚湛之。」

「既秉辭梁之分，又懷寢丘之志。」注：「國語曰：惠王以梁予魯陽文子，辭曰」云云。墨筆眉批：「魯陽文子辭梁。」

「昔柳莊疾棘，衛君當祭而輟禮。」墨筆眉批：「柳莊。」

卷第五十九

頭陀寺碑文一首　王簡棲

「蓋聞挹朝夕之池者，無以測其淺深。」注：「毛萇詩傳曰：挹，㪺也。」墨筆眉批：「㪺。」

「是以掩室摩竭，用啓息言之津。」墨筆眉批：「摩竭。」

「杜口毗邪，以通得意之路。」墨筆眉批：「毗邪。」

「是以如來利見迦維，託生王室。」注：「迦維羅衛者，天地之中央。」墨筆眉批：「迦維羅衛。」

「憑五衍之軾，拯溺逝川。」墨筆眉批：「五衍。」

「於是玄關幽揵，感而遂通。」注：「字林曰：揵，門距。」墨筆眉批：「揵，門距。」

「正法既沒，象教陵夷。」注：「曇無羅讖曰：釋迦佛正法住世五百年，像法一千年，末法一萬年。」墨筆眉批：「末法萬年。」

「於是馬鳴幽讚，龍樹虛求。」墨筆眉批：「馬鳴。龍樹。」

「頭陀寺者，沙門釋慧宗之所立也。」墨筆眉批：「慧宗。」

「南則大川浩汗，雲霞之所沃蕩。北則層峰削成，日月之所迴薄。〔二〕西眺城邑，百雉紆餘。東望平皋，千里超忽。」硃筆眉批：「東西南北。」

〔二〕「日」，傅山全書初版本誤作「月」，據批點底本改。

「以爲宅生者緣，業空則緣廢。」注：「金光明經曰：所謂無明緣行」云云，「生緣老、死、憂、悲、苦、惱滅、聚。」墨筆眉批：「無明緣行，行緣識，識緣名，名緣色，色緣六入，六入緣觸，觸緣受，受緣愛，愛緣取，取緣有，有緣生，生緣老、死、憂、悲、苦、惱、滅、聚。」

「班荆蔭松者，久之。」硃筆眉批：「久之。」

「會稽孔府君諱覬，爲之薙草開林，置經行之室。」墨筆眉批：「孔覬。」

「濟陽蔡使君諱興宗，復爲崇基表刹，立禪誦之堂焉。」墨筆眉批：「蔡興宗。」

「後有僧勤法師，貞節苦心，求仁養志。」墨筆眉批：「勤法師。」

「乃詔西中郎將郢州刺史江夏王，觀政藩維，樹風江漢。」注：「蕭子顯齊書曰：江夏王寶玄字智深。」墨筆眉批：「江夏王寶玄。」

「寧遠將軍長史江夏内使行事彭城劉府君諱諠。」〔二〕墨筆眉批：「劉諠。」

「層軒延袤，上出雲霓。飛閣逶迤，下臨無地。」墨筆眉批：「滕閣之『層巒飛閣』，聲調都出于此，而青於藍。」

「法師釋曇珍，業行淳脩，理懷淵遠。」墨筆眉批：「曇珍。」

「帝獻方石，天開淥池。」注：「天帝知佛意，即下，以手指地，水出成池。」墨筆眉批：「方石。指地池。」

「祥河輟水，寶樹低枝。」注：「瑞應經曰：時尼連河水流甚急」，「池上素有樹名迦和。」墨筆眉批：「尼連河。迦和樹。」

〔二〕「諱」，傅山全書初版本脫，據批點底本補。

「媚茲邦后，法流是挹。」墨筆眉批：「媚茲邦后以下，謂江夏王寶玄及行事劉諠修寺也。」

「氣茂三明，情超六入。」墨筆眉批：「六入。」

「神足游息，靈心往還。」墨筆眉批：「神足。」

「勝幡西振，貞石南刊。」墨筆眉批：「勝幡。」

齊故安陸昭王碑文一首　沈休文

「氣蘊風雲，身負日月。」注：「論衡曰：谷子雲、唐子高章奏百上，筆有餘力。」墨筆眉批：「谷子雲。唐子高。」

「六幽允洽，一德無爽，萬物仰之而彌高，千里不言而斯應。」墨筆眉批：「至此總一大帽。」

「蓋同王子洛濱之歲，實惟辟彊內侍之年。」注：「周書：晉平公使叔譽於周，見太子，與之言，五稱而三窮。歸告公曰：太子晉行年十五」云云。墨筆眉批：「叔譽。掉十五歲二句。」

「公以宗室羽儀，允膺嘉選。」墨筆眉批：「自此以下，序爲太子中庶人。」

「奉待漏之書，銜如絲之旨。」注：「東觀漢記曰：樊梵字文高，每當直事，常晨駐車，待漏。」墨筆眉批：「樊梵文高。」

「公以密戚上賢，俄而奉職。」墨筆眉批：「此下序爲侍中。」

「自此迄今，其任無爽。爰自近侍，式贊權衡。」注：「蕭子顯齊書曰：世祖即位，緬遷五兵尚書。」墨筆眉批：「爲五兵尚書。」

「姑蘇奧壤，任切關河。」墨筆眉批：「自此以下，序爲吳郡太守。」

「夏首藩要，任重推轂。」墨筆眉批：「自此以下，序爲郢州刺史。」

「邑居不聞夜吠之犬，牧人不覩晨飲之羊。」墨筆眉批：「夜吠之犬，晨飲之羊。」

「譬表六條，功最萬里。」墨筆眉批：「刺史六條。」

「還居近侍，兼饗戎秩。」注：「蕭子顯齊書曰：緬還爲侍中，領驍騎將軍。」墨筆眉批：「序爲侍中，領驍騎將軍。」

「東西兩晉，茲選特難，羊琇願言而匪獲，謝琰功高而後至。」墨筆眉批：「羊琇。謝琰。」

「禁旅尊嚴，主器彌固。」注：「蔡邕遠逢碑曰：乃撫京邑總齊禁旅。」硃筆改「遠」爲「袁」。又墨筆眉批：「袁逢。」

「常遞斯任。」墨筆眉批：「常遞不解。」

「東渚鉅海，南望秦稽，淵藪胥萃，萑蒲攸在。」墨筆眉批：「序會稽之難治。」

「不待赭污之權。」注：「張敞守京兆尹」云云，「敞皆以爲吏，遺歸。」墨筆改「遺」爲「遣」。墨筆眉批：「張敞。赭污。」

「無假里端之籍。」墨筆眉批：「里端。」

「南陽葦杖，未足比其仁。」注：「范曄後漢書曰：劉寬字文饒，弘農人也，遷南陽太守。」墨筆眉批：「劉寬。」

「潁川時雨。」注：「趙岐三輔決錄曰：茂陵郭伋爲潁川，化如時雨。」墨筆眉批：「郭伋。」

「攀車臥轍之戀，爭塗忘遠。」注：「東觀漢記曰：秦彭字國平，爲開陽城門候，後拜潁川太守，老弱啼號填道。」「侯霸字君房」云云。墨筆眉批：「秦彭。侯霸。」

「去思一借之情，愈久彌結。」注：「漢書曰：何武爲兗州刺史，徙京兆尹」云云，「東觀漢記曰：寇恂爲何內太守，徵入爲金吾。」墨筆改「何」爲「河」。又墨筆眉批：「何武。寇恂。」

「方城漢池，南顧莫重。」墨筆眉批：「以南齊時言之，當云北顧，而尚云南顧者，少失檢點。」

「蠻陬夷徼，重山萬里。」墨筆眉批：「叙南雍州之難宦，即襄陽也。前云爲郢州刺史。」

「盡任棠置水之情，弘郭伋待期之信。」注：「東觀漢記曰：龐參字仲達，拜漢陽太守。郡民任棠者有奇節。參到，先候之。」墨筆眉批：「龐參。任棠。郭伋。」

「金如粟而弗覩，馬如羊而靡入。」注：「范曄後漢書曰：張奐字然明」云云，「又遺金鐻八枚，奐並受之。」墨筆眉批：「張奐。鐻。」

「雛雉必懷，豚魚不爽。」注：「東觀漢記曰：魯恭爲中牟令」云云，「河南尹袁安聞之，疑其不實，使仁恕椽肥親往察之。」[一]墨筆眉批：「魯恭。袁安。肥親。」

「彊民獷俗，反志遷情。」墨筆眉批：「獷。」

「風塵不起，囹圄寂寞。」注：「東觀漢記曰：蔡彤爲遼東太守，野無風塵。」墨筆眉批：「蔡彤。」

「富商野次，宿秉停菑。」注：「范曄後漢書曰：王渙字稚子，廣陵人，除温令，境内清夷，商人露宿於道。」墨筆眉批：「王渙。」

「蝝蝗弗起，豺虎遠跡。」注：「范曄後漢書曰：宋均字叔平，南陽人也，遷九江太守」云云。墨筆眉批：「宋均。」

「北狄懼威，關塞謐靜。」注：「范曄後漢書曰：鮮卑寇遼東，蔡彤擊之，虜大破。」墨筆眉批：「蔡彤。」

[一]「往」，傅山全書初版本脫，據批點底本補。

「弈思之微，秋儲無以競巧。取睽之妙，流睇未足稱奇。」注：「孟子曰：弈秋，通國之善弈者也。儲謂儲蓄精思也。」「弧矢之利，以威天下，蓋取諸睽。」硃筆眉批：「能弈。能射。」又墨筆眉批：「取睽。」

「升降文陛，逶迤魏闕。」注：「夏侯稚景福殿賦曰：乃陟乎文陛，以登華殿。」墨筆眉批：「夏侯稚。」

劉先生夫人墓誌

任彦昇

題注：「石誌不出禮典，起朱元嘉。」墨筆改「朱」爲「宋」。又注：「蕭子顯齊書曰：太祖爲劉瓛取王氏女。」「王僧孺劉氏譜曰：〔一〕瓛取王法施女也。」墨筆眉批：「劉瓛。王法施。」

「既稱萊婦，亦曰鴻妻。」注：「列女傳曰：老萊子逃世」云云。「又曰：梁鴻妻者，同郡孟氏之女也。」墨筆眉批：「老萊子。梁鴻。」

「實佐君子，簪蒿杖藜。」注：「東觀漢記曰：梁統與杜林書曰」云云。墨筆眉批：「梁統。杜林。」

「欣欣負載，在冀之畦。」注：「左氏傳曰：臼季過冀，見冀缺耨。」墨筆眉批：「臼季。」

「居室有行，亟聞義讓。」〔二〕注：「列女傳：〔三〕鮑蘇妻曰：如不教吾以居室之行。」墨筆眉批：

〔一〕「孺」，傅山全書初版本誤作「儒」，據批點底本改。
〔二〕「義」，傅山全書初版本誤作「有」，據批點底本改。
〔三〕「傳」字下，傅山全書初版本衍一「曰」字，據批點底本删。

「鮑蘇妻。」

「稟訓丹陽，弘風丞相。」注：「蕭子顯齊書曰：瓛，晉丹陽尹惔六葉孫也。然其妻王氏，丞相遵之後也。」墨筆眉批：「劉惔。劉遵。」〔一〕

「蕪沒鄭鄉，寂寥楊冢。」〔二〕注：「范曄後漢書曰：鄭玄字康成，北海人也。國相孔融深敬玄，屣履造門，告高密縣，爲玄特立一鄉。」「七略曰：楊雄卒，弟子侯芭負土作墳，號曰玄冢。」墨筆眉批：「鄭玄。揚雄。」

卷第六十

齊竟陵文宣王行狀一首〔三〕　任彦昇

「昔沛獻訪對於雲臺。」注：「輔上書曰：案易卦，震之蹇，蟻封穴戶，大雨將集。」〔四〕墨筆眉批：「震之蹇。」

「淮南取貴於良時。」墨筆改「良」爲「食」。

「既允焚林之求。」注：「文士傳曰：太祖雅聞阮瑀名，辟之不應，連見逼促，乃逃入山中。」

〔一〕「劉遵」，傅山全書初版本誤作「王遵」，據手稿改。

〔二〕「寥」，傅山全書初版本誤作「寞」，據批點底本改。

〔三〕「行狀」二字，傅山全書初版本脫，據批點底本補。

〔四〕「將」，傅山全書初版本誤作「捋」，據批點底本改。

太祖使人焚山得瑀。」墨筆眉批：「阮瑀逃山。」

「邪叟忘其西昊，龍丘挾其東皋。」注：「范曄後漢書曰：劉寵拜會稽太守，徵爲將作大匠，山陰有五六老叟，自若邪山谷出，〔一〕送寵。」「任延，字長孫，南陽人，拜會稽都尉，年十九。吳有龍丘萇者，隱居，志不降辱。」墨筆眉批：「劉寵。任延。龍丘萇。」

「水漿不入于口者，至自禹穴。」墨筆眉批：「水漿不入于口者，至自禹穴。是悼七日而自會稽來耶，亦太悼矣！」

「神皋載穆，轂下以清。」墨筆眉批：「神皋。」

「華衮與緼緒同歸，山藻與蓬茨俱逸。」墨筆眉批：「華衮與緼緒同歸，山藻與蓬茨俱逸。」

「良田廣宅，符仲長之言。」注：「范曄後漢書曰：仲長統字公理，山陽人也。」墨筆眉批：「仲長統。」

「邙山洛水，協應叟之志。」注：「應璩與程文信書曰」云云。墨筆眉批：「應璩。」

「清猨與壺人爭旦，緹幕與素瀨交輝。」墨筆眉批：「清猨與壺人爭旦，緹幕與素瀨交輝。」

弔魏武帝文一首　陸士衡

「然而婉孌房闥之内，綢繆家人之務，則幾乎密與！」墨筆眉批：「密。」

〔一〕「邪」，傅山全書初版本誤作「耶」，據批點底本改。

卷一百四十一　司馬相如子虛賦上林賦注〔一〕

子虛賦注

偶教蓮蘇讀子虛賦，注有習而不覺其非者，于意未洽，輒以愚意妄著一解于下，令讀之就義生心，易爲記耳，不敢云我見之中。蓋賦字動輒堆壘重復，但云某貌某貌，甚無謂也。用聲者如砰磅之類，可不解也。極知賦文呆看不得，若不稍稍有著落，信口信手，之聲之字，豈有涯際？後生無所捉抹。吾嘗與眉論賦法：「凡形容字法，須闢之以匠心，以見風力。」正謂此耳。彥和「循聲得貌」四字，正在阿堵。

「割鮮染輪」。郭景純曰：「鮮，生肉也。染，擩也，音『而沿反』，又『而悅反』。擩之于輪，鹽而食之。」傅山曰：卽不必言食亦通，但承上文來，謂車輪之所輘轢殷染其輪耳。小司馬索隱曰：「染或爲淬，與下文『脟割輪淬』意同。」亦謂食也。想畋獵自有不火食故事邪？

「盤紆茀鬱」。傅山曰：「盤紆」不待釋。「茀」從弗，謂山之左丿右乀，如拂捩之不直遂，故鬱薄厄塞。

「隆」。說文：「豐大也。」禮記：「道隆」，「道污」。「隆」與「污」對，「污」下，則「隆」

〔一〕此卷錄自山內觀編傅山書法，日本二玄社一九九八年版，手稿由臺灣袁守謙先生珍藏。手稿各條未按兩賦文字順序書寫，本書按賦文順序作了相應調整，由堀川英嗣釋文整理。標題均爲編者所加。傅山全書初版本未收。

高矣；然而注「污」曰「殺也」，似「滅」義，則「隆」亦非「高」矣。「頒禽隆諸長者」，多也，無「高」義。而文从「降」，降下也，尤非「高」義；從「生」，或謂生生之多爲隆，盛也，山之从隆，亦似不謂「高」者。詩「蘊隆」注「隆隆而雷」，謂不雨之雷，空雷耳，亦不見「高」義。

「巃崇嵂崒」。「巃」，亦言山之多耳。「崇」，始有「尊」義、「峻」義。傅山曰：「嵂崒」，解者習曰高貌。然「嵂」從律，律，管也；「崒」，萃也：謂山之纖削聳立，如律之蘽聚森拔也。「崒」從卒，卒，士卒也，衆也。皆可互通。

「靡魚須之橈旃」。張揖曰：「以魚須爲旃柄。」郭璞曰：「以海魚須爲旌旒。」斯得之矣。橈，弱也。此句人皆疎略過去，吾別有解。

「儵眒淒浰。」漢書作「倏胂倩浰」。史記之「眒」，漢書之「胂」，皆音「式刃反」。然从耳从申者，「如志反」，割牲耳，求神聽，於此無義；且其聲遠，必非从耳也。从月者，玉篇「夾脊肉」，廣韻「脢也」，義同。唯有从目者，廣韻再見，平聲，音如申，鳥獸驚也；去聲「試刃切」，張目也。于義从目者是，从耳訛，从月亦遠。史記「淒」，漢書「倩」，同音，「七見反」，與「浰」之音「練」押韻。□□□□以漢書之从月者醳之，謂獵者乘馬開弓、俯仰騁技，脊呂轉折，倏忽便利，亦通。如從目者，猶言見禽獸而勇躍奔赴，如鳥獸之驚，亦通。

「勃窣」。廣韻：「從穴出也。」

「芍藥」。羅願尔疋翼：「制食之毒莫良于勺藥，故得藥名。」本經：「主邪氣腹痛，除血痺，破堅實、寒熱疝瘕，止痛，利小便，益氣。」枚乘七發曰「芍藥之醬」，可是以芍藥爲醬邪？以醬之調攝諸味爲芍藥邪？賦曰「芍藥之和具而後御之」，大概似謂飲食調和五味得宜，無過不及，能養人者爲名耳。「芍」从「勺」，有斟酌分數意。諷詠二字之聲，又有紹要和合之義。愚嘗欲以此意作醬時，以芍藥花陰乾挼細，雜之麪鹽中，借其甘香之意，似亦有益。「芍藥」音同「綽約」，「綽」有寬意，「約」有束意，在美人則謂其容之舒展而又不無動止之檢；通之于味，亦有調和濃裕而又各有節要之意，所以爲美也。

上林賦注

「滭浡滵汩」。司馬彪曰：「滭浡，盛皃。滵汩，去疾也。」傅山曰：「滭」从畢，盡也，如田網之推而前。「浡」即勃，有怒意。滭無遺餘者，浡無嘽怠者，滵無疏略者，汩無留難茹咽者。水在曰上，沓；在曰旁，汩。可通醳也。

「洶涌滂潰」。漢書作「洶湧澎湃」，聲義皆相近，而「彭」，鼓聲也，盛也，多也，又旁排擊也，皆可通釋。「湃」，本作「⿰氵⿱𠦬夲」，𠦬音忽，進趣也，从𠦬聲；从本，本作夲，兼十人也，疾趣也；故⿰氵⿱𠦬夲从之，加以水，謂水之疾前如拜也，聲義兼有之。然古「朋」字又作「⿰手丰」，與「拜」字相似，安知不但取聲爲彭淜也。「淜」，音如「馮」。彭，冰相撞聲。

「湢測泌瀄」。司馬彪曰：「湢測，相迫也。泌瀄，相楔也。」傅山曰：湢測，即偪側。泌即必，弓閉也，所以撒捩也。瀄即節，如竹節之促蹙也。郭景純曰：「逼、側、筆、櫛四音。」則瀄亦可以櫛解之，謂疏通之也。然自上文看之，尚未及疏通處，純是逼迫擠上聲。項上聲。之義耳。惟其上有「滭浡滵汩」，故下有「湢測泌瀄」，後催前急，水勢自然，故文理亦尔。

「轉騰潎洌」。蘇林曰：「流輕疾也。」傅山曰：从敝者，猶擎也，擘也。从列者，裂也。謂横流逆折之水，轉而騰起，又擘裂之，不能□合一股洪流也。

「澎濞沆瀣」。漢書「瀣」作「溉」。司馬彪曰：「澎濞，水聲。沆溉，徐流也。」且此一連數句，皆承上文「沸乎暴怒」來，云「徐流」不得。郭景純曰：「彭怒鬱鯁之皃也。」傅山曰：沆溉卽如忼慨，不得謂之徐流也。澎濞，从彭者，盛也；濞，水暴至也。似謂澎濞鼓吹而上，逕與半夜子氣相接。但作「沆瀣」釋之亦通，而下遂生出一「穹隆雲撓」之語，皆謂水之氣勢上連霄漢邪？

「莅莅下瀨」。司馬彪云：「莅莅，聲也。」傅山曰：不但聲，形在其中。莅卽隶字，臨也。隶，又从尾省，謂□□□下之翹□，無復左右前後、糾錯踰越之態矣。直立而下，如尾相銜；如復有臨莅者，嚴嚴凛凛，排其部伍，次第而下，不迴顧也。

「瀺灂霣墜」。說文曰：「瀺灂，水之小聲也。」傅山曰：毚，趯趯；爵，躍躍。謂水之跳躍而墜，如毚爵也。

「潏潏淈淈，湁潗鼎沸。」景純曰：「皆水微轉細湧皃。」傅山曰：「淈」，又治也。淈其泥而揚其波。然此「淈」重押。潏淈，謂水迴邪曲抑、收拾攢集，如鼎之沸而欲溢也。「湁」从拾，又可解「拾級聚足」之拾，謂前一波甫至此，後一波卽隨至也。又，潏从矞，有所穿而入也，如水之最有力而急者，後來者不僅从上漫過，也从後鑽入前波，使前者翻屈倒卷如沸也。

「悠遠長懷，寂漻無聲，肆乎永歸。」郭曰：「懷亦歸，變文耳。」傅山曰：無所搏激，腷臆全消，知至至之，澹然思歸。一部宿昔多端、蕭條何處，正自此出。「懷」字妙，猶如有所念想，長往趨之也。

「灝溔潢漾」。灝从顥，白首也；从景者，日高而光白也。溔从羔，說文：「羔从羊，从照省聲。」太贅矣。從「火」義逕直：羊性熱，火畜也，故羔從火，如火之騰騰而上也。凡動物成羣而不亂，無聲而前，湧湧然來者，唯羊爲然，有似乎水之波也。「潢」，並可作「滉」。「滉」之从日从光，卽黄之从炗从日，但「晃」之「日」在「光」上，而「黄」之「日」在「光」中，其文一也。「漾」之从羊从永，大概與羕同義，卽寫作「滉瀁」亦可。此賦學之字可互通者也。卽以本字義强繹之，則「灝」主白，「潢」主黄，言水之氣色又白又黄，而羕而騰而漾而永也。

「崇山巃嵸」。謂其山高且厚，曾叠擺動而成，如羣龍相從，活跳奮迅。不但汎汎高貌。若下文尚有許許高義也。

「崔嵬嵯峨」。尔疋：「石戴土，崔嵬。」或又曰「土戴石」。以形聲求之，土戴石者謂之崔嵬，有義耳。「嵯」與下文嵾嵯字複，但就文義繹之，「嵯峨」之「嵯」，當如「切磋」之「磋」，謂山勢整齊端正。連下文「峨」字，則如「奉璋峨峨」之「峨」，概謂容體修礪壯盛耳。若下「嵾磋」之「嵯」，則全取「垂左不相值」之義，聲同「差」。其句又從「深林鉅木」中看出，遮遮奄奄中見其參差不齊也。「峨」固取聲，然「我」從「手」，古「殺」字，又曰古「垂」字；從「戈」，合「垂」「戈」成文，皆有威肅獨立之義。又曰「施身自謂」，如今「挺身敢當」之辭。山之特立當衝，如無所迴避，是可命之峨峨之山矣。

「九嵕」，山名也。若以義繹之，嵕從兇從夊，爾疋：「鵲鶪醜，嵕。」嵕，斂足也。謂不能翱翔，但斂足竦翼上下而已。山之從嵕，必謂其使氣直上或下，如此者有九峰也。

「巀嶭」，亦山名。然山從截。截，說文作「𢧵」，斷也。嶭，从辥，㠯从中从𠂤，謂其𠂤之拔起，如中之生。中亦聲。又從辛，辛從辛。辛，干上。謂其山之上干雲霄。合而言其山之直上干霄，而雲氣横鎖如𢧵斷也。凡言高者，唯「嵂崒巀嶭」義專高，餘不然。

「巖陁」一作陒。「甗錡」。郭曰：「陁，崖際。」索隱曰：「音遲。皆隆屈宂折皃。」傅山曰：巖陁，言其嵔厄之上大下小，如甗。尔雅：「甑」謂之「甗」。又「騉駼蹄趼，能升甗」之「甗」也。左傳注：釜有足謂之錡，亦謂上大而下之所支爲足者小。獨「陁」字在中，與「陂陀」義犯。愚謂「陀」有「駝」義，不必讀作「遲」；若「遲」則爲凌遲漫衍矣，無復甗錡之勢。概謂壘垂其終墮，如巖頭之載駝甑釜者。錡，說文：「鉏鋤。」「鋤」字下亦曰「鉏鋤」，不知何物。

「嶊崣」，頹委也，伏也。「崛崎」，倔奇也，起也，又似頹委不振而曲屈相倚賴者。

「谽呀豁閜」。郭曰：「皆澗谷之形容。」司馬彪：「谽呀，大貌。豁閜，空虛也。」廣韻：「字統曰：谽谺，谷空貌。」豁，說文本「磍」字，通「谷」也。閜，廣韻：「大裂也。」急就章：「大杯謂之閜。」

「嵔磈崑瘣」。正義：「皆高峻貌。」傅山曰：此承上而言，「阜陵別隝」之勢也。嵔，威儀之重也。磈，石之似鬼也。崑，從畏，「畏」本由頭而虎爪。瘣，从病从鬼，獰劣可知矣。又曰腫旁出，皆謂山之形惡狀醜可畏也。

「沇溶淫鬻，散渙夷陸。」此承上「陂池貏豸」來。郭曰：「陂池旁頹貌。」傅山曰：「陂池」皆謂山麓陵根所出淺水滙之爲陂池者。水之能見能伏者爲「沇溶」。本解水文，有從容之意，謂不甚疾流衝激之水，沇沇溶溶，浸淫糜鬻。郭曰「游激淖衍」，似矣，唯「激」字不中耳。故下云「散渙夷陸」，謂平夷下溼之原，可以爲亭者，須築而亭之也。「沇」从「允」。「[illegible]」，其實卽「[illegible]」，「以」字，又可以「以」得聲。「允」解「信也」，信任其性而左右之，無所不可。

「肸蠁布寫，晻曖苾勃」。肸，振也。不解何取從八從月。屑本作屑，解曰「動作切切也」。蠁，一作響、嚮。漢書作「晻薆咇茀」，師古曰：「肸蠁，盛作也。晻薆咇茀，皆芳香意也。」傅山曰：上有「吐芳揚烈」、「衆香發越」矣，此四字概謂香氣遡馒，逆風而成臭歆，其酷烈必弗撲鼻也。

「瞋盼軋沕」。瞋，漢書作「縝紛軋芴」。瞋，說文：「怒張目也。」盼，「匹莧切」，從目，「分」聲。目好流貌。但以本義釋之：目从眞，曰「張目」，專主瞋嗔之類，而「眞」字何苦皆從惡解？愚謂此處之瞋，似从顚省聲。盼，似謂望之時而顚狂之，盼散而下之。軋沕，即時密亞而軋，時漂飆如斿旗之勿，縝密紛散，時合時離，不可方物也。「沕」字从水者，又有潛藏之義，與「沒」同，不用「勿」義。「芴」之从艸从勿，則但當取艸之輕颺如勿耳。廣韻「芴土瓜」非此義，不援。如史記，則張目流盼，但見其軋而密，沕而深。如漢書，則縝而軋，紛而芴。分貼之，亦通。

「巖穾洞房」。穾，漢書作「穾」。師古曰：「巖穴底爲室，若竈然，潛通臺上。」其鄙俚無韻。本史記郭注，可不從也。穾，一弔反，幽也。即爾疋「東南隅謂之窔」。窔，一作穾，奥隱處也。然但取奥隱，何必輒「穾」字？似謂傍巖嵌洞房，必夭嬌美好、韻致膌膌處，故從穴從夭，穿而連之，夭夭婉曲，不直徑硬過也。

「盤石裖崖」至「刻削崢嶸」。四句似皆謂人工之精也。史記注：李奇曰：「裖，整，整頓池外之厓。」漢書注：「孟康曰：裖，砎致也。崖，廉也。以石致川之廉也。」二義同而孟語雋。傅山曰：从「衤」从「辰」，「辰」，「脣」之省，謂以石爲衣，砌被於池之脣也，猶純緣也。裖，之忍反。下之「嶔巖倚傾，嵯峨礁磼，刻削崢嶸」，皆謂醴泉之涌處，通川之過處，用盤石甃堿其邊矣，而復不欲無天然之勢，點綴池泉之側，故使之嶔巖倚傾而欹隤，嵯峨礁磼而業立，觚稜崢嶸如刻削，皆山石排列水邊之狀，非復前之崇高諸名色也。史記注引埤蒼：「礁磼，高貌。」吾謂不必纏「高」字。磼，从「業」，即「簴業」之業，謂其叢叢而列耳。「崢嶸」，或作「崝嶸」，如高唐賦之「俯視崢嶸」，遠遊篇「下崝嶸而無地」，揚子雲賦「似紫宮之崢嶸」。「嶸」又作「嶒」。皆謂寥遠深邃，與此「刻削崢嶸」頗不同。「崝」，青；「嶸」，榮也。又似謂石之色有青光而榮如華者。

「厚朴」。子一名逐折，與杜仲子同名。本草：「頌曰：今洛陽、陝西、江淮、湖南、蜀川山谷中往往有之，而以梓州、龍州者爲上。木高三、四丈，徑一、二尺，葉如槲葉，四季不凋。紅花而青實。」分明有實矣，其子當在實中者。李時珍曰：「五、六月開細花，結實如冬青子，生青熟赤，有核。七、八月采之，味甘美。」是厚朴之實可作果也。

「樺汎榭櫨」。漢書作「樺楓枰櫨」。汎，史記注：「汎，一作楓。」風，原从凡而得聲者。榭，郭曰：「榭，平仲木也。」漢書作「枰」同。

「胥邪」。即椰子。

「崔錯登骫，抗本『坑』字，一作『抗』字是。衡閜砢」。八字不連上文，繹之逕不似形容樹木矣。「崔錯」，摧雜也。「登骫」，登夷罷委也。謂叢木壓集，不可分批矣，而枝幹强勁者，復撑拄抵午，有終不能順而相合、平而相安，而東西支離，裂而大開，磊砢節目，尒我觚魁之異，故繼之以「抗衡閜砢」，密中有罅，合中有睽也。

「瀏莅芔歙」。芔，去聲字，漢書因而作「喟」，然與歙押，亦可作入聲讀。觀「桒」之从芔，音「呼骨切」，曰「芔聲」，則「去」可轉而「入」也，故可解之以「欻」也。後又曰「芔起」，若作「喟起」則不通矣。

「蛭蜩」。郭注：「蜩未聞。」不及蛭。神異經：「西方深山有獸，毛色如猴，能緣高木，其名爲蜩。」似矣。又不解蛭與蜩果是一是二。字林云：「蛭、蜩，二獸名。」張揖云：「蛭，蟣。蜩，蟬。」大不解事矣。騆案：「漢書音義云：山海經『不咸之山有飛蛭，四翼』。」今漢書注亦無此說。山海經：「大荒之中有山，名曰不咸。有飛蛭，四翼。」

「蠗蝚」。顧氏云：「蠗音塗卓反。山海經『皋塗山下有獸，似鹿，馬足人手，四角者爲蠗』。

玃猱即此也，字或作『蠼』。字林云：『蠼音狄。』」傳山曰：今山海經皋塗之獸作「玃如」，又非「蠗」字。「羽」「䀠」上易混，下之从「隹」从「隻」亦易添減，而「嬰」字又因「矍」字轉作「女」，不知的爲何字。郭云「蠗蝚似獼猴而黄」，是也。前子虛賦有「赤猿玃猱」矣。漢書無此句，是。上既有「蜼玃」矣，此又云「蠗蝚」，恐但以「猱」爲「蠗蝚」，謂其似猴而善躍者。下文「棲息乎其間，長嘯哀鳴」以至「爛曼遠遷」十來句形容，必謂猿狖之屬；然不从「犭」而从「虫」者，猶「蜼」之从「虫」也。从「虫」皆象其能穿林蜿蟺如虫也。

「蛫」。姚氏案：山海經「即公之山有獸，狀如龜，白身赤首，其名曰蛫」。名字似矣，然如龜之物，恐不能勝木；不知連「豰蛫」二字爲一物，如上「螹胡」之類也。說文鼠部有「蝴」字，云：「斬蝴，黑身，白腰若帶；手有長白毛，似握版之狀；類蝯蜼之屬。」說文犬部「㲉」字云：「犬屬，腰以上黄，腰以下黑；食母猴。从犬，殸聲，讀若構。或曰：㲉似牂羊，出蜀北嚻山中，犬首而馬尾。火屋切。」若如前音，則賦中「豰」字當作「㲉」，如說文。

「扈從横行，出乎四校之中」。郭曰：「跋扈縱恣，不安鹵簿矣。」小顏曰：「四校，闌較之四面也。」「扈縱」，如郭義。石林燕語：「從駕謂之『扈從』，始司馬相如上林賦。晉灼以『扈』爲『大』。張揖謂『跋扈從横，不安鹵簿』。此注今作郭語，又不引揖，或郭述張語耳。故師古以爲『跋扈恣縱而行』。果爾，『從』蓋作平聲。侍天子而言『跋扈』，可乎？唐封演以爲『扈養以從』，猶之『僕御』。此或近之。然不知通用此語自何時也。」傳山曰：皇矣詩鄭箋：「畔援，猶跋扈也。」「跋扈」，前不知所起，而漢質帝謂梁冀曰「此跋扈將軍」，注：「强梁也。」質帝爲此語時實少，不知有所本而言乎？亦當時自有常語而言之也？康成箋詩引之，不知即以此爲始乎？抑前尚有所本也？此是范曄書中語，康成在「大」前即曄所云定述；東漢人所著，必在康成前者矣。愚謂郭解

「扈」爲「跋扈」亦不妨，但謂其雄勇無前、恣肆馳騁，何礙？而石林癡于君前不得云跋扈，泥梁冀傳語，實不通矣。況「扈」字去卻「跋」字，而卽謂之「跋扈」，不過因有此二字，而因「扈」引出「跋」字添解，令明白耳。卽如晉灼以爲「大」亦可。然「扈」从戶从邑，爲有扈國名。春秋「會于扈」，地名。而他用者少。左傳「屈蕩戶之」，一有作「扈」者，止也。于「縱」字亦背。離騷「扈江離薜芷」，王注：「楚人謂『披』爲『扈』。」又尾也，後從曰扈。檀弓「尔毋扈扈尔」，注：「廣也。」爾疋：山「卑而大」曰扈。或作「嶇」。胡三省注「跋扈」曰：「强良之人，〔二〕行不繇正路，山『卑而大』，且欲跋而踰之。」此端从山名「扈」者起見，亦泥。若强梁之人于山之高而小者，便無跋踰之心邪？但汎以廣大從横譯之，無不可矣。若但譯「扈」字本文，戶聲从邑，邑从口从卪，言其界限有節，于「止」義爲多。故「扈从」有擁護防閑之意。胡三省之言，韻會小補引之耳。淮南「儲與扈治」，山有解。〔三〕凡扈從者皆横行。作兩節解之亦得，故下文曰：「鼓嚴簿，縱獠者。」杜詩「扈聖登黃閣」，豈可因一「扈」字而又曰「跋扈」耶？贈李白曰「飛揚跋扈爲誰雄」，亦言白之文章奇氣不能雌伏耳，豈眞言其不臣耶？呆不得，呆不得！

「蒙鶡蘇」。郭曰：「蒙其尾爲帽。」張揖云：「鶡似雉，鬬死不郤。」「案：蒙謂覆而取之。鶡以蘇爲奇，故特言之以成文耳。」傅山曰：下文「綺白虎，被豳文」案：「袴」、「被」皆謂衣著，則「蒙」似郭義爲長。然鶡殊不似雉，且尾短不堪蒙，而其从喙後目旁卷而起，有二翎出頭外，如角，今鶡從者截取之以插帽上，豈此義邪？郤又非尾，尾唯雉長也。

〔二〕「良」，據資治通鑒卷五十三胡三省注，當爲「梁」。

〔三〕編者案：傅山淮南子評注假眞第二「儲與扈治」注：「扈治，卽大治也。」

「眇閻易以恤削」。「閻」與「豔」同，谷永傳「閻妻驕扇」是也。全用聲矣。豔而易，謂明嫿平易，不作怪衒也。豔不黯，色勝。易不態，自然。恤不憨，靜慧。削不肥。修瘦，美人之備。「卹削」。大概似修瘦義。卹有憂義。憂則神氣收斂，不得縱恣，而體蕭瑟，病心顰目之態略可見。漢書作「戌削」，戌、卹，聲同也，然畢入於戌，亦收斂義，不同敷施滂浩者矣。文選諸賦皆如此細解之，散在雜抄中，後生輩可簡得附後。

且謂此爲「不必必」邪？抑「必不必」邪？其事則近乎「不必必」，而其意則取諸「必不必」也。「必」者屬訓詁，「不必」者屬諷詠。略識其訓詁之義，而後用其諷詠，猶之乎先認辨其爲鍾，而尋其鏗鎗；先辨其爲鼓，而後尋其堂鼕；不然，徒知其鏗訇堂鼕，而不知其出自鍾鼓，與聾者之說青黃何異！得魚忘筌，初學未易語此，聊令因筌求魚耳。己酉三月約略爲此。

卷一百四十二　重刊千家註杜詩批注〔二〕（一）

唐文藝傳（宋祁撰）

「杜審言」「嘗語人曰：吾文章當得屈宋作衙官，吾筆當得王羲之北面。」墨筆旁批：「眞正不知好歹，信口胡説！」

「召爲考貢員外郎屈之。」「貢」字旁墨筆批：「功。」

「客吳越、齊趙簡，李邕奇其材，先往見之。」墨筆改「簡」爲「間」。

注：「魯訔曰：以子美詩考之，嚴、章彝守梓州。」墨筆改「嚴」爲「嚴武」。

「奔救得卒當在衡湘之間。」「得」字下墨筆批：「免。」注文上墨筆眉批：「越行了。多少差錯，教人怎讀?」又墨筆尾批：「十三元，凡五十四首，餘雜諸篇中數字者不算。」

重刊杜工部年譜

「晉弘農太守，二子：緋、弼。」墨筆眉批：「緋。」

「子宗文，小名熊兒。宗武，小名驥子。」墨筆眉批：「熊兒、驥子。」

「永泰元年乙巳。」墨筆眉批：「永泰元年嚴武薨。」

〔二〕此篇據山西博物院藏批點手稿整理。批點底本爲明刻本，原書二十卷，今存十卷。由王小蓉釋文，郭淑英重校。

「大歷五年庚戌。」硃筆眉批：「廣輿記：衡州府流寓云：公避亂耒陽，嘗至岳廟，阻暴水，旬日不得食。聶令具舟迎之，餽以牛炙白酒，大醉，一夕卒。」

重刊千家註杜詩全集目錄

卷之一

「遊龍門奉先寺。」墨筆旁批：「五古。境、影、冷、省。寺。」
「贈李白。」墨筆旁批：「五古。巧、飽、好、掃、討、草。」
「望獄。」墨筆旁批：「五古。了、曉、鳥、小。」
「石門宴集。」墨筆旁批：「五律。心、林、金、吟。侵。」
「尋范十隱居。」墨筆旁批：「五排。鏗、兄、行、清、城、羹、情。庚。」
「題張氏隱居二首。」墨筆旁批：「七律。幽、丘、遊、舟。五律。留、呦、求、愁。尤。」
「贈李白。」墨筆旁批：「七絕。東。」
「登兗州城樓。」墨筆旁批：「魚。」
「對雨書懷。」墨筆旁批：「魚。」
「寄臨邑舍弟。」墨筆旁批：「五排。黄河泛溢之作。」
「飲中八僊歌。」硃筆旁批：「歌。」
「贈蕭郎中。」題上墨筆批：「元。」又墨筆旁批：「一。」

「今夕行。」硃筆旁批：「行。」又墨筆眉批：「今夕行：今夕何夕歲云徂，更長燭明不可孤。咸陽客舍一事無，相與博塞爲歡娛。憑陵大叫呼五白，袒跣不肯成梟盧。英雄有時亦如此，邂逅豈卽非良圖？君莫笑，劉毅從來布衣願，家無儋石輸百萬。」

「高都護驄馬行。」硃筆旁批：「行。」又墨筆旁批：「安西都護胡青驄。」

「贈張學士。」墨筆旁批：「垍。八韻。」

「兵車行。」硃筆旁批：「行。」又墨筆旁批：「車轔轔。」

「登慈恩寺塔。」墨筆旁批：「寺。」

「贈太常張卿。」題上墨筆批：「端倪。」又墨筆旁批：「垍。二十韻。」

「貧交行。」題上墨筆批：「絕。」

「白絲行。」硃筆旁批：「行。」

卷之二

「贈崔于二學士。」題上墨筆批：「元。」又墨筆旁批：「二。」

「醉時歌。」硃筆旁批：「歌。」又墨筆旁批：「贈鄭虔。諸公袞袞登臺省。」

「麗人行。」硃筆旁批：「行。」

「渼陂行。」硃筆旁批：「行。」

「喜雨。」墨筆旁批：「三。」

「示從孫濟。」題上墨筆批：「元。」又墨筆旁批：「三。」

「東靈湫作。」題上墨筆批：「五古。」又墨筆旁批：「濛。」

「過王倚飲。」墨筆旁批：「歌。七言。」
「沙苑行。」硃筆旁批：「行。」又墨筆旁批：「七言。」
「贈田判官。」題上硃筆批：「判。」
「碎歌行。」硃筆旁批：「行。」又墨筆旁批：「陸機二十作文賦。」
「夜聽許十一誦詩。」題上墨筆批：「僧。」
「九日曲。」題上墨筆批：「九。」又墨筆旁批：「江。五律。搖蕩菊花期。」
「劉少府山水障歌。」硃筆旁批：「歌。」又墨筆旁批：「堂上不合生楓樹。」
「天育驃騎歌。」硃筆旁批：「歌。」又墨筆旁批：「吾聞天子之馬走千里。」
「驄馬行。」硃筆旁批：「行。」又墨筆旁批：「鄧公馬癖人共知。」

卷之三

「簡薛華醉歌。」硃筆旁批：「歌。」又墨筆旁批：「蘇端、薛復。文章有神交有道。」
「彭衙行。」硃筆旁批：「行。」
「月夜。」墨筆旁批：「今夜鄜州月。」
「遣興。」墨筆旁批：「驥子好男兒。」
「悲青埃。」墨筆改「埃」爲「坂」。
「憶幼子。」題上墨筆批：「元。」又墨筆旁批：「四。」
「寒食夜對月。」墨筆旁批：「無家對寒食。」
「哀江頭。」墨筆旁批：「陽、有、支、眞。七言歌。」

「贊公房四首。」題上墨筆批：「僧。」又墨筆旁批：「愚意會所適，花邊行自遲。」

「送從孫侍御。」墨筆改「從」爲「長」。又題上硃筆批：「判。」

「送樊侍御。」題上硃筆批：「判。」

「送從弟亞。」題上硃筆批：「判。」

「送韋評事。」題上硃筆批：「判。」

「送郭中丞。」墨筆旁批：「英乂。」〔一〕

「送楊六判官。」題上硃筆批：「判。」又墨筆旁批：「使西藩。五排。儒衣山鳥怪。」

「獨酌。」墨筆旁批：「成詩。」

「徒步歸行。」硃筆旁批：「行。」

「九成宫。」墨筆旁批：「有。」

「月。」墨筆旁批：「天上秋期近。五律。清韻。」

「瘦馬行。」硃筆旁批：「行。」

「畫鶻行。」硃筆旁批：「行。」

卷之四

「寄旻上人。」題上墨筆批：「僧。」

「送李校書。」墨筆旁批：「李舟。」

〔一〕「英」，傅山全書初版本誤作「莫」，據手稿改。

「偪側行。」硃筆旁批：「行。」

「義鶻行。」硃筆旁批：「行。」

「胡馬行。」硃筆旁批：「行。」

「移華州椽。」題上墨筆批：「元。」又墨筆旁批：「五。」

「望嶽。」題上墨筆批：「元。」又墨筆旁批：「六。」

「初月。」墨筆旁批：「光細弦欲上。五律。」

「觀安西兵赴關中二首。」題上墨筆批：「元、七。」墨筆根批：「四鎮當精鋭。奇兵不在衆。」

「九日藍田。」題上墨筆批：「九。」又墨筆旁批：「八。」

「遣興八首。」硃筆旁批：「此二題，前五後三，共八首。」

「劉顥宅宴飲。」墨筆旁批：「歌。」

卷之五

「洗兵馬。」硃筆旁批：「行。」

「昔遊。」墨筆旁批：「華蓋君。」

「佳人。」墨筆旁批：「谷。」

「懷鄭司戶。」墨筆旁批：「遇。」

「遣興五首。」墨筆旁批：「蟄龍三冬卧。昔者龐德公。陶潛避俗翁。賀公雅吳語。吾憐孟浩然。」

「遣興二首。」墨筆旁批：「天用莫如龍。地用莫如馬。」

「秦州雜詩二十首。」題上墨筆批：「一元。」又墨筆旁批：「九。」
「東樓。」題上墨筆批：「元。」又墨筆旁批：「十。」
「山寺。」墨筆旁批：「寺。」
「月夜憶弟。」墨筆旁批：「戍鼓斷人行。五律。」

卷之六

「喜薛璩、畢曜遷官。」墨筆旁批：「三十韻。大雅何寥闊，斯人尚典型。」
「寄高使君、岑長史。」墨筆旁批：「三十韻。故人何寂寞，今我獨凄涼。」
「寄李白。」墨筆旁批：「二十韻。昔年有狂客。」
「寄賈司馬、嚴使君。」墨筆旁批：「衡嶽啼猿裏，巴州鳥道邊。五十韻。」
「寄張山人。」墨筆眉批：「張彪。」又墨筆旁批：「排。三十韻。獨臥高陽客，三違潁水春。」
「前出塞九首。」墨筆旁批：「元。十一。」
「後出塞五首。」題上墨筆批：「元。」又墨筆旁批：「十二。」
「宿贊公房。」題上墨筆批：「僧。」又墨筆旁批：「土室二首。」
「寄贊上人。」題上墨筆批：「僧。」又墨筆旁批：「一作陪錫杖，卜鄰南山幽。」
「太平寺泉眼。」墨筆旁批：「寺。」
「病馬。」墨筆旁批：「乘爾亦已久。五律。侵。」
「送李判官。」題上硃筆批：「判。」又墨筆旁批：「五律。」
「別贊上人。」題上墨筆批：「僧。」又墨筆旁批：「百川日東流，客去亦不息。」

「同谷縣七歌。」硃筆旁批：「歌。」
「木皮嶺。」題上墨筆批：「元。」又墨筆旁批：「十三。」

卷之七

「酬高適。」墨筆旁批：「元。高詩附見。」
「遊修覺寺。」墨筆旁批：「寺。」
「石笋行。」題上墨筆批：「元。」又硃筆旁批：「行。」又墨筆旁批：「十四。」
「漫興九首。」題上墨筆批：「一元。」又墨筆旁批：「絕。十五。眼見、手種、熟知、二月、腸斷、懶漫、糝逕、舍西、隔今。」
「杜鵑行。」硃筆旁批：「行。」
「贈闆丘。」題上墨筆批：「元。僧。」又墨筆旁批：「十六。太師銅梁秀，籍籍名家孫。」
「覓桃栽。」題上墨筆批：「絕。元。」又墨筆旁批：「十七。」
「覓榿木栽。」題上墨筆批：「絕。」
「覓松栽。」題上墨筆批：「絕。」
「於韋少府乞瓷盌。」題上墨筆批：「絕。」
「江畔尋花七首。」題上墨筆批：「絕。」又墨筆旁批：「江上、稠花、江深、東望、黃師、黃四、不是。」
「春水生二首。」題上墨筆批：「絕。」又墨筆旁批：「二月六日。一夜水高。」
「遣意二首。」題上墨筆批：「五律。」

「少年行二首。」題上墨筆批：「元。」又硃筆旁批：「行。」又墨筆旁批：「十八。」
「花卿歌。」硃筆旁批：「歌。」
「戲爲六絕。」題上墨筆批：「絕。」墨筆旁批：「庾信、楊王縱使、才力、不薄、未及。」

卷之八

「送裴五。」題上墨筆批：「元。」墨筆旁批：「十九。」
「徐卿二子歌。」硃筆旁批：「歌。」
「百憂集行。」硃筆旁批：「行。」
「石犀行。」硃筆旁批：「行。」
「寄別馬巴州。」墨筆旁批：「七律。勳業終歸馬伏波。」
「詣徐卿覓果子栽。」題上墨筆批：「絕。」
「三絕句。」題上墨筆批：「絕。」墨筆旁批：「楸樹、門外、無數。」
「寄張判官。」題上硃筆批：「判。」又墨筆旁批：「叔卿。五律。」
「遭田父泥飲。」墨筆眉批：「泥飲。」又墨筆旁批：「有。」
「寄嚴公。」題上墨筆批：「元。」墨筆旁批：「二十。」
「官池春鴈二首。」題上墨筆批：「絕。」又墨筆旁批：「自古稻粱、青春欲盡。」
「和嚴中丞。」墨筆旁批：「十韻。汲黯匡君切，廉頗出將頻。」
「短歌行。」硃筆旁批：「行。」又墨筆旁批：「王郎酒酣。」
「入奏行。」硃筆旁批：「行。」

「詰王錄事。」題上墨筆批：「絕。」又墨筆旁批：「五言。」
「江上值水。」墨筆旁批：「如海勢。爲人性僻耽佳句。」又墨筆眉批：「語不驚人死不休。」
「絕句四首。」題上墨筆批：「元。」又墨筆旁批：「二十一。堂西、欲作、兩个、藥條。」
「大麥行。」硃筆旁批：「行。」
「嚴公杜駕草堂。」墨筆改「杜」爲「杜」。墨筆旁批：「竹裹行厨。」
「少年行。」題上墨筆批：「絕。」又硃筆旁批：「行。」墨筆旁批：「馬上誰家。」
「寄高適。」題上墨筆批：「元。」又墨筆旁批：「二十二。」
「送嚴公入朝。」墨筆旁批：「十韻。鼎湖瞻望遠，象闕憲章新。」
「送嚴侍御。」墨筆旁批：「野興每難盡，江樓延賞心。十韻。」
「送李使君。」墨筆旁批：「籍甚黃丞相，能名自潁川。八韻。」
「苦戰行。」硃筆旁批：「行。」又墨筆旁批：「苦戰身死馬將軍。八句。」
「去秋行。」墨筆旁批：「去秋涪江木落時。八句。」
「觀打魚歌。」硃筆旁批：「歌。」

卷之九

「越王樓歌。」硃筆旁批：「歌。」
「畫閣鷹歌。」硃筆旁批：「歌。」
「光祿坂行。」硃筆旁批：「行。」
「客夜。」墨筆旁批：「入簾殘月影。」

「九日登梓州城。」題上墨筆批：「九。」
「九日寄嚴武。」題上墨筆批：「九。」
「題玄武師屋壁。」墨筆旁批：「何年顧虎頭。」
「翫月呈漢中王。」墨筆旁批：「夜深露氣清。」
「相從行。」硃筆旁批：「行。」
「嚴氏溪放歌。」硃筆旁批：「歌。」
「謁文公上方。」題上墨筆批：「僧。」又墨筆旁批：「野寺隱喬木，山僧高下居。」
「早發射洪縣。」硃筆旁批：「將老憂貧窶。」
「通泉驛。」硃筆旁批：「溪行衣自濕。」
「建都。」題上墨筆批：「元。」墨筆旁批：「十二韻。蒼生未蘇息，胡馬半乾坤。二十三。」
「梓州登樓二首。」題上墨筆批：「元。」又墨筆旁批：「二十四。」
「題郝使君兄。」題上墨筆批：「七言歌。」
「送人赴成都。」題上硃筆批：「判。」又墨筆旁批：「李、武二判官。五律。」
「陪四使君登寺。」墨筆旁批：「寺。春日無人境，虛空不住天。」
「香積寺。」墨筆旁批：「寺。寺下春江深不流。」
「上牛頭寺。」墨筆旁批：「寺。青山意不盡，袞袞上牛頭。」
「望牛頭寺。」墨筆旁批：「寺。牛頭見鶴林，梯逕遶幽深。」
「上兜率寺。」墨筆旁批：「寺。兜率知名寺，眞如會法堂。」
「望兜率寺。」題上墨筆批：「元。」又墨筆旁批：「寺。樹密當山境，江深隔寺門。二十五。」

「絕句。」題上墨筆批：「絕。」又墨筆旁批：「五言。江邊踏青罷。」
「短歌行。」硃筆旁批：「行。」
「送辛員外。」墨筆旁批：「二首。朱櫻此日。一七律。」又題上墨筆批：「一絕。」
「得房公池鵝。」題上墨筆批：「絕。」又墨筆旁批：「房相。」
「答楊梓州。」題上墨筆批：「絕。」又墨筆旁批：「悶到楊公。」
「甘園。」題上墨筆批：「元。」又墨筆旁批：「二十六。」
「宴南樓。」墨筆旁批：「絕域長夏晚，茲樓清宴同。八韻。」
「送王判官。」「王」字旁墨筆批：「十五。」題上硃筆批：「判。」又墨筆旁批：「七律。大家
東征逐子回。」
「送路使君。」墨筆旁批：「王室比多難，高官皆武臣。八韻。」

卷之十

「九日。」題上墨筆批：「九。」又墨筆旁批：「七律。眞。去年登高鄴縣北。」
「薄暮。」墨筆旁批：「五律。支。」
「薄遊。」墨筆旁批：「五律。陽。」
「酬十一舅。」墨筆旁批：「五排。豪。」
「送二十四舅。」墨筆旁批：「五律。先。」
「送十一舅。」墨筆旁批：「五古。元。」
「南池。」墨筆旁批：「五古。屋。中用色、直、食三字。」

「放船。」墨筆旁批：「五律。灰。」
「與嚴二別。」墨筆旁批：「五排。眞。」
「贈裴南部。」墨筆旁批：「五排。侵。人皆知飲水，公輩不偷金。六韻。」又硃筆旁批：「題有袁判官自來欲有按問。」又題上硃筆批：「判。」
「桃花杖引。」硃筆改「花」爲「竹」。
「東狩行。」硃筆旁批：「行。」
「山寺。」墨筆旁批：「五古。灰。寺。野寺根石壁。」
「留别章使君。」題上墨筆批：「將適吳楚。」又墨筆旁批：「扁舟入吾手。」
「愁至。」墨筆改「至」爲「坐」。題上墨筆批：「元。」又墨筆旁批：「二十七。」
「閬山歌。」硃筆旁批：「歌。」
「閬水歌。」硃筆旁批：「歌。」
「傷春五首。」墨筆旁批：「五排。冬、支、微、眞。歌。」
「逃難。」墨筆旁批：「全篇不好。」
「赴蜀山行三首。」硃筆旁批：「行。」

卷之十一

「絶句六首。」題上墨筆批：「絶。元。」又墨筆旁批：「五言。二十八。」
「寄司馬山人。」墨筆旁批：「關内昔分袂，天邊今轉蓬。十二韻。」
「贈王侍御。」墨筆旁批：「往往雖相見，飄飄愧此身。四十韻。」

「歸鴈。」題上墨筆批：「絕。」又墨筆旁批：「五言。」
「絕句二首。」題上墨筆批：「絕。」又墨筆旁批：「五言。」
「丹青引。」題上墨筆批：「元。二句。」
「寄李員外。」墨筆旁批：「名參漢望苑，職述景題輿。十二韻。」
「寄董嘉榮。」墨筆旁批：「聞道君牙帳，防秋近赤霄。十韻。」
「立秋日雨。」墨筆旁批：「山雲行絕塞，大火復西流。八韻。」
「到村。」墨筆旁批：「六韻。蛟龍引子過，荷芰逐花低。」
「倦夜。」墨筆旁批：「竹涼侵臥内，野月滿庭隅。」
「遣悶。」墨筆旁批：「白水漁竿客。二十韻。」
「宿府。」墨筆旁批：「中天月色好誰看。」
「樹間。」墨筆旁批：「乘月坐胡林。」
「岷山沲江圖。」墨筆旁批：「沲水臨中座，岷山赴此堂。十韻。」
「哭鄭司戶、蘇少監。」墨筆旁批：「故舊誰憐我，平生鄭與蘇。二十二韻。」
「去矣行。」硃筆旁批：「行。」

卷之十二

「春日江村五首。」墨筆旁批：「經心石鏡月。」
「四安寺。」題上墨筆批：「寺。」又墨筆旁批：「暮倚高樓對雪峰。寄裴迪。」
「天邊行。」硃筆旁批：「行。」

「莫相疑行。」硃筆旁批：「行。」

「赤霄行。」硃筆旁批：「行。」

「狂歌行。」題上墨筆批：「四兄。」又硃筆旁批：「行。」又墨筆旁批：「贈四兄。與兄行年校一歲。」

「題龍興寺壁。」題上墨筆批：「元。」又墨筆旁批：「二十九。」

「旅夜書懷。」墨筆旁批：「月湧大江流。」

「茅屋爲秋風所破。」題下墨筆批：「歌。」

「九日陪諸公宴。」題上墨筆批：「九。」又墨筆旁批：「雲安。鄭十八携。五律。」

「奉漢中王手札。」題上墨筆批：「元。」又墨筆旁批：「三十。國有乾坤大，王今叔父尊。十四韻。」

「三韻三篇。」硃筆旁批：「高馬勿唾面。蕩蕩萬斛船。烈士惡多門。」

「趙公大食刀歌。」硃筆旁批：「歌。」

「王兵馬使角鷹。」墨筆旁批：「七言歌。」

「賀楊城王。」墨筆旁批：「衞幕銜恩重，潘輿送喜頻。十韻。」

「冬深。」題上墨筆批：「元。」又墨筆旁批：「三十一。」

卷之十三

「客居。」墨筆旁批：「三十二。」題上墨筆批：「元。」

「杜鵑行。」硃筆旁批：「行。」

「八哀詩。」題上硃筆批：「五古。」

卷之十四

「移居夔州郭。」硃筆旁批：「五律。」

「船下夔州郭。」硃筆旁批：「五律。」墨筆旁批：「石瀨月娟娟。」

「漫成。」硃筆旁批：「七絶。」

「上白帝城。」硃筆旁批：「五律。」

「謁先主廟。」硃筆旁批：「五排。」又墨筆旁批：「慘淡風雲會，乘時各有人。十六韻。竹送清溪月。」又墨筆眉批：「力侔分社稷，志屈偃經綸。」

「武侯廟。」硃筆旁批：「五絶。」

「八陣圖。」硃筆旁批：「五絶。」

「贈崔公輔。」硃筆旁批：「五排。」又墨筆旁批：「飄飖西極馬。來自渥洼池。二十韻。」

「曉望鹽山。」硃筆旁批：「五律。」

「陪宴越公堂。」硃筆旁批：「五排。」又墨筆旁批：「此堂存古制，城上俯江郊。六韻。」

「白帝城最高樓。」硃筆旁批：「七律。」

「上白帝城二首。」硃筆旁批：「五排。」又墨筆旁批：「江城含變態，六韻。白帝空祠廟，六韻。」

「古柏行。」硃筆旁批：「行。七古。」

「負薪行。」硃筆旁批：「行。七古。」又墨筆旁批：「元韻四字。」

「最能行。」硃筆旁批：「行。七古。」

「愁。」硃筆旁批：「七律。」又墨筆旁批：「江草日日喚愁生，巫峽泠泠非世情。」

「遣悶。」硃筆旁批：「七律。」

「覽柏中丞除官制詞。」硃筆旁批：「五古。」又題上墨筆批：「元。」

「遣懷。」硃筆旁批：「五古。」

「王十五前閣會。」硃筆旁批：「五律。」

「暮雲。」硃筆旁批：「七律。」

「寄常徵君。」硃筆旁批：「七律。」

「園官送菜。」題上墨筆批：「元。」又硃筆旁批：「五古。」又墨筆旁批：「三十三。」

「課伐木。」硃筆旁批：「五古。」

「除草。」硃筆旁批：「五古。」又墨筆眉批：「草有害於人。」

「引水。」硃筆旁批：「七古。」

「園人送瓜。」硃筆旁批：「五古。」

「信行遠修水筒。」硃筆旁批：「五古。」

「催宗文樹雞柵。」硃筆旁批：「五古。」

「示獠奴阿段。」硃筆旁批：「七律。」

「貽柳少府。」題上墨筆批：「元。」又硃筆旁批：「五古。」又墨筆旁批：「三十四。文章一小技。」

「峽中覽物。」硃筆旁批：「七律。」

「憶鄭南玭。」硃筆旁批：「五律。」又硃筆眉批：「玭。」
「寄李文薿二首。」硃筆旁批：「五律。」
「雷。」硃筆旁批：「五古。」
「火。」硃筆旁批：「五古。」
「熱二首。」硃筆改「二」爲「三」。又硃筆旁批：「五律。」
「終明府水樓二首。」硃筆旁批：「七律。」
「呈元曹長。」硃筆旁批：「五古。」題上硃筆批：「穩睡有詩。」
「牽牛織女。」硃筆旁批：「五古。」
「宿江閣。」題上墨筆批：「元。」又墨筆旁批：「孤月浪中翻。三十五。」
「聽楊氏歌。」硃筆旁批：「歌。」
「夔府詠懷。」墨筆旁批：「百韻。絕塞烏蠻北，孤城白帝邊。」

卷之十五

「白帝。」題上墨筆批：「元。」墨筆旁批：「三十六。」
「偶題。」墨筆旁批：「文章千古事。二十二韻。」
「吾宗。」「寄弟豐二首。」墨筆旁批：「此二題集中偶題之後不見。」
「送田將軍。」墨筆旁批：「集中此首在偶題後。」
「解悶十二首。」墨筆旁批：「絕。草閣、商胡、一辭、沈范、李陵、復憶、陶冶、不見、先帝、憶過、翠瓜、側生。」

「哭王掄。」墨筆旁批：「五排。執支驚淪沒，斯人已寂寥。二十韻。」
「江月。」墨筆旁批：「江月光于水。人。」
「吹笛。」墨筆旁批：「月傍關山幾處明？」
「夔府書懷。」墨筆旁批：「昔罷河西尉，初興薊北詩。四十韻。」
「十六夜玩月。」墨筆旁批：「舊挹金波爽，皆傳玉露秋。」
「贈李十五丈別。」墨筆旁批：「峽人鳥獸居。」
「送覃判官。」題上硃筆批：「判。」又墨筆旁批：「先帝弓劍遠。五律。十二句。」
「九日諸人集於林。」墨筆旁批：「首句卻是『九日明朝是。』」
「夜。」墨筆旁批：「新月猶懸雙杵鳴。」
「題鄭監湖亭三首。」墨筆旁批：「月靜庾公樓。」
「詠懷古跡五首。」題上墨筆批：「元。」又墨筆旁批：「三十七。」
「張旭草書圖。」墨筆旁批：「五言古。」
「畫鷹。」墨筆旁批：「近時馮紹正。」

卷之十六

「晚。」題上墨筆批：「元。」又墨筆旁批：「杖藜尋晚向。三十八。」
「西閣夜。」題上墨筆批：「元。」又墨筆旁批：「樓靜月侵門。三十九。」
「月圓。」墨筆旁批：「弧月當樓滿。扉。」
「中宵。」墨筆旁批：「落月動沙虛。」

「不寐。」墨筆旁批：「翳翳月沉霧。」

「送鮮于萬州。」題上墨筆批：「元。」又墨筆旁批：「四十。」

「送王判官。」題上硃筆批：「判。」又墨筆旁批：「十六。」

「謁眞諦寺禪師。」題上墨筆批：「僧。」又墨筆旁批：「問法看詩妄。」

「諸節度入朝十二首。」題上墨筆批：「一元。絶。」又墨筆旁批：「祿山、社稷、喧喧、不道、鳴玉、英雄、抱病、澶漫、東逾、漁陽、李相、十二。四十一。」

「寄薛郎中。」墨筆旁批：「五古。眞。」

「月。」墨筆旁批：「萬里瞿塘峽，春來六上弦。」

「李潮八分小篆歌。」硃筆旁批：「歌。」

「醉爲馬墜。」墨筆旁批：「歌。」

卷之十七

「園。」題上墨筆批：「元。」又墨筆旁批：「四十二。」

「返照。」題上墨筆批：「元。」又墨筆旁批：「四十三。」

「夔州十絶。」題上墨筆批：「絶。」墨筆旁批：「中巴之東、白帝夔州、羣雄競起、赤甲白鹽、瀼東瀼西、東屯稻畦、蜀麻吳鹽、憶昔咸陽、武侯祠堂、閬風玄圃。」

「月。」墨筆旁批：「斷續巫山雨。若無青嶂月，愁殺白頭人。」

「寄劉伯華。」墨筆旁批：「四十韻。峽内多雲雨，秋來尚鬱蒸。」

「月。」墨筆旁批：「併照巫山出，新窺楚水清。」

「十七夜對月。」墨筆旁批：「秋月仍圓夜，江村獨志身。」
「孟氏。」題上墨筆批：「元。」又墨筆旁批：「四十四。」
「摘蒼耳。」墨筆眉批：「摘蒼耳。」
「同元使君春陵行。」硃筆旁批：「行。」
「寄秋博濟。」墨筆改「秋」爲「狄」。又墨筆旁批：「梁公曾孫我姨弟。」
「寄韓諫議。」墨筆旁批：「今我不樂思岳陽。」
「魏將軍歌。」硃筆旁批：「歌。」又墨筆旁批：「將軍昔着從事衫。」
「日暮。」題上墨筆批：「元。」又墨筆旁批：「第三句『風月自清夜』。四十五。」
「月。」墨筆批：「四更山吐月。斟酌姮娥寡。」
「別李秘書。」題上墨筆批：「初。」又墨筆旁批：「三十韻。」
「復愁十二首。」墨筆旁批：「五言。絕。」
「九日五首。」題上墨筆批：「元。九。」又墨筆旁批：「四十六。七律。重陽獨酌杯中酒。既無分、不須開、玄猿哭、白鴈來、雨相催。」
「江樓宴三首。」墨筆旁批：「樓高月迥明。明月生長好。對月那無酒。」
「暮歸。」墨筆旁批：「客子到門月皎皎。」
「酬薛十二丈。」題上硃筆批：「判。」又墨筆旁批：「判官。忽忽峽中睡。奇作。」
「送李秘書。」題上墨筆批：「李。」
「聞惠子過東溪。」墨筆旁批：「皇天無老眼。」
「大覺高僧蘭若。」墨筆旁批：「寺。」

卷之十八

「東屯月夜。」題上墨筆批：「元。」又墨筆旁批：「抱疾漂萍老。月掛客愁村。八韻。四十七。」

「夜三首。」墨筆旁批：「白夜月休弦。月細鵲休飛。」

「瞿唐雨。」題上墨筆批：「元。」墨筆旁批：「四十八。三峽轉何處，雙崖壯此門。」又墨筆眉批：「瞿唐雨崖。」

「雲。」墨筆旁批：「龍以瞿唐會。」

「天池。」墨筆旁批：「天池馬不到，嵐壁鳥纔通。十韻。」

「刈稻子。」墨筆改「子」爲「了」。題上墨筆批：「元。」又墨筆旁批：「四十九。」

「自平。」墨筆旁批：「呂太一。」

「虎牙行。」硃筆旁批：「行。」

「舞劍器行。」硃筆旁批：「行。」又墨筆眉批：「舞劍器行。」

「白鳧行。」硃筆旁批：「行。」

「別李義。」題上墨筆批：「元。」墨筆旁批：「神堯十八子。五十。」

「錦樹行。」硃筆旁批：「行。」

「前苦寒行二首。」〔一〕硃筆旁批：「行。」

〔一〕「二」，傅山全書初版本誤作「三」，據批點底本改。

「後苦寒行三首。」硃筆旁批：「行。」
「聞賊退口號五首。」題上墨筆批：「二元。絶。」又墨筆旁批：「蕭關、贊普、崆峒、勃律、今春。五十一、五十二。」
「江梅。」墨筆眉批：「梅。」
「庭草。」題上墨筆批：「草。」
「送大理封主簿。」墨筆旁批：「八韻。」
「白帝城放船。」墨筆旁批：「四十韻。老向巴人裏，今辭楚塞隅。」
「行次古城。」墨筆旁批：「老年常道路，遲日復山川。六韻。」
「月下賦絶句。」題上墨筆批：「絶。」墨筆旁批：「湖上林風相與清。」
「南征。」墨筆眉批：「南征。」
「送李長史。」題上墨筆批：「李。」又墨筆旁批：「星坼臺衡地，曾爲人所憐。六韻。」
「送馬大卿。」題上墨筆批：「五排。」又墨筆旁批：「磷、緇。自古求忠孝，名家信有之。十韻。」
「三絶句。」題上墨筆批：「絶。」又墨筆旁批：「前年渝州。二十一家。殿前兵馬。」
「蠶穀行。」硃筆旁批：「行。」
「惜別行。」硃筆旁批：「行。」
「送宇文石首。」墨筆旁批：「聯句。」
「懷李尚書。」題上墨筆批：「李。」
「水宿遣興。」墨筆旁批：「二十韻。魯鈍仍多病，逢迎遠復迷。」

「江陵望幸。」墨筆旁批：「六韻。」

「遣悶。」墨筆旁批：「地闊平沙岸，舟虛小洞房。十二韻。」

「江邊星月二首。」墨筆旁批：「驟雨清秋夜，金波耿玉繩。江月辭風纜，江星别霧船。」

「舟月對驛近寺。」墨筆旁批：「更深不假燭，月朗自明船。」

「荆南述懷。」墨筆旁批：「三十韻。昔承推獎分，愧匪挺生才。」

「折檻行。」硃筆旁批：「行。」

「送薛明府。」墨筆旁批：「三十韻。南征爲客久，西侯别君初。」

「哭李尚書。」題上墨筆批：「李。」

「獨生。」墨筆改「生」爲「坐」。

「哭李常侍二首。」題上墨筆批：「李。」

卷之十九

「寄鄭少尹。」題上墨筆批：「五排。」又墨筆旁批：「虞。十二韻。更欲投何處？飄然去此都。」

「移居公安。」題上墨筆批：「五近。」又墨筆旁批：「寒。」

「簡顏少府。」墨筆旁批：「麻。」

「醉歌行。」硃筆旁批：「行。」又墨筆旁批：「贈公安顏少府請顧八題壁。」

「贈衛太郎。」墨筆旁批：「之。衛侯不易得，余病汝知之。十韻。」

「送韋少府。」墨筆旁批：「先。」

「贈虞司馬。」題上墨筆批：「元。」又墨筆旁批：「元。遠師虞秘監，今喜識玄孫。十韻。五十三。」
「公安懷古。」墨筆旁批：「庚。」
「呀鶻行。」硃筆旁批：「行。」
「送李晉肅。」題上墨筆批：「李。」又墨筆旁批：「庚。」
「北風。」墨筆旁批：「微。」
「憶昔行。」硃筆旁批：「行。」又墨筆旁批：「北尋小有洞。」
「送顧八分。」墨筆旁批：「眞。」
「別公安大易沙門。」題上墨筆批：「僧。」又墨筆旁批：「眞。」
「曉發公安。」墨筆旁批：「支。」
「歲宴行。」硃筆旁批：「行。」又墨筆旁批：「東。」
「別董頲。」墨筆旁批：「寒。」
「幽人。」墨筆旁批：「支。」
「岳陽城下。」墨筆旁批：「蒸。」
「入洞庭湖。」墨筆旁批：「洪波忽爭道，岸轉異江湖。十二韻。」
「詠懷二首。」墨筆旁批：「樓屑。」
「酬郭判官。」題上硃筆批：「判。」又墨筆旁批：「七律。才微歲老尚虛名。花枝照眼句還成。」
「回棹。」墨筆旁批：「宿昔試安命，自私猶畏天。十四韻。」

「送王信州。」墨筆旁批：「五排。朝廷防盜賊，供給愍誅求。二十韻。」
「哭韋大夫。」墨筆旁批：「五律。十八韻。凄愴郇瑕色，差池弱冠年。」

卷之二十

「贈盧參謀。」墨筆旁批：「五排。恭惟同自出，妙選異高標。十六韻。」
「送劉仆射。」題上硃筆批：「判。」又墨筆旁批：「七言古。聞道南行市駿馬。」
「送劉十弟判官。」題上硃筆批：「判。」墨筆旁批：「分源豕韋派。五律。十二句。」
「送敬使君。」墨筆旁批：「相見各頭白，其如離别何。八韻。」
「贈李判官。」題上墨筆批：「判。」又墨筆旁批：「我丈時英特。事業富清機。」
「送盧侍御。」墨筆旁批：「二十四韻。素幕渡江遠，朱幡登陸微。」
「舟中伏枕。」墨筆旁批：「三十六韻。軒轅休製律，虞舜罷彈琴。」
「酬高蜀州。」題上墨筆批：「元。〔一〕七字。」又墨筆旁批：「五十四。」
「贈蕭使君。」墨筆旁批：「五排。昔在嚴公幕，俱爲蜀使臣。十八韻。」
「送二十三舅。」墨筆旁批：「十韻。五排。賢良歸盛族，吾舅盡知名。」
「送魏司直。」題上硃筆批：「判。」又墨筆旁批：「題下有崔郎中判官。五律。十二句。」
「貽李員外子棐。」題上墨筆批：「李。」
「岳麓道林。」墨筆旁批：「寺。」

〔一〕「元」，傅山全書初版本誤作「无」，據手稿改。

「入衡州。」墨筆旁批：「不古不律而有黏，別一格。『惟未我師』句不黏。」

「朱鳳行。」硃筆旁批：「行。」

「送李銜。」題上墨筆批：「李。」

卷一百四十三　重刊千家註杜詩批注（二）

卷之一

遊龍門奉先寺

題上墨筆批：「五古。」又墨筆眉批：「啜墨，良可啜。不知多啜些好墨，亦能文章否？曰：否，只徒黑了心肝，別沒甚畫兒。」

「欲覺聞晨鐘，令人發深省。」墨筆眉批：「杜公悟禪。」

贈李白

題上墨筆眉批：「五古。」

望嶽

題上墨筆眉批：「五古。」

劉九法曹鄭瑕丘石門宴集

墨筆眉批：「五近。」

「鞍馬到荒林。」墨筆旁批：「止此五字。」

與李十二白同尋范十隱居

題上墨筆眉批：「五排。」
「入門高興發，待立小童清。」墨筆改「待」爲「侍」。

題張氏隱居二首

第一首，墨筆眉批：「七律。」第二首，墨筆眉批：「五近。」

贈李白

題上墨筆眉批：「七絶。東。」

登兗州城樓

題上墨筆眉批：「五近。魚。」
「從來多古意，臨眺獨躊躇。」墨筆尾批：「『臨眺』五字，與後人做了多少急帳。」

對雨書懷走邀許主簿

題上墨筆眉批：「五近。魚。」

巳上人茅齋

題上墨筆眉批：「五近。」

「江連搖白羽，天棘蔓青絲。」墨筆眉批：「鶴林玉露十卷：杜詩：『天棘夢青絲。』說者，天棘，柳也。或曰，天門冬也。夢，當作弄。既無考據，意亦短淺。譚浚明嘗爲余言，此出佛書，終南長老入定，夢天帝賜以青棘之香。余甚喜其說，然未知出何經。近閱葉石林過庭錄，亦言此句出佛書，則浚明之言宜可信。」

房兵曹胡馬

題上墨筆眉批：「五近。杜公又會相馬。」

畫鷹

題上墨筆眉批：「五近。虞。」

臨邑舍弟書至

題上墨筆眉批：「五排。」

「白屋留孤樹，青天失萬艘。」「失」字旁墨筆批：「怕。」又墨筆眉批：「青天失萬艘。」

「吾衰同泛梗，利涉楊蟠桃。」墨筆改「楊」爲「想」。

冬日有懷李白

題上墨筆眉批：「五近。」

龍門

題上墨筆眉批：「五近。」

「往來時屢改，川陸日悠哉。」墨筆眉批：「哉。」

天寶初假山植慈竹

題上墨筆眉批：「五近。」

春日懷李白

題上墨筆眉批：「五近。」

「白也詩無敵，飄然思不羣。清新庾開府，俊逸鮑參軍。」墨筆眉批：「奴人往往說杜公但以庾、鮑擬太白，似不深許，教人那得不癡他。」

李監宅二首

題上墨筆眉批：「五近。」

與任城許主簿遊南池

題上墨筆眉批：「五近。」

過宋員外之問舊莊

題上墨筆眉批：「五近。」

注：「鶴曰：公與之蓋有世契也。」墨筆眉批：「若之問行事，那堪見重于工部！」

「枉道祇從入，吟詩許更過。」「過」字旁墨筆批：「平。」又墨筆眉批：「過。」

夜宴左氏莊

題上墨筆眉批：「五近。宴。」

「檢書燒燭短，看劍引杯長。」墨筆眉批：「檢、劍。」

鄭駙馬宴洞中

題上墨筆眉批：「七律。」

「悮疑茅堂過江麓，已入風磴霾雲端。」墨筆眉批：「過。」

重題鄭氏東亭

題上墨筆眉批：「五近。」

「崩石歌山樹，清漣曳水衣。」墨筆尾批：「水衣，蒼苔也。薄，水衣。」

陪李北海宴歷下亭

題上墨筆眉批：「五排。」
「蘊眞愜所遇，落日將如何？貴賤俱物役，從公難重過。」墨筆眉批：「蘊眞。重過。」

同李太守登歷下古城員外新亭

題上墨筆眉批：「五排。」

暫如臨邑至𡸣山湖亭奉懷李員外率爾成典

題上墨筆眉批：「五近。」

行次昭陵

題上墨筆眉批：「五排。虞。」

飲中八僊歌

題上墨筆眉批：「七古。」又題下墨筆批：「奇作！奇作！」

贈特進汝陽王二十韻

題上墨筆眉批：「五排。」

「精理通談笑，忘形向友朋。」墨筆眉批：「精理通談笑。」

「硯寒金井水，簷動玉壺冰。」墨筆眉批：「動。」

贈比部蕭郎中十兄

題上墨筆眉批：「五排。」

「詞華傾後輩，風雅藹孤騫。」墨筆眉批：「騫。」

今夕行

題上墨筆眉批：「七古。」

「咸陽客舍一事無，相與博塞爲歡娛。」墨筆眉批：「杜公又解賭，想亦偶爾。」

奉寄河南韋尹丈人

題上墨筆眉批：「五排。」

贈韋左丞丈濟

墨筆眉批：「虞。」

「不謂矜餘力，還來謁大巫。」墨筆眉批：「大巫。」

奉贈韋左丞丈二十二韻

題上墨筆眉批：「五古。」

「騎驢三十載，旅食京華春。」墨筆眉批：「騎驢三十載。」

「白鷗沒浩蕩，萬里誰能馴？」墨筆眉批：「浩蕩。」

高都護驄馬行

題上墨筆眉批：「七古。」

冬日洛城北謁玄元皇帝廟

題上墨筆眉批：「五排。」

「森羅移地軸，妙絕動宮牆。」墨筆眉批：「動。」

贈衛八處士

題上墨筆眉批：「五古。」

贈翰林張四學士垍

題上墨筆眉批：「五排。後有贈張太常垍二十韻。」〔一〕

重經昭陵

題上墨筆眉批：「五排。」

故武衛將軍輓詞三首

題上墨筆眉批：「五近。」又題下墨筆批：「此將軍不知是誰。」

第一首注：「洙曰：亮卒，鍾上李檄蜀文」云云。墨筆改「上李」爲「士季」。

「舞劍過人絕，嗚弓射獸能。」「過」字旁墨筆批：「平。」又墨筆眉批：「過。」

「銛鋒行愜順，猛噬失蹻騰。」墨筆眉批：「銛鋒前愜順，卽毒天下而民從之義。」

兵車行

題上墨筆眉批：「七古。」

「道旁過者問行人，行人但云點行頻。」墨筆眉批：「過。」

〔一〕「二十」，手稿作「三十」，當爲筆誤。

同諸公登慈恩寺塔

題上墨筆眉批：「五古。」注：「洙曰：浮圖六級高三百尺。」墨筆尾批：「六級高三百尺。」

「秦山忽破碎，涇渭不可求。」注：「鶴曰：則泰山居東且遠」云云。墨筆眉批：「秦字是。」

「君看隨陽鴈，各有稻粱謀。」墨筆旁批：「忽然及此，何也？」

投簡成華兩縣諸子

題上墨筆眉批：「七古。」

杜位宅守歲

題上墨筆眉批：「五近。」

「四十明朝過，飛騰暮景斜。」墨筆眉批：「過。」

玄都壇七言六韻寄元逸人

題上墨筆眉批：「七古。」

樂遊園歌

題上墨筆眉批：「七古。」

敬贈鄭諫議十韻

題上墨筆眉批：「五排。」

送韋書記赴安西

題上墨筆眉批：「五近。」

「白頭無籍在，朱紱有哀憐。」墨筆眉批：「白頭無籍在。」

奉贈太常張卿垍二十韻

題上墨筆眉批：「五排。前有贈垍。」

「友于皆挺拔，公望各端倪。」墨筆眉批：「友于皆挺拔。」注：「夢弼曰：晉唐騤傳，騤乃虞潭之兄子。王導謂騤曰：孔愉有公才而無公望，丁潭有公望而無公才。」墨筆改「唐」爲「虞」。又墨筆眉批：「虞騤。孔愉。丁潭。」又：「田曰：歐冶所營，乃鍊乃鍒。」墨筆改「鍒」爲「鍛」。

奉贈鮮于京兆二十韻

題上墨筆眉批：「五排。」

「計疎疑翰墨，時過憶松筠。」墨筆眉批：「過。」

貧交行

題上墨筆眉批：「七古。」

白絲行

題上墨筆眉批：「七古。」

「蛺蝶飛來黄鸝語，落絮遊絲亦有情。」墨筆眉批：「蛺蝶飛來黄鸝語。」

補遺

謁玄元廟注：「乃有右風」云云。墨筆改「右」爲「古」。

卷之二

投贈哥舒開府翰二十韻

題上墨筆眉批：「五排。」

「策行遺戰伐，契合動昭融。」墨筆眉批：「昭融。」注：「洙曰：初至，長攝曰」云云。墨筆改「攝」爲「揖」。

送高三十五書記十五韻

題上墨筆眉批：「五古。」

「男兒功名遂，亦在老大時。」墨筆旁批：「亦時無聊，慰籍癡語。」又墨筆眉批：「亦在老大時。」

奉留贈集賢院崔于二學士

題上墨筆眉批：「五排。」

「欲整還鄉旆，長懷禁掖垣。」墨筆眉批：「『欲整』十字，最直略無姿態。」

陪鄭廣文遊何將軍山林十首

題上墨筆眉批：「五近。」

「銀甲彈箏用，金魚換酒來。」墨筆眉批：「來。」

「憶過楊柳渚，走馬定昆池。」「過」字旁墨筆批：「平。」又墨筆眉批：「過。」

「出門流水住，回首白雲多。」墨筆眉批：「庾信同泰寺詩：畫水流全住，圖雲色半輕。」又墨筆根批：「出門見流水而住。」

「祇應與朋好，風雨亦來過。」墨筆眉批：「過。」又墨筆尾批：「用志不分，凝于神。」

醉時歌

題上墨筆眉批：「七古。」
「儒術於我何有哉，孔丘盜跖俱塵埃。」墨筆眉批：「哉。」

上韋左相二十韻

題上墨筆眉批：「五排。眞。」
「八荒開壽域，一氣轉洪鈞。」墨筆改「鈞」爲「鈞」。
「聰明過管輅，尺牘倒陳遵。」墨筆眉批：「過，此是去聲之義。」
「廟堂知至理，風俗盡還淳。」墨筆眉批：「理。」
「才傑俱登用，愚蒙但隱淪。」墨筆旁批：「以下自況。」
詩末墨筆眉批：「韓文原道篇下引許氏箋云云，山谷云，老杜此詩布置最得正體，如官府甲第，廳堂房室，各有定處，不可亂也。」
「應圖求駿馬，驚代得麒麟。」注：「洙曰：梅福傳，欲以三代之法取當世之士，猶以伯樂之圖求麒麟於市，此言見素以材見用也。」墨筆根批：「意與梅傳之意不同。」

麗人行

題上墨筆眉批：「七古。」
「態濃意遠淑且眞，飢理細膩骨肉匀。」墨筆眉批：「眞字。理。」又墨筆改「飢」爲「肌」。

重過何氏五首

題上墨筆眉批：「五近。魚、支、支、陽、先。」

渼陂行

題上墨筆眉批：「七古。」

渼陂西南臺

題上墨筆眉批：「五古。」

「知歸俗可忽，取適事莫並。」墨筆旁批：「深語。會受用。」

「身退豈待官，老來苦便靜。」墨筆眉批：「『老來苦便靜』最羨更老。」

城西陂泛舟

題上墨筆眉批：「七近。先。」

送張二十參軍赴蜀州因呈楊五侍御

題上墨筆眉批：「五近。」

寄高三十五書記

題上墨筆眉批：「五近。歌。」

「主將收才子，崆峒足凱歌。」墨筆眉批：「收或作奴。」

白水明府舅宅喜雨得過字

題上墨筆眉批：「五近。歌。」

「吾舅政如此，古人誰復過？」墨筆眉批：「過。」

陪諸貴公子丈八溝攜妓納涼晚際遇雨二首

題上墨筆眉批：「五近。支、尤。」

「纜侵堤柳繫，幔卷浪花浮。」硃筆改「繫」爲「繫」。

送裴二虬作尉永嘉

題上墨筆眉批：「五近。東。」

秋雨歎三首

題上墨筆眉批：「七古。」

苦雨奉寄隴西公兼呈王徵士

題上墨筆眉批：「五古。」

「式瞻北鄰居，取適南巷翁。」墨筆眉批：「南巷翁。」

贈陳二補闕

題上墨筆眉批：「五近。庚。」

贈獻納起居田舍人澄

題上墨筆眉批：「七近。先。」

承沈八丈東美除膳部員外郎阻雨未遂馳賀奉寄

題上墨筆眉批：「五排。陽。」

「貧賤人事略，經過霖潦妨。」「過」字旁墨筆眉批：「平。」又墨筆眉批：「過。」

崔駙馬山亭宴集

題上墨筆眉批：「五近。豪。」

「洑流何處入，亂石閉門高。」硃筆旁批：「好園門！」

九日寄岑參

題上墨筆眉批：「五古。」

九日楊奉先會白水崔明府

題上墨筆眉批：「五近。支。」

歎庭前甘菊花

題上墨筆眉批：「七古。」

示從孫濟

題上墨筆眉批：「五古。先。出、門。沓、孫。事、村。竹、萱。死、蕃。水、渾。手、根。久、奔。族、飧。實、論。猜、敦。」

奉同郭給事湯東墨湫作

題上墨筆眉批：「五古。尤。古詩定須夾雜樂府，乃得變幻奇瓌，然卻不可用意妝點，沈鬱之氣貫于其中，自爾之也。」

橋陵詩三十韻因呈縣内諸官

題上墨筆眉批：「五古。」

「卽事壯重險，論功起五丁。」墨筆根批：「事中。」

「孝理敦國政，神凝推道經。」墨筆眉批：「理。」

「王劉美竹潤，裴李春蘭馨。鄭氏才振古，啖侯筆不停。」墨筆眉批：「王劉、裴李、鄭啖。」

「流寓理豈愜，窮愁醉未醒。」墨筆眉批：「理。」

病後過王倚飲贈歌

題上墨筆眉批：「七古。」

「麟角鳳觜世莫識，煎膠續弦奇自見。」墨筆旁批：「只爲王生情味綢繆不絕，遂從此形容起。」

「且遇王生慰疇昔。」「遇」字旁墨筆批：「似是過字。」

「酷見凍餒不足恥，多病沉年苦無健。」墨筆旁批：「此句是謂王生不恥貧賤之意耶，又似自謂不恥凍餒。」

「王生怪我顏色惡，答云伏枕艱難遍。」墨筆旁批：「此又是謂凍餒不足恥，而何顏色不好？如愁苦貧賤者，不知因病爾爾。」

「頭白眼暗坐有胝，肉黃皮皺命如綫。」墨筆眉批：「『坐有胝』三字也要解。」

「金城土酥淨如練。」墨筆旁批：「必竟是个物件。」

「老馬爲駒總不虛。」注：「謂老馬反於駒之健啖。」墨筆改「於」爲「爲」。

「當時得意况深眷。但使殘年飽喫飯，只願無事長相見。」墨筆眉批：「此句暗因不顧其後度來，似謂眼前如此得意矣，况眷我者深，不至使我傷于此一飽也。」又墨筆眉批：「喫。」詩末注：「夢弼曰：割鮮謂新殺者。」墨筆眉批：「相如子虚賦：割鮮染輪。」

沙苑行

題上墨筆眉批：「七古。」

送蔡希魯都尉還隴右寄高三十五書記

題上墨筆眉批：「五排。虞。」

「身輕丘身過，槍急萬人呼。」硃筆改「丘」爲「一」，墨筆改「身」爲「鳥」。又墨筆眉批：「過。」

贈田九判官梁丘

題上墨筆眉批：「七律。」

陪李金吾花下飲

題上墨筆眉批：「五近。虞。」

「細草稱偏坐，香醪懶再活。」墨筆改「活」爲「沽」。

醉歌行

題上墨筆眉批：「七古。」

「詞源倒流三峽水，筆陣獨掃千人軍。」「獨」字旁墨筆批：「橫。」

戲簡鄭廣文兼呈蘇司業

題上墨筆眉批：「五古。」

夜聽許十一誦詩愛而作

題上墨筆眉批：「五古。二十句。」

「精微穿溟涬，飛動摧霹靂。」墨筆眉批：「動。」

「陶謝不枝梧，風騷共推激。」墨筆旁批：「豈遂至此，一時許可，不暇惜，好語。」

夏日李公見訪

題上墨筆眉批：「五古。尤。」

「遠林暑氣薄，公子過我遊。」「牆頭過濁醪，展席俯長流。」墨筆眉批：「過。過。」

與鄠縣源大少府宴渼陂得寒字

題上墨筆眉批：「五近。寒。」

九日曲江

題上墨筆眉批：「五近。文。」

自京赴奉先縣詠懷五百字

題上墨筆眉批：「五古。」

「胡爲慕大鯨，輒擬偃溟渤。」墨筆眉批：「慕。」

「以茲悟生理，獨恥事千謁。」墨筆眉批：「理。」又墨筆改「千」爲「干」。

「凌晨過驪山，御榻在嵽嵲。」墨筆眉批：「過。」

「鞭撻其夫家，聚斂貢城闕。」墨筆旁批：「此句若不看到以下六句，便是腐套。」

「臣如忽至理，君豈棄此物？」墨筆眉批：「理。」

奉先劉少府新畫山水障歌

題上墨筆眉批：「七古。」

「豈但祁岳與鄭虔，筆跡遠過楊契丹。」墨筆眉批：「祁岳、鄭虔、楊契丹。」

「劉侯天機精，愛畫入骨髓。自有雨兒郎，揮灑亦莫比。」墨筆眉批：「二劉郎能畫。」

天育驃騎歌

題上墨筆眉批：「七古。」

驄馬行

杜自注：「太常良卿勑賜馬也，李鄧公愛而有之。」墨筆眉批：「李鄧公。」

官定後戲贈

題上墨筆眉批：「五近。」

卷之三

蘇端薛復筵簡薛華醉歌

題上墨筆眉批：「七古。」

「安得健步移遠梅，亂插繁花向晴昊。」墨筆旁批：「『安得』以下四句，于來頭又迂，不知忽然想到那邊去。」又墨筆眉批：「酒中忽想梅花。」

「座中薛華善醉歌，歌辭自作風格老。」「何劉沈謝力未工，才兼鮑照愁絕倒。」「才」字旁墨筆批：「此謂華之才。」

詩末注：「趙曰：書正月上日。法，上日，朔日也。」墨筆改「法」爲「注。」「洙曰：何劉沈謝，謂何遜、劉孝綽、沈約、謝眺也。」墨筆改「眺」爲「朓」。「修可曰：宋景文公筆錄，今人多誤鮑照爲鮑昭。」墨筆改「誤」爲「誤」。

白水縣崔少府十九翁高齋三十韻

題上墨筆眉批：「五古。」
「兵氣漲林巒，川光雜鋒鏑。」墨筆眉批：「兵氣漲林巒，川光雜鋒鏑。」

三川觀水漲二十韻

題上墨筆眉批：「五古。」
「聲吹鬼神下，勢閲人代速。」墨筆眉批：「聲吹鬼神下，勢閲人代速。」

贈高式顔

題上墨筆眉批：「五近。虞。」

彭衙行

題上墨筆眉批：「五古。删、眞、文、寒、先、元。」

得舍弟消息二首

題上墨筆眉批：「五近。」
「生理何顔面，憂端且歲時。」墨筆眉批：「理。」

哀王孫

題上墨筆眉批：「七古。魚。」

「已經百日竄荆棘，身上無有完肌膚。」墨筆改「膚」爲「膚」。

「朔方健兒好身手，昔何勇脱今何愚。」墨筆改「脱」爲「鋭」。

月夜

題上墨筆眉批：「五近。」

遣興

題上墨筆眉批：「五排。」

曲江三章章五句

題上墨筆眉批：「七古。」

悲陳陶

題上墨筆眉批：「七古。」題注：「鮑曰：房琯及祿山戰于陳陶，敗績。」墨筆改「續」爲「績」。又「東坡志林：而中人邢延思促戰，遂大敗。故次篇悲青坂云：焉得附書與我軍，思待明年莫倉卒。」硃筆改「思」爲「恩」。又墨筆眉批：「邢延恩。」

悲青坂

題上墨筆眉批：「七古。」

對雪

題上墨筆眉批：「五近。」詩末注：「洙曰：世説殷浩被黜，終日書空作『咄咄怪字』四字。」硃筆改「怪字」爲「怪事」。

元日寄韋氏妹

題上墨筆眉批：「五近。」

「郎伯殊方鎮，京華舊國移。」墨筆眉批：「郎伯。」

春望

題上墨筆眉批：「五近。」

憶幼子

題上墨筆眉批：「五近。」

一百五日夜對月

題上墨筆眉批：「五近。」

哀江頭

題上墨筆眉批：「七古。」

送孔巢父謝病歸遊江東兼呈李白

題上墨筆眉批：「七古。」

大雲寺贊公房四首

題上墨筆眉批：「五排。」

「泱泱泥污人，狺狺國多狗。」墨筆眉批：「國多狗。」注：「夢弼曰：可，魚斤切。」「又狺與信通。」墨筆改「可」爲「狺」，改「信」爲「犭言」。

「醍醐長發性，飲食過扶衰。」墨筆眉批：「過。」

「愚意會所適，花邊行自遲。」墨筆眉批：「愚意會所適，花邊行自遲。」

「道林才不世，惠遠德過人。」墨筆眉批：「過。」

雨過蘇端

題上墨筆眉批：「五古。」

「蘇侯得數過，歡喜每傾倒。」墨筆眉批：「過。」

喜晴

題上墨筆眉批：「五古。」

鄭駙馬池臺喜遇鄭廣文同飲

題上墨筆眉批：「五排。」

「重對秦簫發，俱過阮宅來。」「過」字旁墨筆批：「平。」又墨筆眉批：「過。來。」

喜達行在所三首

題上墨筆眉批：「五近。」

「所親驚老瘦，辛苦賊中來。」墨筆眉批：「來。」

「今朝漢社稷，新數中興年。」墨筆眉批：「中興。」

述懷

題上墨筆眉批：「五古。」

「比聞同罹禍，殺戮到鷄狗。」墨筆眉批：「狗。」
「漢運初中興，生平老耽酒。」墨筆眉批：「中興。」

得家書

題上墨筆眉批：「五排。虞。」
「涼風新過鴈，秋雨欲生魚。」墨筆眉批：「過。」

送長孫九侍御赴武威判官

題上墨筆眉批：「五古。判。」又題下墨筆批：「自此以下，一連四送判官。」
「驄馬新鑿蹄，銀鞍被好來。」墨筆改「好來」爲「來好」。

送樊二十三侍御赴漢中判官

題上墨筆眉批：「五古。判。者姓樊底想是也像個人，不然工部先生何至與詩？」
「手畫三軍勢，冰雪淨聰明。」墨筆眉批：「冰雪淨聰明。」
「慟哭蒼烟根，山門萬里閉。」墨筆眉批：「山門萬里閉。」

送從弟亞赴河西判官

題上墨筆眉批：「五古。判。」
「帝曰大布衣。」注：「曰字恐誤。」墨筆眉批：「曰字不誤。」

「孤峯石戴繹，快馬金纏轡。」墨筆改「繹」爲「驛」。

送韋十六評事充同谷防禦判官

題上墨筆眉批：「五古。判。」

「鑾輿注鳳翔，同谷爲咽喉。」墨筆改「注」爲「駐」。

「況乃胡未滅，控帶莽悠悠。」墨筆眉批：「控帶莽悠悠。」

「府中韋使軍，道足示懷柔。」「軍」字旁墨筆批：「君。」

「論兵遠壑淨，亦可從冥搜。」墨筆眉批：「論兵遠壑淨。」

奉送郭中丞兼太僕卿充隴右節度使三十韻

題上墨筆眉批：「五排。庚。」

「恥非齊說客，甘似魯諸生。」墨筆眉批：「齊說客。魯諸生。」

送楊六判官使西番

題上墨筆眉批：「五排。又一判官。寒。」

「帝征氛祲滿，人世别離難。」墨筆改「征」爲「京」。

「子雲清自守，今日起爲官。」墨筆眉批：「子雲。今日。」

「儒衣山鳥怪，漢節野童看。」墨筆眉批：「儒衣山鳥怪。」

「草肥蕃馬健，雪重拂盧乾。」注：「趙曰：吐蕃聯毳帳以居，號大小拂盧也。」硃筆眉批：

「毾㲪帳。」

哭長孫侍御

題上墨筆眉批：「五近。」

奉贈嚴八閣老

題上墨筆眉批：「五近。」題注：「夢弼曰：按李趙國史補，宰相相呼爲堂老，兩省相呼爲閣老。」墨筆改「趙」爲「肇」。

留别賈嚴二閣老兩院補闕得聞字

題上墨筆眉批：「五近。」

晚行口號

題上墨筆眉批：「五近。」

徒步歸行

題上墨筆眉批：「七古。」

「國之社稷今若是，武定禍亂非公誰？」墨筆改「武」爲「戡」。

玉華宮

題上墨筆眉批：「五古。」

九成宮

題上墨筆眉批：「五古。」

「我來屬時危，仰望嗟歎久。」墨筆眉批：「我來。」

羌村三首

題上墨筆眉批：「五古。」

北征

題上墨筆眉批：「五古。」

「顧暫恩私被，詔許歸蓬蓽。」硃筆改「暫」爲「慙」。

「君誠中興主，經緯固密勿。」墨筆眉批：「中興。」

「青雲動高興，幽事亦可悦。」墨筆眉批：「青雲動高興。」

「新歸且慰意，生理焉得説。」墨筆眉批：「理。」

詩末注：「東坡志林曰：元禮佐玄宗平内難，又從辛蜀，首建誅國忠之策。」硃筆改「辛」爲「幸」，改「詠」爲「誅」。

月

題上墨筆眉批：「五近。」

喜聞官軍已臨賊境二十韻

題上墨筆眉批：「五排。」

詩末注：「夢弼曰：拓翔，謂安西也。」墨筆改「翔」爲「羯」。

收京三首

題上墨筆眉批：「五近。」

潼關吏

題上墨筆眉批：「五古。魚、虞並用。」

「丈人視要處，窄狹客單車。」墨筆改「客」爲「容」。

留花門

題上墨筆眉批：「五古。」

詩末注：「夢弼曰：言四夷而牛馬之受羈縻也。」墨筆改「而」爲「如」。

塞蘆子

題上墨筆眉批：「五古。」

送鄭十八虔貶台州司戶

題上墨筆眉批：「七近。」題注：「趙曰：虔卽所解於圓。」墨筆改「所」爲「求」。

「萬里傷心嚴譴日，百年垂死中興時。」墨筆眉批：「中興。」

瘦馬行

題上墨筆眉批：「七古。」

「士卒多騎内廄馬，惆悵恐是病乘黄。」墨筆眉批：「惆悵恐是病乘黄。」

「當時歷鬼誤一蹶，委棄非汝能周防。」墨筆改「鬼」爲「塊」。

「天寒遠放鴈爲伴，日暮不收烏啄瘡。」注：「袁窮悼屈亦須痛快得意。」墨筆改「袁」爲「哀」。

畫鶻行

題上墨筆眉批：「五古。」

臘日

題上墨筆眉批：「七近。」

悲陳陶

注：「葛常之詩話：琯臨敗，尤特重。而中人邢延思促戰。」「房官未相日」云云，「則老杜救官之章豈亦出於師情乎！」墨筆改「尤特重」爲「猶持重」，改「邢延思」爲「邢延恩」，改「房官」爲「房琯」，改「官」爲「琯」，改「師」爲「私」。

卷之四

奉和賈至舍人早朝大明宮

題上墨筆眉批：「七律。」

宣政殿退朝晚出左掖

題上墨筆眉批：「七近。律。」

紫辰殿退朝口號

題上墨筆眉批：「七近。律。」

題省中壁

題上墨筆眉批：「七近。拗。」

春宿左省

題上墨筆眉批：「五近。」

「花隱掖垣暮，啾啾棲鳥過。」墨筆眉批：「過。且如此過字，亦平聲讀。」

送賈閣老出汝州

題上墨筆眉批：「五近。」

送翰林張司馬南海勒碑

題上墨筆眉批：「五近。」

「野館濃花發，春帆細雨來。」墨筆眉批：「來。」

曲江陪鄭八丈南史飲

題上墨筆眉批：「七近。律。」

曲江二首

題上墨筆眉批：「七近。律。律。」

「細推物理須行樂，何用浮名絆此身。」墨筆眉批：「理。」

曲江對酒

題上墨筆眉批：「七近。律。」

曲江值雨

題上墨筆眉批：「七律。」

晦日尋崔戢李封

題上墨筆眉批：「五古。」

「每過得酒傾，二宅可淹留。」墨筆眉批：「過。」

「濁醪有妙理，庶用慰沉浮。」墨筆眉批：「濁醪有妙理。」

送率府程錄事還鄉

題上墨筆眉批：「五古。」

題李尊師松樹障子歌

題上墨筆眉批：「七古。」

「老夫清晨梳白頭，玄都道士來相訪。」墨筆眉批：「老夫清晨梳。」

「障子松林靜查冥，憑軒忽若無丹青。」墨筆改「查」爲「杳」。

奉陪鄭駙馬韋曲二首

題上墨筆眉批：「五近。」

奉答岑參補闕見贈

題上墨筆眉批：「五近。」題注：「鶴曰：議論雅王，時輩所仰。」墨筆改「王」爲「正」。

奉贈王中允維

題上墨筆眉批：「五近。」

送許八拾遺歸江寧覲省

題上墨筆眉批：「五排。」

「聖朝新孝理，祖席倍輝光。」墨筆眉批：「理。」

詩末注：「夢弼曰：維摩居事乃是過去金粟如來。」墨筆改「事」爲「士」。

因許八奉寄江寧旻上人

題上墨筆眉批：「七近。」

「棊局動隨幽澗竹，架裟憶上泛湖船。」墨筆改「架」爲「袈」。

憶弟二首

題上墨筆眉批：「五近。」

「且喜河南定，不問鄴城圍。」墨筆眉批：「且喜。不問。不粘。」

得舍弟消息

題上墨筆眉批：「五近。」

送李校書二十六韻

題上墨筆眉批：「五古。」

「人間好妙年，不必須白皙。」墨筆眉批：「人間好妙年，不必須白皙。李舟想性黑也。」

「小麥習性懶，晚歲慵轉劇。」「麥」字旁墨筆批：「來。」

「臨岐意頗切，對酒不能喫。」墨筆眉批：「對酒不能喫。」

偪側行

題上墨筆眉批：「七古。」

「我貧無乘非無足，昔者相過今不得。」墨筆眉批：「過。」

「已令清急會通籍，男兒性命絕可憐。」墨筆改「清」爲「請」。

題鄭十八著作丈

題上墨筆眉批：「七古排。」

得舍弟消息

題上墨筆眉批：「五古。」

贈畢四曜

題上墨筆眉批：「五近。」詩末注：「洙曰：謝靈運詩謂古今殊，異代可同調。」墨筆改「詩」爲「誰」。

義鶻行

題上墨筆眉批：「五古。」

李鄠縣丈人胡馬行

題上墨筆眉批：「七古。」
「丈人駿馬名胡騮，前年避胡過金牛。」墨筆眉批：「過。」

端午日賜衣

題上墨筆眉批：「五近。」

酬孟雲卿

題上墨筆眉批：「五近。」

華州掾

題上墨筆眉批：「五近。」

題鄭縣亭子

題上墨筆眉批：「七近。律。」

望嶽

題上墨筆眉批：「七近。律。」

早秋苦熱堆案相仍

題上墨筆眉批：「七近。律。」

雨晴

題上墨筆眉批：「五近。」

初月

題上墨筆眉批：「五近。」

詩末注：「夢弼曰：微聲古塞外，喻肅宗卽位於靈武也。」墨筆改「聲」爲「升」。

觀安西兵過赴關中待命二首

題上墨筆眉批：「五近。」第一首詩末注：「洙曰：晉載已，慕容垂猶鷹也。」墨筆改「已」爲「記」。

九日藍田崔氏莊

題上墨筆眉批：「七近。律。」

崔氏東山草堂

題上墨筆眉批：「七近。律。」

寄高三十五詹事

題上墨筆眉批：「五近。」

「相看過半百，不寄一行書。」墨筆眉批：「過。」

遣興五首

題上墨筆眉批：「五古。」

「焉知南鄰客，九月猶絺綌。」墨筆旁批：「何必令知！」

遣興三首

題上墨筆眉批：「五古。」

貽阮隱居

題上墨筆眉批：「五古。」

「清詩近道要，識字用心苦。」墨筆眉批：「清詩。」

至日遣興奉寄北省舊閣老兩院故人二首

題上墨筆眉批：「七近。律。七律。」

冬末以事之東都湖城

題上墨筆眉批：「七古。」

「豈知軀車復同軌，可惜刻漏隨更箭。」墨筆改「軀」爲「驅」。又墨筆眉批：「『豈知驅車復同軌』，好句，好際會。」

閿鄉姜七少府設鱠戲贈長歌

題上墨筆眉批：「七古。」

卷一百四十四　重刊千家註杜詩批注（三）

卷之五

洗兵馬（原書缺一頁）

詩末注：「夢弼曰：知許叔異臨難必變。」墨筆眉批：「許叔異臨難必變。」「夢弼曰：月毳來賓。」墨筆改「毳」爲「竁」。又墨筆眉批：「月竁。」「趙曰：至德三年七月，黄河三十里清如井水。」墨筆眉批：「至德三年七月黄河清。」

觀兵

題上硃筆眉批：「五近。」

不歸

題上硃筆眉批：「五近。」又墨筆眉批：「庚。」題注：「鶴曰：公之從事死於城中。」墨筆改「事」爲「弟」。

獨立

題上硃筆眉批：「五近。」又墨筆眉批：「尤。」

所思

題上硃筆眉批：「五近。」又墨筆眉批：「先。」

不見

自注：「近無李白消息。」墨筆眉批：「李太白。」又墨筆眉批：「灰。」

新安吏

題上硃筆眉批：「五古。」又墨筆眉批：「庚。」

石壕吏

題上硃筆眉批：「五古。」

「老婦出門看。」硃筆旁批：「字訛。」

新婚别

題上硃筆眉批：「五古。」又墨筆眉批：「陽。」

垂老别

題上硃筆眉批：「五古。」又墨筆眉批：「蹇。」

無家别

題上硃筆眉批：「五古。」又墨筆眉批：「支、齊。」

「家鄉既盪盡，遠近理亦齊。」墨筆眉批：「理。」

夏日歎

題上硃筆眉批：「五古。」又墨筆眉批：「佳、灰。」

「浩蕩想幽薊，王師安在哉？」墨筆眉批：「哉。」

夏夜歎

題上硃筆眉批：「五古。」

「昊天出華月，茂林延疎光。」墨筆眉批：「昊天出華月。」

「況復煩促倦，激烈思時康。」墨筆眉批：「康字極俗，不好押。」

立秋後題

題上硃筆眉批：「五古。」

赤谷西崦人家

題上硃筆眉批：「五古。」

昔遊

題上硃筆眉批：「五古。」

佳人

題上硃筆眉批：「五古。」

「人寒翠袖薄，日暮倚脩竹。」硃筆改「人」爲「天」。

有懷台州鄭十八司戶

題上硃筆眉批：「五古。」

「黄帽映青袍，非供折腰俱。」注：「師曰：黄帽乃竹籜冠也。」墨筆眉批：「黄帽謂籜冠，未必。」

遣興五首

題上硃筆眉批：「五古。」

第一首墨筆眉批：「侵。」

「舉家隱鹿門，劉表焉得取。」硃筆眉批：「取字好。」
注：「爲不知者詬病，以爲拙於生事。」硃筆眉批：「生事何妨于拙，亦何妨詬病？」
第四首墨筆眉批：「陽。」

遣興三首

題上硃筆眉批：「五古。」
第一首墨筆眉批：「陽。」注：「夢弼曰：漢忘，天用莫如龍。」墨筆改「忘」爲「志」。
第二首注：「崔豹古今注，始皇有馬曰近風。」墨筆改「近」爲「延」。

秦州雜詩二十首

題上硃筆眉批：「五近。」又墨筆眉批：「尤一。東二。麻三。支四。陽五。微六。刪七。灰八。青九。元十。支十一。先十二。麻十三。先十四。刪十五。文十六。陽十七。微十八。寒十九。支二十。」
「滿目悲生事，因人作遠游。」硃筆旁批：「可憐！」
「月明垂葉露，雲逐度溪風。」墨筆眉批：「月明垂葉露。」
第七首：「無風雲出塞，不夜月臨關。」墨筆眉批：「不夜月臨關。」
第十四首：「萬古仇池穴，潛通小有大。」硃筆改「大」爲「天」。
第十九首：「風連西極動，月過北庭寒。」墨筆眉批：「動、過。」又墨筆眉批：「月過北庭寒。」

野望

題上硃筆眉批：「五近。」又墨筆眉批：「侵。」
「清秋望不極，迢遞起曾陰。」墨筆改「曾」爲「層」。

天河

題上硃筆眉批：「五近。」又墨筆眉批：「庚。」
「含星雙動闕，伴月落邊城。」墨筆眉批：「動。伴月落邊城。」

東樓

題上硃筆眉批：「五近。」又墨筆眉批：「元。」
「萬里流沙道，征西過此門。」墨筆眉批：「過。」

山寺

題上硃筆眉批：「五近。」又墨筆眉批：「豪。」
「亂水通人過，懸崖置屋牢。」墨筆眉批：「過。」

秋日阮隱居致薤三十束

題上硃筆眉批：「五近。」又墨筆眉批：「尤。」

從人覓小胡孫許寄

題上硃筆眉批：「五近。覓小猴兒。」又墨筆眉批：「先。」

蕃劍

題上硃筆眉批：「五近。」又墨筆眉批：「陽。」
「致此自僻遠，又非珠玉裝。」墨筆眉批：「好劍全不在裝飾。」

銅缾

題上硃筆眉批：「五近。」又墨筆眉批：「侵。」

寓目

題上硃筆眉批：「五近。」又墨筆眉批：「歌。」
「自傷遲暮眼，喪亂飽經過。」墨筆眉批：「過。」

卽事

題上硃筆眉批：「五近。微。」又墨筆眉批：「微。」

歸燕

題上硃筆眉批：「五近。」又墨筆眉批：「微。」

促織

題上硃筆眉批：「五近。」墨筆眉批：「眞。」

螢火

題上硃筆眉批：「五近。」又墨筆眉批：「微。」

蒹葭

題上硃筆眉批：「五近。」又墨筆眉批：「歌。」

苦竹

題上硃筆眉批：「五近。」又墨筆眉批：「支。」

日暮

題上硃筆眉批：「五近。」又墨筆眉批：「歌。」

夕峰

題上硃筆眉批：「五近。」又墨筆眉批：「寒。」

秋笛

題上硃筆眉批：「五近。」又墨筆眉批：「微。」

「相逢恐恨過，故作發聲微。」墨筆眉批：「過。」

「不見秋雲動，悲風稍稍歸。」硃筆改「歸」爲「飛」。

擣衣

題上硃筆眉批：「五近。」又墨筆眉批：「侵。」

月夜憶舍弟

題上硃筆眉批：「五近。」又墨筆眉批：「庚。」

「露從今夜白，月是故鄉明。」墨筆眉批：「月是故鄉明。」

遣興

題上硃筆眉批：「五近。」墨筆眉批：「支。」

夢李白二首

題上硃筆眉批：「五古。」

遣興三首

題上硃筆眉批：「五古。」又墨筆眉批：「先、尤、早。」

「高秋登寒山，南望馬邑州。」墨筆眉批：「馬邑州。」

天末懷李白

題上硃筆眉批：「五近。」又墨筆眉批：「歌。」

「涼風起天末，君子意何如？」墨筆改「何如」爲「如何」。

「文章憎命達，魑魅喜人過。」墨筆眉批：「過。」

卷之六

秦州見勅目薛三璩授司議郎畢四曜除監察

題上硃筆眉批：「五排。三十韻，兩萍字。」又墨筆眉批：「青。」

「俗態猶情忌，妖氛逐杳冥。」硃筆改「情」爲「猜」。

寄彭州高三十五使君適岑二十七長史參三十韻

題上硃筆眉批：「五排。」又墨筆眉批：「陽。」

「舉天悲富駱，近代惜盧王。似爾官仍貴，前賢命可傷。」注：「其不足可見」云云。墨筆旁批：「亦不必爾求，其實本意無此。」

「諸侯非棄擲，半刺已翺翔。」墨筆眉批：「半刺。」

「三年猶瘧疾，一鬼不銷亡。」墨筆眉批：「瘧。」

詩末注：「洙曰：刺史，古之諸侯也。庾亮書別駕任居刺史之半。諸侯謂適也，半刺謂岑也。」墨筆眉批：「刺史之半。」

寄李十二白二十韻

題上硃筆眉批：「五排。」又墨筆眉批：「眞。」

「昔年有狂客，號爾謫僊人。筆落驚風雨，詩成泣鬼神。」墨筆眉批：「奴人只道庾鮑句，是不足太白意，請看『筆落』、『詩成』等。」

「老吟秋月下，病豈暮江濱。」墨筆改「豈」爲「起」。

詩末注：「洙曰：賈誼爲長沙三。」硃筆改「三」爲「王」。

寄岳州賈司馬六丈巴州嚴八使君

題上硃筆眉批：「五排。」又墨筆眉批：「先。邊、故，然、開，偏、長，懸、憶，筵、討，騫、無、船、蒼、千、畫、瀍、小、堅、浪、天、萬、前、陰、巔、亂、燕、法、川、此、旋、貔、鞭、侍、僊、花、煙、衣、溪、哭、鮮、月、錢、内、綿、恩、肩、晚、眠、轡、戔、每、賢、秉、翩、禁、全、青、憐、弟、虔、師、先、舊、穿、翠、蓮、賈、篇、定、傳、見、紘、浦、拳、地、泉、且、年、典、捐、安、田、去、玄、古、焉、隴、弦、笑、遷、親、聯、他、邅、多、便、如、褰。」

「長沙才子遠，鈎瀨客星懸。」墨筆改「鈎」爲「釣」。

「花動朱樓雪，城疑碧樹煙。」墨筆眉批：「動。」

「舊好腸堪斷，新愁恨欲穿。」「恨」字旁墨筆批：「眼。」

「貝綿無停織，朱絲有斷弦。」墨筆改「綿」爲「錦」。

「且將棋度日，應用酒爲年。」硃筆眉批：「公解棋。」

「古人稱逝矣，吾首卜終焉。」墨筆眉批：「吾道卜終焉。」注：「三見焉字。」墨筆眉批：「遊藝可終焉。柴荆卽有焉。口然蓋有焉。」

「如公盡雄俊，志在必騰騫。」「騫」字旁墨筆批：「褰。」

詩末注：「夢弼曰：秦晉之間，皆吹畫閣聲，以節用兵也。」墨筆改「閣」爲「角」。

寄張十二山人彪三十韻

題上硃筆眉批：「五排。」又墨筆眉批：「眞。」

「羣兇彌宇宙，此物在風塵。」注：「黄曰：此物，指彪也。」墨筆眉批：「此物。」

「曹植休前輩，張芝更後身」云云。墨筆眉批：「山人何人，凭地推奬，定不凡。」

「肘後符應驗，囊中藥未陳。」墨筆旁批：「山人解醫。」

前出塞九首

題上硃筆眉批：「五古。」又墨筆眉批：「歌、支、有、眞、文、陽、寒、元、東。」

後出塞五首

題上硃筆眉批：「五古。」又墨筆眉批：「尤、蕭、文、虞、元。」
「遂使貔虎士，奮身勇所聞。」硃筆眉批：「此『所聞』字用左，皆行其所周而還，事見左傳。」

示姪佐

題上硃筆眉批：「五近。」又墨筆眉批：「先。」

佐還山後寄三首

題上硃筆眉批：「五近。」又墨筆眉批：「齊、支、魚。」〔一〕
「甚聞霜薤白，重惠意何如。」墨筆改「何如」爲「如何」。

〔一〕「魚」，當爲「歌」，疑青主筆誤。

宿贊公房

題上硃筆眉批：「五近。」又墨筆眉批：「先。」

「放逐寧違性，虚空不離禪。」硃筆眉批：「賤性極不喜此『寧』字。」

遣懷

題上硃筆眉批：「五近。」又墨筆眉批：「先。」

廢畦

題上硃筆眉批：「五近。」又墨筆眉批：「寒。」

除架

題上硃筆眉批：「五近。」又墨筆眉批：「魚。」

「秋蟲聲不去，暮雀意如何。」墨筆改「如何」爲「何如」。

西枝村尋置草堂地夜宿贊公土室二首

題上硃筆眉批：「五古。」

「出郭眄細岑，披秦得微路。」墨筆改「秦」爲「榛」。

「昨枉霞上作，盛論嚴中趣。」墨筆眉批：「霞上。」

「數奇謫關塞，道廣存箕穎。」墨筆眉批：「數奇謫關塞。」

寄贊上人

題上硃筆眉批：「五古。」又墨筆眉批：「尤。」

「亭午頗和暖，石田文足收。」墨筆改「文」爲「又」。

太平寺泉眼

題上硃筆眉批：「五古。」

空囊

題上硃筆眉批：「五近。」又墨筆眉批：「寒。」

病馬

題上硃筆眉批：「五近。」又墨筆眉批：「侵。」又題下墨筆批：「侵。」

送人從軍

題上硃筆眉批：「五近。」又墨筆眉批：「先。」又題下墨筆批：「先。」

送靈州李判官

題上硃筆眉批：「五近。」又墨筆眉批：「陽。」

送遠

題上硃筆眉批：「五近。」又墨筆眉批：「庚。」

別贊上人

題上硃筆眉批：「五古。」

「贊公釋門老，放逐來上國。」墨筆眉批：「放逐。」

「野風吹征衣，欲別向曛黑。」硃筆改「曛」爲「矄」。

詩末注：「阮宏林詩總曰：此二句乃老杜別贊上人詩中金語，豈偶然之用耶？」墨筆改「金」爲「全」，又墨筆改「之用」爲「用之」。

兩當縣吳十侍御江上宅

題上硃筆眉批：「五古。」

發秦州

題上硃筆眉批：「五古。」又墨筆眉批：「尤。」

赤谷

題上硃筆眉批：「五古。」又墨筆眉批：「支。」

鐵堂峽

題上硃筆眉批：「五古。」

「山風吹遊子，縹緲乘險絕。」墨筆眉批：「縹緲。」

「修纖無限竹，嵌空太始雪。」墨筆眉批：「嵌空太始雪。」

鹽井

題上硃筆眉批：「五古。」又墨筆眉批：「先。」

「我何良歎嗟，物理固自然。」墨筆眉批：「理。」

寒峽

題上硃筆眉批：「五古。」又墨筆眉批：「寒。」

「野人尋煙語，行子傍水餐。」墨筆眉批：「野人尋煙語。」

法鏡寺

題上硃筆眉批：「五古。」

青陽峽

題上硃筆眉批：「五古。」

龍門鎮

題上硃筆眉批：「五古。」

石龕

題上硃筆眉批：「五古。」又墨筆眉批：「齊。」

積草嶺

題上硃筆眉批：「五古。」

「來書語絶妙，遠客驚深眷。」墨筆眉批：「來書語絶妙。」

泥功山

題上硃筆眉批：「五古。」又墨筆眉批：「東。」〔二〕

〔二〕「東」，傅山全書初版本誤作「東」，據手稿改。

鳳凰臺

題上硃筆眉批：「五古。」又墨筆眉批：「尤。」

「亭亭鳳凰臺，北對西康州。」墨筆眉批：「康。」

乾元中寓居同谷縣作歌七首

題上硃筆眉批：「七古。」

「有客有客字子美，白頭亂髮垂過耳。」墨筆眉批：「過。」

「嗚呼二歌兮歌始放，閭里爲我色惆悵。」墨筆眉批：「惆悵。」

「曰山多風溪水急，寒雨颯颯枯樹濕。」硃筆改「曰」爲「四」。

「黄蒿古城雲不開，白孤跳梁黄狐立。」墨筆改「孤」爲「狐」。

「魂招不來歸故鄉。」墨筆眉批：「陽。」

萬丈潭

題上硃筆眉批：「五古。」

「削成根虛無，倒影垂澹瀩。」「孤雲倒來深，飛鳥不在外。」墨筆眉批：「瀩。不遠兩『倒』字。」

「何事炎天過，快意風雨會。」墨筆眉批：「過。」詩末注：「修可曰：康協終南行：楓丹彬碧，壘旌立旗。」墨筆眉批：「康協終南行。」

發同谷縣

題上硃筆眉批：「五古。」

木皮嶺

題上硃筆眉批：「五古。」又墨筆眉批：「元。」

白沙渡

題上硃筆眉批：「五古。」

水會渡

題上硃筆眉批：「五古。」又墨筆眉批：「寒。」

「大江動我前，洶若溟渤寬。」墨筆眉批：「動。」

飛僊閣

題上硃筆眉批：「五古。」又墨筆眉批：「豪。」

五盤

題上硃筆眉批：「五古。」墨筆眉批：「魚。」

龍門閣

題上硃筆眉批：「五古。」

石櫃閣

題上硃筆眉批：「五古。」

「清輝迴羣鷗，暝色帶遠客。」墨筆眉批：「清輝迴羣鷗，暝色帶遠客。」

「優游謝康樂，放浪陶彭澤。」硃筆眉批：「康。」

桔柏渡

題上硃筆眉批：「五古。」又墨筆眉批：「蕭。」

劍門

題上硃筆眉批：「五古。」

鹿頭山

題上硃筆眉批：「五古。」

「冀公柱石姿，論道邦國活。」注：「夢弼曰：冀公，謂僕射冀國公裴冕也。」硃筆眉批：「冀公，裴冕。」

成都府

題上硃筆眉批：「五古。」又墨筆眉批：「陽。」

散愁二首

題上硃筆眉批：「五近。」又墨筆眉批：「歌、齊。」

恨别

題上硃筆眉批：「七近。」又墨筆眉批：「先。」

卷之七

酬高使君

題上硃筆眉批：「五近。」又墨筆眉批：「魚。敦。」

「贈杜二十遺（高適）。」墨筆改「十」爲「拾」。

奉酬李督表文早春作

題上硃筆眉批：「五近。」又墨筆眉批：「眞。」

卜居

題上硃筆眉批：「七近。」又墨筆眉批：「尤。」

王十五馬弟出郭相訪兼遺營草堂貲

題上硃筆眉批：「五近。」又墨筆眉批：「蕭。」

「憂我營茅棟，攜錢過野橋。」墨筆眉批：「過。」又墨筆尾批：「此『過』連『憂我』句讀來，義最分明。」

堂成

題上硃筆眉批：「七律。」又墨筆眉批：「郊。」

遊修覺寺

題上硃筆眉批：「五近。」又墨筆眉批：「尤。」

後遊

題上硃筆眉批：「五近。」又墨筆眉批：「支。」

賓至

題上硃筆眉批：「七律。」又墨筆眉批：「寒。」
「幽棲地僻經過少，老病人扶再拜難。」墨筆眉批：「過。」
「豈有文章驚海内，謾勞車馬駐江千。」墨筆改「千」爲「干」。

狂夫

題上硃筆眉批：「七近。」墨筆眉批：「陽。」

有客

題上硃筆眉批：「五近。」墨筆眉批：「眞。」
「有客過茅宇，呼兒正葛巾。」墨筆眉批：「過。」

蜀相

題上硃筆眉批：「七近。」又墨筆眉批：「蜀。」又墨筆眉批：「侵。」
「三顧頻繁天下計，兩朝開濟老臣心。」墨筆眉批：「開濟。」

石笋行

題上硃筆眉批：「七古。」又墨筆眉批：「元。」

「惜哉俗態好蒙蔽，亦如小臣媚至尊。」墨筆眉批：「小臣媚至尊。」

詩末注：「彥輔曰：雨過必有小朱或青黃如粟者。」墨筆改「朱」爲「珠」。「蒼舒曰：按博雅：琴瑟，碧珠也。」墨筆改「琴」爲「瑟」。「洙曰：妃死，王遣五丁之武都。」墨筆改「遺」爲「遣」。「趙曰：小臣媚至尊，謀李輔國也。」墨筆改「謀」爲「謂」。又墨筆眉批：「李輔國。」

漫興九首

題上硃筆眉批：「七絕。」又墨筆眉批：「青、麻、眞、來、尤、元、先、拈、蕭。」

「誰謂朝來不作意，狂風晚斷最長條。」硃筆改「晚」爲「挽」。

題新津北橋樓得郊字

題上硃筆眉批：「五近。」又墨筆眉批：「郊。」

雲山

題上硃筆眉批：「五近。」又墨筆眉批：「灰。」

杜鵑行

題上硃筆眉批：「七古。」墨筆眉批：「虞。」

爲農

題上硃筆眉批：「五近。」又墨筆眉批：「麻。」

梅雨

題上硃筆眉批：「五近。」又墨筆眉批：「灰。」

田舍

題上硃筆眉批：「五近。」又墨筆眉批：「陽。」

江村

題上硃筆眉批：「七近。」又墨筆眉批：「尤。」

江漲

題上硃筆眉批：「五近。」又墨筆眉批：「尤。」題下墨筆批：「尤字。」

「下牀高數尺，倚仗没中洲。」墨筆改「仗」爲「杖」。

「細動迎風燕，輕摇逐浪鷗。」墨筆眉批：「動字。」

題壁上韋偃畫馬歌

題上硃筆眉批：「七古。」又硃筆眉批：「畫。」

戲題王宰畫山水圖歌

題上硃筆眉批：「七古。」又硃筆眉批：「畫。」

詩末注：「夢符曰：咫尺之内，便覽萬里爲遥。」墨筆改「覽」爲「覺」。「蔡絛西清詩話云：簫文奂能書善畫。」墨筆改「簫」爲「蕭」。

戲韋偃爲雙松圖歌

題上硃筆眉批：「七古。畫。」

「松根胡僧憩寂寞，龐眉皓首無往著。」「往」字旁墨筆批：「住。」

赴青城縣出成都寄陶王二少尹

題上硃筆眉批：「五近。」又墨筆眉批：「豪。」

野望因過常少僊

題上硃筆眉批：「五近。」又墨筆眉批：「灰。」

「竹覆青城合，江從灌口來。」墨筆眉批：「城。」

丈人山

題上硃筆眉批：「七五古。」又墨筆眉批：「置。」
「丈人祠西佳氣濃，綠雲擬住最高峯。」墨筆眉批：「濃。」

出郭

題上硃筆眉批：「五近。」又墨筆眉批：「齊。」

泛溪

題上硃筆眉批：「五古。」又墨筆眉批：「支、齊雜用。」
「衣上見新月，霜中登故畦。」墨筆眉批：「衣上見新月。」

贈蜀僧閭丘師兄

題上硃筆眉批：「五古。」又墨筆眉批：「元。」
「夜闌接軟語，落月如金盆。」墨筆眉批：「夜深接軟語，落月如金盤。」

野老

題上硃筆眉批：「七近。」墨筆眉批：「灰。」
「野老籬前江岸迴，柴門不正逐江開。」硃筆旁批：「會開門！」

一室

題上硃筆眉批：「五近。」又墨筆眉批：「先。」

北鄰

題上硃筆眉批：「五近。」墨筆眉批：「豪。」

南鄰

題上硃筆眉批：「七近。」墨筆眉批：「眞。」

村夜

題上硃筆眉批：「五近。」墨筆眉批：「庚。」

奉簡高三十五使君

題上硃筆眉批：「五近。」又墨筆眉批：「眞。」

寄楊五桂州譚

題上硃筆眉批：「五近。」又墨筆眉批：「侵。」

西郊

題上硃筆眉批：「五近。」又墨筆眉批：「陽。」

和裴迪蜀州東亭送客逢早梅相憶見寄

題上硃筆眉批：「七近。」又墨筆眉批：「尤。」
「此時對雪遙相憶，送客還春可自由。」「還」字旁墨筆批：「逢。」

蕭八明府寔處覓桃栽

題上硃筆眉批：「七絕。」又墨筆眉批：「覓桃栽。」又墨筆眉批：「元。」

憑何十一少府邕覓榿木數百栽

題上硃筆眉批：「七絕。」又墨筆眉批：「覓榿栽。侵。」

憑韋少府班覓松樹子栽

題上硃筆眉批：「七絕。」又墨筆眉批：「覓松樹子。灰。」

又於韋處乞大邑瓷盌

題上硃筆眉批：「七絕。」又墨筆眉批：「乞盌。先。」

「大邑燒瓷輕且堅，扣如哀玉錦城傳。」墨筆眉批：「好瓷器輕而堅。」

早起

墨筆眉批：「删。」

琴臺

題上硃筆眉批：「五近。」又墨筆眉批：「文。」

漫成二首

題上硃筆眉批：「五近。」又墨筆眉批：「清。眞。」
詩末注：「雪浪齋日記：野日荒荒身」云云。墨筆改「身」爲「白」。
「讀書難字過，對酒滿壺頻。」墨筆眉批：「過。」

客至

題上硃筆眉批：「七近。」又墨筆眉批：「灰。」

江畔獨步尋花七絶句

題上硃筆眉批：「七絶。」又墨筆眉批：「陽、眞、麻、先、東、齊、來。」

春水生二絕

題上硃筆眉批：「七絕。」又墨筆眉批：「庚、陽。」

春夜喜雨

題上硃筆眉批：「五近。」又墨筆眉批：「庚。」

遣意二首

題上硃筆眉批：「五近。」又墨筆眉批：「庚、麻。」

「一徑野花落，孤村春水生。衰年催釀黍，細雨更移橙。漸喜交遊絕，幽居不用名。」墨筆眉批：「春水生。衰年催。漸喜交遊絕。」

「野船明細火，宿鷺起圓沙。雲掩初弦月，香傳小樹花。」墨筆眉批：「宿鷺起圓沙。雲掩初弦月。」

春水

題上硃筆眉批：「五近。」又墨筆眉批：「元。」

「朝來沒沙尾，碧色動柴門。」墨筆眉批：「動。」

江亭

題上硃筆眉批：「五近。」又墨筆眉批：「支。」

徐步

題上硃筆眉批：「五近。」又墨筆眉批：「虞。」〔一〕

寒食

題上硃筆眉批：「五近。」又墨筆眉批：「微。」

石鏡

題上硃筆眉批：「五近。」又墨筆眉批：「刪。」

少年行二首

題上硃筆眉批：「七絕。」又墨筆眉批：「元、歌。」墨筆眉批：「歌。」

〔一〕「虞」，傅山全書初版本誤作「庚」，據手稿改。

戲作花卿歌

題上硃筆眉批：「七古。」又墨筆眉批：「庚、虞。」

「用如快鶻風火生，見賊唯多身始輕。」墨筆眉批：「賊多身始輕。」

高枏

題上硃筆眉批：「五近。」又墨筆眉批：「青。」

惡樹

題上硃筆眉批：「五近。」又墨筆眉批：「歌。」

戲爲六絕

題上硃筆眉批：「七絕。」又墨筆眉批：「庚、尤、豪、東、真、支。」

「龍文虎脊皆君馭，歷塊過都見爾曹。」墨筆眉批：「過。」

卷之八

寄杜位

題上硃筆眉批：「七近。」又墨筆眉批：「尤。」

送裴五赴東川

題上硃筆眉批：「五近。」又墨筆眉批：「元。」

送韓十四江東省覲

題上硃筆眉批：「七近。」又墨筆眉批：「微。」

逢唐興劉主簿弟

題上硃筆眉批：「五近。」又墨筆眉批：「魚。」

和裴迪登新津寺寄王侍郎

題上硃筆眉批：「五近。」又墨筆眉批：「陽。」

敬簡王明府

題上硃筆眉批：「五近。」又墨筆眉批：「冬。」

重簡王明府

題上硃筆眉批：「五近。」又墨筆眉批：「寒。」

因崔五侍御寄高彭州適一絕

題上硃筆眉批：「五絕。」又墨筆眉批：「寒。」

聞斛斯六官未歸

題上硃筆眉批：「五近。」又墨筆眉批：「先。」

徐卿二子歌

題上硃筆眉批：「七古。」又墨筆眉批：「支、尤。」

贈花卿

題上硃筆眉批：「七絕。」又墨筆眉批：「文。」

百憂集行

題上硃筆眉批：「七古。」又墨筆眉批：「灰。」

「庭前八月梨棗熟，一日上樹能千迴。」硃筆眉批：「公能上樹。」

石犀行

題上硃筆眉批：「七古。」又墨筆眉批：「尤、陽。」

「先生作法皆正道，詭怪何得參人謀。」硃筆改「生」爲「王」。

江漲

題上硃筆眉批：「五近。」墨筆眉批：「尤。」

朝雨

題上硃筆眉批：「五近。」又墨筆眉批：「蕭。」
「風鴛藏近渚，雨燕集深條。」墨筆眉批：「風鴛。」
「草堂樽酒在，幸得過清朝。」墨筆眉批：「過。」

晚晴

題上硃筆眉批：「五近。」
「材晚驚風度，庭幽過雨霑。」墨筆眉批：「過。」
「夕陽薰細草，江色映疎廉。」墨筆眉批：「簾。」

病柏

題上硃筆眉批：「五古。」
「靜求元精理，浩蕩難倚賴。」墨筆眉批：「理。浩蕩難倚賴。」

病橘

題上硃筆眉批：「五古。」又墨筆眉批：「文。」

「汝病是天意，吾愁罪有司。」墨筆眉批：「『汝病』以下六句，最易取賞于鏖糟。」

枯椶

題上硃筆眉批：「五古。」

枯柟

題上硃筆眉批：「五古。」

所思

題上硃筆眉批：「七近。」

「可憐懷抱向人盡，欲問平安無使來。」墨筆眉批：「來。」

進艇

題上硃筆眉批：「七近。」墨筆眉批：「江。」

草堂卽事

題上硃筆眉批：「五近。」又墨筆眉批：「麻。」

徐九少尹見過

題上硃筆眉批：「五近。」又墨筆眉批：「來。」

范二員外邈吳十侍御郁特枉駕厥展待聊寄此作

題上硃筆眉批：「五近。」又墨筆眉批：「微。」

「暫往比鄰去，空聞二妙歸。」墨筆眉批：「比鄰。」

「幽棲城簡略，衰白已光輝。」墨筆改「城」爲「誠」。

「論文或不愧，重肯款柴門。」硃筆改「門」爲「扉」。又墨筆眉批：「門當是扉。」

王十七侍御掄許攜酒至草堂

題上硃筆眉批：「七近。」

「江鸛巧當幽徑浴，鄰鷄還過短牆來。」墨筆眉批：「過。來。」

「繡衣屢許攜家醖，皂蓋能忘折野梅。」墨筆眉批：「梅。」

王竟攜酒高亦同過共用寒字

題上硃筆眉批：「五近。」又墨筆眉批：「過。寒。」

奉寄别馬巴州

題上硃筆眉批：「七近。」又墨筆眉批：「歌。」

「獨把魚竿終遠去，難隨鳥翼一相過。」墨筆眉批：「過。」

陪李七司馬皂江上觀造竹橋

題上硃筆眉批：「七近。」又墨筆眉批：「東。」

觀作橋成月夜舟中有述還呈李司馬

題上硃筆眉批：「五近。」又墨筆眉批：「支。」

李司馬橋了承高使君自成都回

題上硃筆眉批：「七絕。」又墨筆眉批：「文。」

詣徐卿覓果子栽

題上硃筆眉批：「七絕。」又墨筆眉批：「覓果栽。東。」

奉待嚴大夫

題上硃筆眉批：「七近。」又墨筆眉批：「東。」

江詠五首

題上硃筆眉批：「五古、五古、五近、五近、五近。」又從第二首起墨筆眉批：「支、歌、豪、庚。」

野望

題上硃筆眉批：「七近。」又墨筆眉批：「蕭。」

三絕句

題上硃筆眉批：「七絕。」又墨筆眉批：「微、來、庚。」

畏人

題上硃筆眉批：「五近。」又墨筆眉批：「齊。」

可惜

題上硃筆眉批：「五近。」又墨筆眉批：「支。」

「寬心應是酒，遺興莫過詩。」墨筆眉批：「過。」又墨筆尾批：「如此『過』字逕以去聲之意讀爲平聲。」

「此意陶潛解，吾生後汝期。」墨筆旁批：「兼補上詩。」

落日

題上硃筆眉批：「五近。」又墨筆眉批：「尤。」

獨酌

題上硃筆眉批：「五近。」又墨筆眉批：「支。」

廣州段功曹到得楊五長史書

題上硃筆眉批：「五近。」又墨筆眉批：「先。」

「衞清開幕府，楊僕將棲船。」墨筆改「清」爲「青」，硃筆改「棲」爲「樓」。

得廣州張判官叔卿書使還以詩代意

題上硃筆眉批：「五近。」又墨筆眉批：「先。」

送段功曹歸廣州

題上硃筆眉批：「五近。」又墨筆眉批：「庚。」

魏十四侍御就弊廬相別

題上硃筆眉批：「五近。」又墨筆眉批：「陽。」

從韋二明府續處覓綿竹三數叢

題上硃筆眉批：「覓綿竹。七絕。」又墨筆眉批：「豪。」

贈別何邕

題上硃筆眉批：「五近。」又墨筆眉批：「眞。」

贈別鄭鍊赴襄陽

題上硃筆眉批：「五近。」又墨筆眉批：「眞。」

「把君詩過日，念此別驚神。」墨筆眉批：「過。」

重贈鄭鍊絕句

題上硃筆眉批：「七絕。」又墨筆眉批：「眞。」

嚴中丞枉駕見過

題上硃筆眉批：「七近。」又墨筆眉批：「青。」

奉酬嚴公寄題野亭之作

題上硃筆眉批：「七近。」又墨筆眉批：「魚。」

「枉休旌麾出城府，草茅無逕欲教鋤。」墨筆改「休」爲「沐」。又墨筆根批：「沐。」

寄題杜二錦江野亭（嚴武）

「腹中書籍幽時曬，肘後醫方静處看。」墨筆眉批：「杜先生豈能醫耶？」

詩末註：「武御之。」墨筆改「御」爲「銜」。

遭田父泥飲美嚴中丞〔一〕

題上硃筆眉批：「五古。」題下墨筆批：「『遭』字下得極好。」又墨筆眉批：「有。」

「感此氣揚揚，須知風化首。」墨筆眉批：「『風化首』三字似迂。」

「久客惜人情，如何拒鄰叟」云云。墨筆眉批：「寫村漢留客，酷似。」

「月出遮我留，仍嗔問升斗。」墨筆旁批：「結句還是不了語。」

野人送朱櫻

題上硃筆眉批：「七近。」又墨筆眉批：「東。」

〔一〕「丞」，傅山全書初版本誤作「亟」，據批點底本改。

弊廬遣興奉寄嚴公

題上硃筆眉批：「五排。」又墨筆眉批：「元。」

舟前小鵝兒

題上硃筆眉批：「五近。」又墨筆眉批：「歌。」

官池春鴈二首

題上硃筆眉批：「七絕。」又墨筆眉批：「文、陽。」

奉和嚴中丞西城晚眺十韻

題上硃筆眉批：「五排。」又墨筆眉批：「眞、侵。」

「地平江動蜀，天潤樹浮秦。」墨筆眉批：「動。」

短歌行贈王郎司直

題上硃筆眉批：「七古。」

「豫樟翻風白日動，鯨魚跋浪滄溟開。」墨筆眉批：「動。」

入奏行贈西山檢察使竇侍御

題上硃筆眉批：「長短古。」又墨筆眉批：「虞。」墨筆眉批：「不必典實而然，『清冰出萬壑』「烱如一段清冰出萬壑，置在迎風寒露之玉壺。」一句連生疊疊。」

中丞嚴公雨中垂寄見憶一絕奉答二絕〔二〕

題上硃筆眉批：「七絕。」又墨筆眉批：「支、齊。」

王錄事許修草堂貲不到聊小詰

題上硃筆眉批：「五絕。」又墨筆眉批：「要修草堂資。支。」

謝嚴中丞送青城山道士乳酒一瓶〔三〕

題上硃筆眉批：「七絕。」又墨筆眉批：「文。」

〔二〕「丞」，傅山全書初版本誤作「亟」，據批點底本改。
〔三〕「丞」，傅山全書初版本誤作「亟」，據批點底本改。

江上值水如海勢聊短述

題上硃筆眉批：「七近。」又墨筆眉批：「尤。」

戲贈友二首

題上硃筆眉批：「五古。」又墨筆眉批：「魚、虞。」

小檻遣心二首

題上硃筆眉批：「五近。」又墨筆眉批：「麻、庚。」

屏跡二首

題上硃筆眉批：「五近。」又墨筆眉批：「庚、尤。」

絕句四首

題上硃筆眉批：「七絕。」又墨筆眉批：「元、寒、先、青。」

「苗滿空山慙取譽，根居隙地怯成形。」墨筆尾批：「『慙取譽』何說？」

大麥行

題上硃筆眉批：「七古。」又墨筆眉批：「陽。」

嚴公仲夏枉駕草堂兼攜酒饌得寒字

題上硃筆眉批：「七近。」又墨筆眉批：「寒。」

卽事

題上硃筆眉批：「五絕。」又墨筆眉批：「尤。」

少年行

題上硃筆眉批：「七絕。」又墨筆眉批：「陽。」

嚴公廳宴同詠蜀道畫圖得空字

題上硃筆眉批：「五近。」又墨筆眉批：「東。」

大雨

題上硃筆眉批：「五古。」又墨筆眉批：「豪。」

溪漲

題上硃筆眉批：「五古。」又墨筆眉批：「魚。」

寄高適

題上硃筆眉批：「五近。」又墨筆眉批：「元。」

奉送嚴公入朝十韻

題上硃筆眉批：「五排。」又墨筆眉批：「眞。」

送嚴侍郎到綿州同登杜使君江樓宴得心字

題上硃筆眉批：「五排。」又墨筆眉批：「侵。」

奉濟驛重送嚴公四韻

題上硃筆眉批：「五近。」又墨筆眉批：「庚。」

送梓州李使君之任

題上硃筆眉批：「五排。」又墨筆眉批：「先。」

苦戰行

題上硃筆眉批：「七古。」

去秋行

題上硃筆眉批：「七古。」又墨筆眉批：「支。」

觀打魚歌

題上硃筆眉批：「七古。」

又觀打魚

題上硃筆眉批：「七古。」

「干戈兵革鬬未已，鳳凰麒麟安在哉？」墨筆眉批：「哉。」注：「孝經援神（鶴曰）」云云，墨筆改爲「孝經援神契曰」云云。

卷一百四十五　重刊千家註杜詩批注（四）

卷之九

越王樓歌

墨筆眉批：「庚。」

海棕行

墨筆眉批：「文。」

姜楚公畫角鷹歌

墨筆眉批：「先。」

「楚公畫鷹鷹戴角，殺氣森林到幽朔。」墨筆眉批：「角。」

宗武生日

墨筆眉批：「庚。」

悲秋

墨筆眉批：「庚。」

「愁窺高鳥過，老逐衆人行。」墨筆眉批：「過。」

客夜

墨筆眉批：「庚。」

「入簾殘月影，高枕聽江聲。」墨筆眉批：「若要更好，『聽』字對『殘』字未稱。」

「計拙無衣食，途窮仗友生。」硃筆眉批：「杜公尚有可仗之友生。」

客亭

墨筆眉批：「東。」

「多小殘生事，飄零任轉蓬。」硃筆改「小」爲「少」。

戲題寄上漢中王三首

墨筆眉批：「青、尤、陽。」

贈韋贊善别

墨筆眉批：「微。」

九日登梓州城

墨筆眉批：「東。」

九日奉寄嚴大夫

墨筆眉批：「删。」

「小驛香醪嫩，重巖細菊斑。」硃筆眉批：「以『嫩』字說香醪。」

題玄武禪師屋壁

墨筆眉批：「尤。」

翫月呈漢中王

墨筆眉批：「庚。」

「夜深露氣清，江月滿江城。」墨筆眉批：「江月滿江城。」

相從行贈嚴二別駕

墨筆眉批：「有、質、尤。」

嚴氏溪放歌

墨筆眉批：「蕭、語。」

「嗚呼古人已糞王，獨覺志士甘漁樵。」硃筆改「王」爲「土」。

「秋宿霜溪素月高，喜得與子長夜語。」墨筆眉批：「秋宿霜溪素月高。」

述古三首

墨筆眉批：「支、豪、來。」

「吾慕寇鄧勳，濟時信良哉！」墨筆眉批：「哉。」

秋盡

「雪嶺獨看西日落，劍門猶阻北人來。」墨筆眉批：「來。」

野望

墨筆眉批：「齊。」

冬到金華山觀因得故拾遺陳公學堂遺迹

墨筆眉批：「來。」

陳拾遺故宅

墨筆眉批：「先。」

謁文公上方

墨筆眉批：「魚。」

「無生有汲引，茲理儻吹噓。」墨筆眉批：「理。」

觀薛稷少保書畫壁

墨筆眉批：「先。」

「慘澹壁飛動，到今色未塡。」墨筆眉批：「動。」

通泉縣署屋壁後薛少保畫鶴

墨筆眉批：「眞。」

陪王侍御宴通泉東山野亭

墨筆眉批：「麻。」

陪王侍御同登東山最高頂

墨筆眉批：「尤、微。」

「滿空星河光破碎，四座賓客色不動。」墨筆眉批：「動。」

建都十二韻

墨筆眉批：「元。」

遠游

墨筆眉批：「麻。」

聞官軍收河南河北

墨筆眉批：「陽。」

春日梓州登樓二首

墨筆眉批：「齊、元。」

「身無卻少壯，跡有但羈棲。」墨筆眉批：「身無卻少壯，跡有但羈棲。」

花底

墨筆眉批：「麻。」

柳邊

墨筆眉批：「眞。」

春日戲題惱郝使君兄

題上墨筆眉批：「『惱』字怎說？」

郪城西原送李判官兄武判官弟赴成都府

墨筆眉批：「眞。」

題郪原郭三十二明府茅屋壁

墨筆眉批：「先。」

奉送崔都水翁下峽

墨筆眉批：「支。」

「白狗黃牛峽，朝雲暮雨祠。」墨筆眉批：「白狗黃牛峽。」

「所過憑問訊，到日自題詩。」墨筆眉批：「過。」

陪李梓州王閬州蘇遂州李異州四使君登蕙義寺

墨筆眉批：「先。」

「鶯花隨世界，樓閣倚山巔。」墨筆眉批：「鶯花隨世界。」

涪江泛舟送韋班歸京得山字

墨筆眉批：「删。」

涪城縣香積寺官閣〔二〕

墨筆眉批：「尤。」

送竇九歸成都

題上墨筆眉批：「竇九。陽。」〔三〕

〔二〕「積」，傅山全書初版本誤作「绩」，據批點底本改。

〔三〕「陽」，應爲「庚」，疑青主筆誤。

送路六侍御入朝

墨筆眉批：「先。」

泛江送客

墨筆眉批：「庚。」

上牛頭寺

墨筆眉批：「尤。」

望牛頭寺

墨筆眉批：「侵。」

上兜率寺

墨筆眉批：「陽。」

望兜率寺

墨筆眉批：「元。」

泛江送魏十八倉曹還京

墨筆眉批：「先。」

登牛頭山亭子

墨筆眉批：「東。」

送何侍御歸朝

墨筆眉批：「微。」

數陪李梓州泛江

墨筆眉批：「先、陽。」

注：「致有生呑活剝之誚。」墨筆眉批：「生呑活剝。」

惠義寺送王少尹赴成都分得峯字

墨筆眉批：「冬。」

送韋郎司直歸成都

墨筆眉批：「陽。」

絕句

墨筆眉批：「文。」

短歌行送邛州錄事歸合州因寄蘇使君

「前者途中一相見，人事經年記君面。」墨筆眉批：「見。」又墨筆眉批：「尤。」

送辛員外二首

墨筆眉批：「先、來。」

江漲呈竇使君

墨筆眉批：「冬。」

又呈竇使君二首

墨筆眉批：「尤、青。」

「爲接情人飲，朝來減片愁。」墨筆眉批：「情人。」

陪王漢州留杜綿州泛房公西地

墨筆眉批：「微。」

得房公池鵝

墨筆眉批：「文。」

答楊梓州

墨筆眉批：「尤。」

柑園

墨筆眉批：「元。」

寄題江外草堂

墨筆眉批：「先。」

陪章留後侍御宴南樓得風字

題上墨筆眉批：「五排。章彝。東。」

詩末注：「朱文公語錄：蔡興宗王異固好」云云。墨筆改「王」爲「正」。

臺上得涼字

墨筆眉批：「陽。」

「改席臺爲迴，留門月復光。」墨筆眉批：「留門月復光。」

送王十五判官扶侍還黔中得開字

墨筆眉批：「來。」

陪章留後惠義寺餞嘉州崔都督赴州

題上墨筆眉批：「章彝。蒸。」

隨章留後新亭會送諸君

題上墨筆眉批：「章彝。支。」

「日動映江幕，風鳴排檻旗。」墨筆眉批：「動。」

「絕葷終不改，勸酒欲無詞。」墨筆眉批：「『絕葷不改』是定絕？是不肯絕？」

章梓州橘亭餞成都竇少尹

題上墨筆眉批：「章彝。陽。」

章梓州水亭

題上墨筆眉批：「章彝。歌。」

「近屬淮王至，高門薊子過。」墨筆眉批：「過。」

戲作寄上漢中王二首

墨筆眉批：「眞、微。」

「雲裏不聞雙鴈過，掌中貪見一珠新。」墨筆眉批：「過。」

棕拂子

墨筆眉批：「庚、蒸。」

送元二適江左

墨筆眉批：「庚。」

「經過自愛惜，取次莫論兵。」墨筆眉批：「過。」

送陵州路使君之任

墨筆眉批：「眞。」

投簡梓州幕府兼韋十郎官

墨筆眉批：「魚。」

客舊館

墨筆眉批：「庚。」

卷之十

九日

墨筆眉批：「眞。」

薄暮

墨筆眉批：「支。」

薄遊

墨筆眉批：「陽。」

王閬州筵奉酬十一舅惜别之作

墨筆眉批：「豪。」

閬州奉送二十四舅使自京赴任青城

墨筆眉批：「先。」

「青城漫汚雜，吾舅意淒然。」墨筆眉批：「汚雜不解。」

閬州東樓筵奉送十一舅往青城縣得昏字

墨筆眉批：「元。」

「今我遶舅氏，萬感集清罇。」墨筆改「遶」爲「送」。

放船

墨筆眉批：「來。」

「青惜峯巒過，黄知橘柚來。」墨筆眉批：「過。」

「江流大自在，坐穩興悠哉。」墨筆眉批：「哉。」

興嚴二歸奉禮別

墨筆眉批：「眞。」

贈裴南部聞袁判官自來欲有按問

墨筆眉批：「侵。」

「卽出黃沙在，應須白髮侵。」墨筆眉批：「『黃沙』不解。」

對雨

墨筆眉批：「支。」

警急

墨筆眉批：「微。」

王命

墨筆眉批：「寒。」

征夫

墨筆眉批：「魚。」〔二〕

漁陽

墨筆眉批：「庚。」

〔二〕「魚」，誤，應爲「歌」。原詩末句「吾道竟何如」，當爲「吾道竟如何」。

西山三首

墨筆眉批：「先、尤、微。」
「風動將軍幕，天寒使者裘。」墨筆眉批：「動。」

遣憂

墨筆眉批：「眞。」

巴山

墨筆眉批：「來。」
「狼狽風塵裏，羣臣安在哉！」墨筆眉批：「哉。」

早花

墨筆眉批：「來。」

城上

墨筆眉批：「陽。」
「風吹花片片，春動水茫茫。」墨筆眉批：「陽。」

送李卿

墨筆眉批：「庚。」

歲暮

墨筆眉批：「庚。」

舍弟占歸草堂檢校聊示此詩

墨筆眉批：「來。」

桃竹杖引贈章留後

題上墨筆眉批：「章彝。」

冬狩行

杜甫自注：「時梓州刺史章彝兼侍御史，留後東川。」墨筆眉批：「章彝。」又墨筆眉批：「東。」

「君不見東川節度兵馬雄，校獵亦似觀成功。」墨筆旁批：「便有不然意。」

「有鳥名鸜鵒。」墨筆旁批：「脫語。」

「春蒐冬狩侯得同，使君五馬一馬驄。」墨筆改「蒐」爲「蒐」。

詩末注：「孫季昭示兒編云：序論則盡以『嗚呼』寇其篇首」至「天育玉騎歌」云云。墨筆改「寇」爲「冠」，改「玉」爲「票」。

山寺

杜甫自注：「章留後同游得開字。」墨筆眉批：「章彝。來。」

「野寺根石壁，諸龕遍崔嵬」云云。墨筆眉批：「一起一落，一放一收，皆獨知其寄興之微，而解詩人難猜度也。」

「山僧衣藍縷，告訴棟梁摧。」墨筆旁批：「酷肖化布施和尚，見官人卽念誦。」

「公爲顧兵徒，咄嗟擅施開。」墨筆旁批：「好施主！」

「以茲撫士卒，孰曰非周才？窮子失淨處，高人憂禍胎。」墨筆眉批：「忽然及此。此似兵徒可因造寺而有飯喫，可以已亂者。」「窮子失淨處，高人憂禍胎」旁墨筆批：「如此關生，豈復令人著想。」

詩末注：「希曰：佛書注梵語檀洪羅蜜」云云。硃筆改「洪」爲「波」。

將適吳楚留別章使君留後

題上墨筆眉批：「章彝。」

「昔如縱壑魚，今如喪家狗。」墨筆眉批：「狗。」

「終作適荆蠻，安排用莊叟。」墨筆眉批：「安排用莊叟。」

收京

墨筆眉批：「東。」

贈別賀蘭銛

題下硃筆批：「『銛』字與『銽』字混，不知此別爲那个。」

「黄雀飽野粟，羣飛動荆榛。」墨筆眉批：「動。」

「今吾抱何恨，寂寞向時人。」墨筆旁批：「『寂寞』是不肯向時人之意。」

「高賢世未識，固合嬰饑貧。」墨筆眉批：「高賢世未識，謂不曾認得世間高賢也。若贈賀蘭，則又似謂賀蘭爲高賢，而未人世所識，因合之爾。」

「我戀岷下芋，君思千里尊。生離與死别，自古鼻酸辛。」墨筆旁批：「此是不欲銛因饑貧遠行也。」

詩末注：「趙曰：飽便高颸」云云。墨筆改「颸」爲「飔」。

墨筆尾批：「與賀蘭前後二首，皆似不得意而遠遊于人之詞，不知銛爲何人。」

有感五首

墨筆眉批：「先、陽、眞、蕭、支。」

「不過行險德，盜賊本王臣。」墨筆眉批：「過。」

寄賀蘭二銛

題下硃筆批：「銛。」又墨筆眉批：「東。」

愁坐

墨筆眉批：「元。」
「葭萌氏種迴，左檐犬戎屯。」墨筆眉批：「檐。」又墨筆尾批：「李充蜀記云左檐。」

避地

墨筆眉批：「豪。」

閬水歌

墨筆眉批：「微。」
「巴童蕩槳欹側過，水雞銜魚來去飛。」墨筆眉批：「過。」

巴西聞收京闕送班司馬入京

題注：「鶴曰：班司馬意是班宏。」硃筆眉批：「班宏。」又墨筆眉批：「微。」

泛江

墨筆眉批：「歌。」

「長日容杯酒，深江淨綺羅。」硃筆眉批：「『淨綺羅』又似說佳麗所服。」

江亭送眉州辛別駕昇之得蕪字

墨筆眉批：「虞。」

陪王使君晦日泛江就黄家亭子二首

墨筆眉批：「尤。」

「有徑今沙軟，無人碧草芳。」墨筆改「今」爲「金」。

傷春五首

墨筆眉批：「冬、支、微、眞、歌。」

「巴山春色靜，北望轉逶迤。」墨筆眉批：「逶迤。」

「不成誅執法，焉得變危機。」硃筆眉批：「是，是須得殺幾个。」注：「趙曰：代宗遷京」云云。墨筆改「遷」爲「還」。

釋悶

墨筆眉批：「庚。」

「失道非關出襄野，揚鞭忽是過湖城。」墨筆眉批：「過。」

詩末注：「修可曰：敦書蓼日遶其城。」墨筆改「書」爲「晝」。

江亭王閬州筵餞蕭遠州

墨筆眉批：「陽。」

詩末注：「洙曰：覽德燭有下之。」墨筆改「有」爲「而」。

滕王亭子

墨筆眉批：「删。」

玉臺觀

墨筆眉批：「蕭。」

滕王亭子

墨筆眉批：「庚。」

「鳥雀荒村暮，雲霞過客情。」墨筆眉批：「過。」

玉臺觀

墨筆眉批：「尤。」

「人傳有笙鶴，時過北山頭。」墨筆眉批：「過。」

渡江

墨筆眉批：「豪。」

暮寒

墨筆眉批：「歌。」

憶昔二首

墨筆眉批：「陽。」

「周宣中興望我皇，麗血江漢長衰疾。」墨筆眉批：「中興。」

奉寄章十侍御

題上墨筆眉批：「章彝。眞。」題下墨筆批：「舊唐書武再鎭蜀，恣行猛政，梓州刺史章彝初爲武判官，及是小不副意，赴成都杖殺之。」又墨筆眉批：「不知唐制如何，豈有一刺史而逕杖殺之？當如何處分也？」

逃難

題上墨筆眉批：「通首無足觀。」

將赴荆南寄别李劍州弟

墨筆眉批：「尤。」

遊子

墨筆眉批：「先。」

雙燕

墨筆眉批：「陽。」

百舌

墨筆眉批：「眞。」

自閬州領妻子卻赴蜀山行三首

墨筆眉批：「先、齊、虞。」

「僕夫穿竹語，稚子入雲呼。轉石驚魑魅，抨弓落狖鼯。」硃筆眉批：「似是公子，會打彈弓。」

別房大尉墓

墨筆眉批：「文。」

將赴成都草堂途中有作先寄嚴鄭公五首

墨筆眉批：「虞、眞、齊、寒、微。」

「休怪兒童延俗客，不教鵝鴨惱比鄰。」墨筆眉批：「『比』字須作平聲讀。」

「過客徑須愁出入，居人不自解東西。」「過」字旁硃筆批：「去。」又墨筆眉批：「過。」又硃筆眉批：「去。」

「生理祇憑黃閣老，衰顏欲付紫金丹。」墨筆眉批：「理。」

卷一百四十六　杜詩通批注〔一〕

序論

「詩人已來，未有如子美者。是時山東人李白亦以奇文取稱，時人謂之『李杜』。予觀其壯浪縱恣，擺去拘束，摸寫物象，及樂府歌詩，誠亦差肩於子美矣。至若鋪陳終始，排比聲韻，大或千言，次猶數百，詞氣奮邁而風調清深，屬對律切而脫棄凡近，則李尚不能歷其藩翰，況壺奥乎！」硃筆眉批：「此評無乃太過，無論太白不服，卽子美亦不居也。」

譜

「睿宗先天元年壬子，公生於京兆之杜陵。」硃筆眉批：「子美之命，可稱千古奇窮矣！」

〔一〕此篇據上海圖書館藏傅山批點手稿整理。底本杜詩通四十卷，明海鹽胡震亨撰，清順治七年朱茂時刻本，卷首有清翁同龢手記云：「庚寅夏得此本於西苑朝房，諦審知爲青主先生評點」云云。書末有戊子十二月翁氏手跋云：「杜詩四十卷通體點定，青主傅先生筆也。紙斷爛，乃表背藏之。戊子十二月，翁同龢記。」由張文穎釋文整理。傅山全書初版本未收。

五言古詩一

前出塞九首

「出門日已遠，不受徒旅欺。」硃筆眉批：「二語寫出從軍之久。」

「殺人亦有限，立國自有疆。」硃筆旁批：「太直致。」

新安吏

「府帖昨夜下，次選中男行。中男絶短小，何以守王城？肥男有母送，瘦男獨伶俜。白水暮東流，青山猶哭聲。莫自使眼枯，收汝淚縱横。眼枯卻見骨，天地終無情。」硃筆眉批：「慘極語。」

新婚别

「嫁女與征夫，不如棄路傍。結髮爲君妻，席不暖君牀。暮婚晨告别，無乃太匆忙。君行雖不遠，守邊赴河陽。妾身未分明，何以拜姑嫜？」硃筆眉批：「蜿折詳至，聲淚俱出。」

垂老别

「四郊未寧静，垂老不得安。子孫陣亡盡，焉用身獨完？投杖出門去，同行爲辛酸。幸有牙齒存，所悲骨髓乾。男兒既介胄，長揖别上官。老妻臥路啼，歲暮衣裳單。孰知是死别，且復傷其寒。

此去必不歸，還聞勸加餐。」硃筆眉批：「一字一血！」「孰知」句旁硃筆批：「妙極！」「還聞」句旁硃筆批：「再着此句並上句，亦爲不妙。」「人生有離合，豈擇衰盛端。憶昔少壯日，遲迴竟長嘆。」硃筆眉批：「說盡無味。」

五言古詩二

遣興五首

「漆以用而割，膏以明自煎；蘭摧白露下，桂折秋風前。」硃筆眉批：「陳言。」

「雷吼徒咆哮，枝撑已在脚。忽看皮寢處，無復睛閃爍！人有甚於斯，足以勸元惡。」硃筆眉批：「太直致，無蘊藉。」

遣興三首

「安得廉恥將，三軍同晏眠？」原注：「劉須溪改爲『廉頗將』。」硃筆於「廉頗將」旁批：「一改俗死。」

三韻三篇

「名利苟可取，殺身傍權要。」硃筆旁批：「卻道盡此輩。」

客從

「客從南溟來，遺我泉客珠。珠中有隱字，欲辨不成書。緘之篋笥久，以俟公家須。開視化爲血，哀今徵斂無。」硃筆眉批：「俗。」

往在

「安得自西極，申命空山東？盡驅詣闕下，士庶塞關中」云云。硃筆眉批：「俗陋極矣！」

壯遊

「飲酣視八極，俗物都茫茫。」硃筆旁批：「何等胸懷！」「放蕩齊趙間，裘馬頗清狂。春歌叢臺上，冬獵青丘傍。呼鷹皂櫪林，逐獸雲雪罔。」墨筆眉批：「未必能。」

五言古詩三

夏日歎

「眇然貞觀初，難與數子偕。」硃筆旁批：「無涉。」

夏夜歎

「何由一洗濯，執熱互相望？」硃筆於「執熱」句旁批：「無涉，且太多。」

雨三首

「侍臣書王夢，賦有冠古才。」硃筆旁批：「俗想。」

遊龍門奉先寺

「欲覺聞晨鐘，令人發深省。」硃筆旁批：「套。」

望嶽

「岱宗夫如何？齊魯青未了，造化鍾神秀，陰陽割昏曉。」硃筆於「夫如何」旁批：「嫩。」於「未了」旁批：「尖。」於「造化鍾神秀」旁批：「腐。」於「割」字旁批：「險而無味。」

太平寺泉眼

「青白二小蛇，幽姿可時覿。」硃筆於「二小蛇」旁批：「何說？」

自京赴奉先縣詠懷五百字

「杜陵有布衣，老大意轉拙。許身一何愚？竊比稷與契。居然成濩落，白首甘契闊。」硃筆於「何愚」旁批：「眞愚。」於「居然成濩落」旁批：「尚復自諒。」

「蓋棺事則已，此志常覬豁。窮年憂黎元，歎息腸内熱。取笑同學翁，浩歌彌激烈。」硃筆於「取笑」句旁批：「眞可笑！」

「以茲悟生理，獨恥事干謁。兀兀遂至今，忍爲塵埃沒。終愧巢與由，未能易其節。沈飲聊自遣，放歌頗愁絶。」硃筆眉批：「多則厭矣。」

「彤庭所分帛，本自寒女出。鞭撻其夫家，聚斂貢城闕。」硃筆眉批：「此爲大手筆。」

玉華宫

「陰房鬼火青，壞道哀湍瀉。」「美人爲黄土，況乃粉黛假。」硃筆眉批：「冥化修琢，開長吉一派。」

「冉冉征途間，誰是年長者？」硃筆旁批：「落套。」

羌村三首

「崢嶸赤雲西，日脚下平地。柴門鳥雀噪，歸客千里至。妻孥怪我在，驚定還拭泪。世亂遭飄蕩，生還偶然遂。鄰人滿墻頭，感歎亦歔欷！夜闌更秉燭，相對如夢寐。」硃筆眉批：「至性眞文，純乎五柳。」

北征

「靡靡踰阡陌，人煙眇蕭瑟。所遇多被傷，呻吟更流血。回首鳳翔縣，旌旗晚明滅。」硃筆眉批：「愈拙愈老。」

「坡陀望鄜畤，谷巖互出沒。我行已水濱，我僕猶木末。」硃筆眉批：「非親經不能道。」

「老夫情懷惡，嘔泄臥數日。那無囊中帛，救汝寒凛慄！粉黛亦解包，衾裯稍羅列。瘦妻面復光，癡女頭自櫛。學母無不爲，曉粧隨手抹。移時施朱鉛，狼藉畫眉濶。生還對童稚，似欲忘饑渴。」硃筆眉批：「如話如畫，妙在無緊要。」

彭衙行

「夜深彭衙道，月照白水山。盡室久徒步，逢人多厚顔。」「癡女饑咬我，啼畏猛虎聞。懷中掩其口，反側聲愈嗔。小兒强解事，故索苦李餐。」硃筆眉批：「極眞極樸。」

五言古詩四

石龕

「我後鬼長嘯，我前狨又啼。」硃筆旁批：「俗甚。」

龍門閣

「清江下龍門，絕壁無尺土。長風駕高浪，浩浩自太古。危途中縈盤，仰望垂線縷。滑石欹誰鑿，浮梁裊相拄。」硃筆眉批：「極善形容。」

五言古詩五

早發射洪縣南途中作

「鄙人寡道氣，在困無獨立。」硃筆眉批：「二語有道氣。」

山寺

「惟有古殿存，世尊亦塵埃。如聞龍象泣，足令信者哀。」硃筆眉批：「草率。」

上水遣懷

「善知應觸類，各藉穎脱手。古來經濟才，何事獨罕有。」硃筆眉批：「此作何解？若以篙工言，有何意味？而鍾譚亟稱之，何也？」

解憂

「茲理庶可廣，拳拳期勿替。」硃筆旁批：「腐。」

早發

「側聞夜來寇，幸喜囊中淨。艱危作遠客，干請傷直性。」硃筆眉批：「真語。」

入衡州

「君臣忍瑕垢，河岳空金湯。重鎮如割據，經權絕紀綱。軍州體不一，寬猛性所將。」硃筆眉批：「排叙無味，無一好句。」

望嶽

「南嶽配朱鳥，秩禮自百王。欻吸領地靈，澒洞半炎方。邦家用祀典，在德非馨香。巡狩何寂寥，有虞今則亡。」硃筆眉批：「樸穆之氣而無味。」

五言古詩六

寄題江外草堂

「尚念四小松，蔓草易拘纏。」硃筆旁批：「從『我躬』、『不閲』二語生來。」

客居

「臥愁病脚廢，徐步視小園。」硃筆眉批：「示。」

「鳳隨其凰去，籬雀暮喧繁。覽物想故園，十年別鄉村。日暮歸幾翼，北林空自昏。安得覆八溟，爲君洗乾坤。稷契易爲力，犬戎何足吞。儒生老無成，臣子憂四藩。篋中有舊筆，情至時復援。」硃筆眉批：「俗冗之甚。」

催文宗樹鷄栅

「籠栅念有修，近身見損益。」硃筆旁批：「亦有道之言。」

信行遠修水筒

「汝性不茹葷，清淨僕夫内。」硃筆旁批：「何味？」「雲端水筒坼，林表山石碎。觸熱藉子修，通流與厨會。往來四十里，荒險崖谷大。」硃筆眉批：「鍾譚多取此等，殊不可解。」

行官張望補稻畦水歸

「插秧適云已，引溜加溉灌。更僕往方塘，决渠當斷岸。公私各地著，浸潤無天旱。」硃筆眉批：「無味。」

柴門

「大江蟠嵌根，歸海成一家。下衝割坤軸，竦壁攢鏌鋣。蕭瑟灑秋色，氣昏霾日車。」硃筆眉批：「何味？」

暇日小園散病將種秋菜督勒耕牛兼書觸目

「飛來雙白鶴，暮啄泥中芹。雄者左翮垂，損傷已露筋。」硃筆眉批：「何味？」

五言古詩七

夏日李公見訪

「遠林暑氣薄，公子過我遊。」「所願亦易求。隔屋喚西家，借問有酒不？牆頭過濁醪，展席俯長流。」硃筆眉批：「此似陶矣。」

奉贈韋左丞丈二十二韻

「騎驢三十載，旅食京華春。朝叩富兒門，暮隨肥馬塵。殘杯與冷炙，到處潛悲辛。」硃筆眉批：「說得可憐太甚！」

示從孫濟

「勿受外嫌猜，同姓古所敦。」硃筆旁批：「不成話。」

五言古詩八

覽柏中丞兼子姪數人除官制詞因述父子兄弟四美載歌絲綸

「紛然喪亂際，見此忠孝門。」硃筆旁批：「至理。」

五言古詩十

閬州東樓筵奉送十一舅往青城縣得昏字

「雖有車馬客，而無人世喧。」硃筆旁批：「套。」

奉送魏六丈佑少府之交廣

「錯揮鐵如意，莫避珊瑚枝。始兼逸邁興，終慎賓主儀。戎馬闇天宇，嗚呼生別離。」硃筆眉批：「可歎。」

五言古詩十二

枯柟

「猶含棟梁具，無復霄漢志。」「種榆水中央，成長何容易？」硃筆眉批：「如此詠物方有味。」

丁香

「丁香體柔弱，亂結枝猶墊。細葉帶浮毛，疎花披素艷。」硃筆眉批：「此則何味乎！」

畫鶻行

「高堂見生鶻，颯爽動秋骨。初驚無拘攣，何得立突兀！」硃筆眉批：「突兀。」

太子張舍人遺織成褥段

「領客珍重意，顧我非公卿。留之懼不祥，施之混柴荆。服飾定尊卑，大哉萬古程。今我一賤老，裋褐要無營。」硃筆眉批：「可歎！」

「李鼎死岐陽，實以驕貴盈。來瑱賜自盡，氣豪直阻兵。」硃筆眉批：「胡說！」

「奈何田舍翁，受此厚貺情？」硃筆旁批：「重複。」

七言古詩二

曲江三章章五句

「故將移住南山邊，短衣匹馬隨李廣。」硃筆於後一句旁批：「無涉。」

莫相疑行

「憶獻三賦蓬萊宮，自怪一日聲輝赫。」硃筆眉批：「可笑。」

「晚將末契託年少，當面輸心背面笑。」硃筆後一句旁批：「逼真。」

百憂集行

「憶年十五心尚孩，健如黄犢走復來」云云。硃筆眉批：「可憐。」

後苦寒行二首

詩末注：「劉云：兩首兩樣，作者自然。」硃筆眉批：「有何佳處？」

茅屋爲秋風所破歌

「八月秋高風怒號，卷我屋上三重茅」云云。硃筆眉批：「徑如説話。」

七言古詩三

樂遊園歌

「聖朝亦知賤士醜，一物自荷皇天慈。此身飲罷無歸處，獨立蒼茫自詠詩。」硃筆眉批：「何味？」

石笋行

「惜哉俗態好蒙蔽，亦如小臣媚至尊。」硃筆於「小臣」句旁批：「何干？」

投簡成華兩縣諸子

「赤縣官曹擁材傑，軟裘快馬當冰雪」云云。硃筆眉批：「何味？」

短歌行贈王郎司直

「王郎酒酣拔劍斫地歌莫哀，我能拔爾抑塞磊落之奇才。」硃筆旁批：「雄。」

「西得諸侯棹錦水，欲向何門趿珠履。」硃筆旁批：「以下弱甚。」

七言古詩五

寄狄明府博濟

「梁公曾孫我姨弟，不見十年官濟濟」云云。硃筆眉批：「俗甚。」

暮秋枉裴道州手札率爾遣興寄遞呈蘇渙侍御

「久客多枉友朋書，素書一月凡一束」云云。硃筆眉批：「酸苦可歎。」

送孔巢父謝病歸遊江東兼呈李白

「自是君身有仙骨，世人那得知其故。」硃筆旁批：「此下太率。」

七言古詩六

丹青引贈曹將軍霸

「但看古來盛名下，終日坎壈纏其身。」硃筆眉批：「無涉。」

五言律詩一

官定後戲贈

「老夫怕趨走，率府且逍遙。」硃筆旁批：「此等字入律，無乃太戲。」

春宿左省

「星臨萬戶動，月傍九霄多。」「明朝有封事，數問夜如何。」硃筆眉批：「工響兼別致。」

觀安西兵過赴關中待命二首

「談笑無河北，心肝奉至尊。」硃筆旁批：「古句。」

遣憂

「紛紛乘白馬，攘攘著黄巾。」硃筆旁批：「率。」

征夫

「十室幾人在？千山空自多。路衢唯見哭，城市不聞歌。」硃筆眉批：「太直致。」

宿昔

「落日留王母」。硃筆旁批：「何說？」

「微風依少兒」。硃筆旁批：「未亮。」

驪山

「鼎湖龍去遠，銀海雁飛深。」硃筆旁批：「晦句。」

五言律詩二

月

「入河蟾不没，搗藥兔長生。」硃筆旁批：「何陋至此？」

月

「四更山吐月，殘夜水明樓。」墨筆旁批：「空寂之景，非眼歷不知。」

月

「羈棲愁裏見，二十四回明。」硃筆旁批：「巧。」
「必驗升沉體，如知進退情。」硃筆旁批：「嫩。」

初月

詩末注：「宋人評老杜初月詩『微升古塞外，已隱暮雲端』，以爲意主肅宗卽位靈武，旋爲張后、李輔國所蔽。」硃筆旁批：「穿鑿。」

八月十五夜月二首

「水路疑霜雪，林棲見羽毛。」硃筆眉批：「二語方爲咏月。若一切『白兔』、『蟾蜍』、『明鏡』、『桂華』、『弓弦』、『魄輪』、『姮娥』、『金波』等惡套，直一覽欲嘔矣。」

朝雨

「風鴛藏近渚，雨燕集深條。黃綺終辭漢」。原注：「鄭云：『忽入此妥否？』遯叟云：『上鴛燕藏集，以自比也。謂入此爲妥不可，謂忽入此亦不可。』」硃筆眉批：「卽應入亦不成語。」

春夜喜雨

「隨風潛入夜，潤物細無聲。」原注：「劉云：有善言詩者，以此爲相業，亦有味乎其言之至也。」硃筆旁批：「腐。」

五言律詩三

獨坐二首

「竟日雨冥冥，雙崖洗更青。水花寒落岸，山鳥暮過庭。煖老須燕玉，充饑憶楚萍。胡笳在樓上，哀怨不堪聽。」原注：「別有故實，如『招涼珠』、『辟寒金』之類，但無考，不可强爲之說，以失本旨也。」硃筆旁批：「即可解，亦復何味？」

課小豎鉏斫舍北果林枝蔓荒穢淨訖移牀三首

「病枕依茅棟，荒鉏淨果林」云云。硃筆眉批：「題佳，而詩無味。」

漫成二首

「野日荒荒白」。硃筆旁批：「奥語。」

五言律詩四

曉望

「天清木葉聞」。硃筆旁批：「禪。」

城上

「八駿隨天子，羣臣隨武皇。遙聞出巡狩，早晚遍遐荒。」硃筆旁批：「率。」

不離西閣二首

「失學從愚子」。硃筆旁批：「重出且嫩甚。」

峽口二首

「去矣英雄事，荒哉割據心。」硃筆旁批：「開後來惡套。」

渡江

「渚花張素錦，汀草亂青袍。」硃筆旁批：「以下不稱。」

旅夜書懷

「名豈文章著，官應老病休。」硃筆旁批：「以下復不稱。每坐此病何也？」

久客

「羈旅知交態，淹留見俗情。衰顏聊自哂，小吏最相輕！去國哀王粲，傷時哭賈生。狐狸何足道，豺虎正縱横。」硃筆眉批：「無聊駡人，近于可恥。」

五言律詩五

秦州雜詩二十首

「馬驕朱汗落」。硃筆旁批：「何解？」

瞿唐兩崖

「猱玃鬚髯古，蛟龍窟宅尊。」硃筆眉批：「有致。」

泊岳陽城下

「變化有鵾鵬」。硃筆旁批：「不合。」

登岳陽樓

「親朋無一字」。硃筆旁批：「以下不稱。」

五言律詩六

劉九法曹鄭瑕丘石門宴集

「華筵直一金」。硃筆旁批：「可歎。」

徐九少尹見過

「交新徒有喜，禮厚愧無才。」硃筆旁批：「陋極。」

五言律詩七

題張氏隱居

「杜酒偏勞勸，張梨不外求。」硃筆眉批：「惡套門戶。」

重題鄭氏東亭

「紫鱗衝岸躍，蒼隼護巢歸。」硃筆旁批：「再點景物，俗而堆矣。」

秋日寄題鄭監湖上亭三首

「碧草違春意」。硃筆旁批：「無味。」

「池要山簡馬」。硃筆旁批：「不解。」

登兗州城樓

「浮雲連海岱，平野入青徐。」詩末注：「劉云：『平野』一聯、『俯仰、海概』語何地無之？」硃筆旁批：「海、岱、青、徐，何處有之耶？」

禹廟

「荒庭垂橘柚」。硃筆旁批：「古廟當無此物。」

「古屋畫龍蛇」。句末原注：「孫莘老、劉辰翁以爲用禹貢橘柚及孟子蛇龍字。」硃筆旁批：「胡說。」

湘夫人祠

「燕舞翠帷塵」。硃筆旁批：「無味。」

琴臺

「酒肆人間世」。硃筆旁批：「無味。」

贈高式顔

「昔别是何處，相逢皆老夫。故人還寂寞，削跡共艱虞。自失論文友，空知賣酒壚。平生飛動意，見爾不能無。」硃筆眉批：「起、結眞。」

巴西驛亭觀江漲呈竇使君二首

「霄漢愁高鳥，泥沙困老龍。」硃筆旁批：「無味。」

奉簡高三十五使君

「當代論才子」。硃筆旁批：「率。」

重簡王明府

「行李須相問，窮愁豈有寬。君聽鴻雁響，恐致稻粱難。」硃筆眉批：「無賴。」

五言律詩八

天末懷李白

「應共冤魂語」。硃筆旁批：「粗。」

聞斛斯六官未歸

「故人南郡去，去索作碑錢。本賣文爲活，翻令室倒懸。荆扉深蔓草，土銼冷疎烟。老罷休無賴，歸來省醉眠。」硃筆眉批：「寒酸太甚。」

舟中夜雪，有懷盧十四御弟

「舟重竟無聞」。硃筆旁批：「寫神。」

五言律詩九

送翰林張司馬南海勒碑

「冠冕通南極，文章落上台。詔從三殿去，碑到百蠻開。野舘濃花發，春帆細雨來。不知滄海上，天遣幾時迴。」硃筆眉批：「眞壯麗。」

魏十四侍御就弊廬相别

「惜别到文場」。硃筆旁批：「俗。」

江亭王閬州筵餞蕭遂州

「二天開寵餞」。硃筆旁批：「平平。」

船下夔州郭宿雨濕不得上岸别王十二判官

「風起春燈亂，江鳴夜雨懸。」硃筆旁批：「刻畫極矣。」

「晨鐘雲岸濕，勝地石堂煙。」硃筆旁批：「湊句。」

送惠子歸東溪

「皇天無老眼」。硃筆旁批：「不成話。」

衡州送李大夫七丈勉赴廣州

「日月籠中鳥，乾坤水上萍。」硃筆旁批：「原係俗語，不在後人俗套也。」

五言律詩十

月夜憶舍弟

「露從今夜白，月是故鄉明。有弟皆分散，無家問死生！寄書長不達，況乃未休兵。」硃筆眉批：「眞樸。」又於「寄書長不達」旁硃筆批：「此爲蘊藉。」

得舍弟消息二首

「生理何顏面」。硃筆旁批：「眞。」

得舍弟消息

「亂後誰歸得，他鄉勝故鄉。直爲心厄苦，久念與存亡。汝書猶在壁，汝妾已辭房。舊犬知愁恨，垂頭傍我牀。」硃筆眉批：「無聊極矣！」

送舍弟穎赴齊州三首

「汝去幾時來」。硃筆旁批：「傷心。」

五言律詩十一

柑園

「結子隨邊使，開筒迎至尊。後於桃李熟，終得獻金門。」硃筆眉批：「可笑。」

除架

「束薪已零落，瓠葉轉蕭疏。幸結白花了，寧辭青蔓除。秋蟲聲不去，暮雀意何如？」硃筆眉批：「說得可憐！」又於「幸結白花了」句旁硃筆批：「妙。」

百舌

「知音兼衆語，整翮豈多身？花密藏難見，枝高聽轉新。過時如發口，君側有讒人。」硃筆眉批：「何味？」

鸂鶒

「故使籠寬織，須知動損毛。看雲莫悵望，失水任呼號。」硃筆眉批：「未見籠鸂鶒者。」

花鴨

「花鴨無泥滓，階前每緩行。羽毛知獨立，黑白太分明。」硃筆眉批：「不似。」

房兵曹胡馬

「胡馬大宛名，鋒稜瘦骨成。竹批雙耳峻，風入四蹄輕。所向無空闊，眞堪託死生。驍騰有如此，萬里可横行。」硃筆眉批：「英雄具昭熱腸。」

病馬

「乘爾亦已久，天寒關塞深。塵中老盡力，歲晚病傷心。毛骨豈殊衆，馴良猶至今。物微意不淺，感動一沉吟。」硃筆眉批：「愴然！」

從人覓小胡孫許寄

「人說南州路，山猿樹樹懸。舉家聞若欬，爲寄小如拳。」硃筆眉批：「戲筆。」

麂

「永與清溪別，蒙將玉饌俱。無才逐仙隱，不敢恨庖厨。亂世輕全物，微聲及禍樞。衣冠兼盜賊，饕餮用斯須。」硃筆眉批：「前四語一字一珠，後四語卻少藴藉。」

白小

「生成猶拾卵，盡取義何如。」硃筆眉批：「大識見。」

秋笛

「清商欲盡奏，奏苦血霑衣。他日傷心極，征人白骨歸。相逢恐恨過，故作發聲微。不見秋雲動，悲風稍稍飛。」硃筆眉批：「全無味矣！」

蓄劍

「致此自僻遠，又非珠玉裝。如何有奇怪，每夜吐光芒。虎氣必騰上，龍身寧久藏？風塵苦未息，持汝奉明王。」硃筆眉批：「前四語卻不俗，後四語卻俗。」

擣衣

「寧辭擣衣倦，一寄塞垣深。」硃筆旁批：「二語欠深婉。」
「君聽空外音」。硃筆旁批：「未豁。」

觀李固請司馬弟山水圖三首

「雖對連山好，貪看絕島孤。羣仙不愁思，冉冉下蓬壺。」硃筆眉批：「鋪叙畫景，無味。」

畫鷹

「素練風霜起，蒼鷹畫作殊。攫身思狡兔，側目似愁胡；條鏇光堪摘，軒楹勢可呼！何當擊凡鳥，毛血灑平蕪。」硃筆眉批：「起落雄豪。」又於「攫身思狡兔」句旁墨筆批：「竦。」於「條鏇光堪摘」句旁墨筆批：「切。賤。」

五言排律一

偶題

「騷人嗟不見，漢道盛於斯。前輩蜚騰入，餘波綺麗爲。後賢兼舊例，歷代各清規。法自儒家有，心從弱歲疲。永懷江左逸，多病鄴中奇。騄驥皆良馬，麒麟帶好兒。車輪徒已斷，堂構惜仍虧。」硃筆眉批：「無味之極，斷非子美作。」

五言排律二

謁先主廟

「空山泣鬼神」。硃筆眉批：「此語卻寫出不平。」

「絕域歸舟遠，荒城繫馬頻。如何對搖落，況乃久風塵。孰與關張並，功臨耿鄧親。應天才不小，得士契無鄰。遲暮堪帷幄，飄零且釣緡。向來憂國淚，寂寞灑衣巾。」硃筆眉批：「不必說到自己。」

諸葛廟

「君臣當共濟，聖賢亦同時。翊戴歸先主，并吞更出師。」硃筆眉批：「無味之極。」

上白帝城二首

「白帝空祠廟，孤雲自往來。江山城宛轉，棟宇客徘徊。勇略今何在？當年亦壯哉！後人將酒肉，虚殿日塵埃。」硃筆眉批：「鄙陋。」

五言排律三

遣悶奉呈嚴公二十韻

「束縛酬知己，蹉跎效小忠。」硃筆眉批：「妙。」

五言排律四

臨邑舍弟書至苦雨黄河泛濫隄防之患簿領所憂因寄此詩用寬其意

「二儀積風雨，百谷漏波濤。聞道洪河坼，遥連滄海高。」硃筆眉批：「太平平。」

五言排律五

送大理封主簿五郎親事不合卻赴通州主簿前閬州賢子余與主簿平章鄭氏女子垂欲納采鄭氏伯父京書至女子已許他族親事還停

硃筆題眉批：「何必？」

七言律詩一

宣政殿退朝晚出左掖

「天門日射黃金牓，春殿晴曛赤羽旗。宮草霏霏承委佩，爐烟細細駐遊絲。」硃筆眉批：「𡘙甚。」

「雪殘鳷鵲亦多時」。硃筆旁批：「欠偶。」

題省中壁

「腐儒衰晚謬通籍，退食遲回違寸心。衮職曾無一字補，許身愧比雙南金。」硃筆眉批：「腐。」

曲江二首

「一片花飛減卻春，風飄萬點正愁人。且看欲盡花經眼，莫厭傷多酒入唇。江上小堂巢翡翠，苑邊高塚卧麒麟。細推物理須行樂，何用浮名絆此身。」硃筆眉批：「俗極，開宋人惡徑。」

「每日江頭盡醉歸。」硃筆旁批：「太易。」

「酒債尋常行處有，人生七十古來稀。」詩末原注：「八尺曰尋，倍尋曰常，故以對『七十』。」硃筆旁批：「注穿鑿可笑。」

曲江對酒

「苑外江頭坐不歸，水精宫殿轉霏微。」硃筆旁批：「上下何涉？」

「縱飲久判人共棄」。硃筆旁批：「俗。」又改「判」爲「拚」。詩末原注：「李商老曰：嘗見徐師川説，一士大夫家，有老杜墨跡，其初云：『桃花欲共楊花語』，自以淡墨改三字。乃知古人詩不厭改也。」硃筆旁批：「然此等詩則愈改愈醜。」

曲江值雨

「江亭晚色静年芳」。硃筆旁批：「嫩。」

「林花著雨燕支落」。硃筆旁批：「惡道。」

「龍武新軍深駐輦」。硃筆旁批：「與上何涉？」

「暫醉佳人錦瑟傍」。硃筆旁批：「寒儉氣。」

曲江陪鄭八丈南史飲

「雀啄江頭黄柳花」。硃筆旁批：「俗。」

「自知白髮非春事，且盡芳樽戀物華。近侍即今難浪跡，此身那得更無家？丈人文力猶强健，豈傍青門學種瓜。」硃筆改「文」字爲「才」字。又硃筆眉批：「流暢，無蠢滯氣。」

鄭駙馬宅宴洞中

「主家陰洞細烟霧」。硃筆旁批：「胡説。」

「留客夏簟青琅玕。春酒杯濃琥珀薄，冰漿椀碧瑪瑙寒。悮疑茅堂過江麓，已入風磴霾雲端。自是秦樓壓鄭谷，時聞雜佩聲珊珊。」硃筆眉批：「蠢、拙、酸、俗兼之矣！」

城西陂泛舟

「青蛾皓齒在樓船，横笛短簫悲遠天。春風自信牙檣動，遲日徐看錦纜牽。魚吹細浪摇歌扇，燕蹴飛花落舞筵。不有小舟能蕩槳，百壺那送酒如泉。」硃筆眉批：「全入惡道。」末句旁硃筆批：「俗。」

題鄭縣亭子

「鄭縣亭子澗之濱，戶牖憑高發興新。雲斷嶽蓮臨大路，天晴宮柳暗長春。巢邊野雀羣欺燕，花底山蜂遠趁人。更欲題詩滿青竹，晚來幽獨恐傷神。」硃筆眉批：「無味。」

至日遣興奉寄北省舊閣老兩院故人二首

「去歲茲辰捧御牀，五更三點入鵷行。欲知趨走傷心地，正想氤氳滿眼香。無路從容陪笑語，有時顛倒著衣裳。何人錯憶窮愁日，愁日愁隨一線長。」詩末原注：「洙曰：『趨走傷心地』，華州掾趨走參謁郡將也。『顛倒衣裳』，正趨走之苦。」詩末注旁硃筆批：「胡解。此蓋憶入朝時耳。」又硃筆眉批：「意語俱陋。」

聞官軍收河南河北

「劍外忽傳收薊北，初聞涕淚滿衣裳。卻看妻子愁何在，謾卷詩書喜欲狂。白首放歌須縱酒，青春作伴好還鄉。卽從巴峽穿巫峽，便下襄陽向洛陽。」硃筆眉批：「此則眞樸，有神氣，不得以俗目之矣。」

諸將五首

「漢朝陵墓對南山，胡虜千秋尚入關。」硃筆旁批：「眞突。」

「昨日玉魚蒙葬地，早時金盌出人間。」硃筆旁批：「若謂『馬嵬』之說，則大可議矣。」

「見愁汗馬西戎逼，曾閃朱旗北斗閒。」硃筆旁批：「何味？」

「胡來不覺潼關隘，龍起猶聞晉水清。」硃筆旁批：「未解。」

「正憶往時嚴僕射，共迎中使望鄉臺。」硃筆旁批：「如何對得？」

卜居

「無數蜻蜓齊上下」。硃筆旁批：「又入惡道。」

江村

「清江一曲抱村流，長夏江村事事幽。」硃筆旁批：「太率易則無味。」

「自去自來堂上燕，相親相近水中鷗。老妻畫紙爲碁局，稚子敲鍼作釣鉤。」硃筆眉批：「通是惡道，與宋詩何異？」

雨不絕

「鳴雨既過漸細微，映空搖颺如絲飛。階前短草泥不亂，院里長條風乍稀。」硃筆眉批：「小景。」

返照

「返照入江翻石壁，歸雲擁樹失山村。」硃筆眉批：「此爲佳句。」

立春

「春日春盤細生菜，忽憶兩京梅發時。盤出高門行白玉，菜傳纖手送青絲。巫峽寒江那對眼，杜陵遠客不勝悲。此身未知歸定處，呼兒覓紙一題詩。」硃筆眉批：「幾於鼓詞矣。」

小寒食舟中作

「娟娟戲蝶過閒幔」。硃筆旁批：「又惡道。」

早秋苦熱堆案相仍

「七月六日苦炎熱，對食暫餐還不能。每愁夜中自足蝎，況乃秋後轉多蠅。束帶發狂欲大叫，簿書何急來相仍。南望青松架短壑，安得赤脚踏層冰？」硃筆眉批：「徑是平話。」

九日藍田崔氏莊

「老去悲秋强自寬，興來今日盡君歡。羞將短髮還吹帽，笑倩傍人爲正冠。藍水遠從千澗落，玉山高並兩峰寒。明年此會知誰健？醉把茱萸仔細看。」硃筆眉批：「皆屬套語。」

九日

「去年登高郪縣北，今日重在涪江濱。苦遭白髮不相放，羞見黃花無數新。世亂鬱鬱久爲客，路難悠悠常傍人。酒闌卻憶十年事，腸斷驪山清路塵。」硃筆眉批：「順筆寫來，卻無套氣。」又於「苦遭白髮不相放」句旁硃筆批：「叟不老。」

九日

「風急天高猿嘯哀，渚清沙白鳥飛迴。」硃筆旁批：「太堆。」

秋盡

「秋盡東行且未迴」。硃筆旁批：「『且』字有味。」

「籬邊老卻陶潛菊」。硃筆旁批：「套。」

秋興八首

「孤舟一繫故園心」。硃筆旁批：「對不得。」

「匡衡抗疏功名薄」。硃筆旁批：「不必切題。」

「聞道長安似弈棋，百年世事不勝悲。王侯第宅皆新主，文武衣冠異昔時。」硃筆眉批：「粗淺無味。」

「西望瑤池降王母」。硃筆旁批：「別有寄托。」

冬至

「天涯風俗自相親」。硃筆旁批：「逼眞。」

至後

「冬至至後日初長，遠在劍南思洛陽。青袍白馬有何意？金谷銅駝非故鄉。梅花欲開不自覺，棣萼一別永相望。愁極本憑詩遣興，詩成吟詠轉凄涼。」硃筆眉批：「此定僞作。」

七言律詩二

即事

「雷聲忽送千峰雨」。硃筆旁批：「佳句。」

「花氣渾如百和香。黄鶯過水翻迴去，燕子銜泥濕不妨。」硃筆旁批：「大不及上句，如『遠害朝看麋鹿遊』矣。」

登樓

「可憐後主還祠廟，日暮聊爲梁父吟。」硃筆眉批：「結有蘊藉。」詩末原注：「按能改齋漫録云：『蜀先主祠在成都錦官門外，西挾即武侯祠，東挾即後主祠。蔣公堂帥蜀，以禪不能保有土宇，始去之。』所謂『後主還祠廟』者，書所見志慨也。」硃筆於注上眉批：「是。」

進艇

「南京久客耕南畝，北望傷神坐北窗」云云。硃筆眉批：「俗。」

撥悶

「聞道雲安麴米春，纔傾一盞即醺人」云云。硃筆眉批：「俗甚。」

黄草

「秦中驛使無消息，蜀道兵戈有是非。」硃筆眉批：「『有是非』三字甚可思。」詩末原注：張伯成云：「朝廷莫慮劍閣之險爲成都叛者所據，卽今吐蕃已圍松州，則蜀道自有近憂，可深慮耳！」硃筆於「叛者」旁批：「非也。」

峽中覽物

「巫峽忽如瞻華嶽，蜀江猶似見黃河。」硃筆眉批：「二語可味。」

蜀相廟

「出師未捷身先死，長使英雄淚滿襟。」硃筆眉批：「二語卻不學究；『淚滿襟』三字甚陋，此番用得着矣。」

白帝

「高江急峽雷霆鬬」。硃筆旁批：「奇而切。」

「戎馬不如歸馬逸」。硃筆旁批：「文入小家。」

「哀哀寡婦誅求盡」。硃筆旁批：「文淺。」

白帝城最高樓

「城尖徑昃旌旆愁，獨立縹緲之飛樓。峽坼雲霾龍虎睡，江清日抱黿鼉遊。」硃筆眉批：「險昃無味。」

崔氏東山草堂

「愛汝玉山草堂靜，高秋爽氣相鮮新。有時自發鐘磬響，落日更見漁樵人。盤剝白鴉谷口栗，飯煮青泥坊底芹。何爲西莊王給事，柴門空閉鎖松筠？」硃筆眉批：「無滯氣。」

王十七侍御掄許携酒至草堂奉寄此詩便請邀高三十五使君同到

硃筆旁批：「題佳而詩不稱。」

宇文晁尚書之甥崔彧司業之孫尚書之子重泛鄭監前湖

硃筆旁批：「何味？」

陪李七司馬皁江上觀造竹橋卽日成往來之人免冬寒入水聊題短作奉簡李公

「顧我老非題柱客」。硃筆旁批：「俗。」

七言律詩三

崔評事弟許相迎不到應慮老夫見泥雨怯出必愆佳期走筆戲簡

硃筆旁批：「有景有情。」

又呈吳郎

「無食無兒一婦人」。硃筆旁批：「眞極樸極。」

奉寄高常侍

「今日朝廷須汲黯，中原將帥憶廉頗。」硃筆眉批：「惡道。」

因許八奉寄江寧旻上人

「不見旻公三十年，封書寄與淚潺湲。舊來好事今能否？老去新詩誰與傳！棊局動隨幽澗竹，袈裟憶上泛湖船。聞君話我爲官在，頭白昏昏只醉眠。」硃筆眉批：「老快如面談。」

舍弟觀赴藍田取妻子到江陵喜寄三首

「汝迎妻子達荆州，消息眞傳解我憂。」硃筆旁批：「眞。」

「歡劇提携如意舞，喜多行坐白頭吟。」「提携」二字上硃筆眉批：「本作『剩欲』。」

七言律詩四

章梓州橘亭餞成都竇少尹

「主人送客何所作，行酒賦詩殊未央。衰老應爲難離别，賢聲此去有輝光。預傳籍籍新京兆，青史無勞數趙張。」硃筆眉批：「何俗至此？斷是僞作。」

題桃樹

「高秋總饋貧人實，來歲還舒滿眼花。」硃筆旁批：「俗極矣。」

「寡妻羣盜非今日」。硃筆旁批：「何涉？」

野人送朱櫻

「憶昨賜霑門下省」。硃筆旁批：「欠做法。」

七言排律

釋悶

「四海十年不解兵，犬戎也復臨咸京。失道非關出襄野，揚鞭忽是過湖城。豺狼塞路人斷絕，烽火照夜屍縱橫。天子亦應厭奔走，羣公固合思昇平。但恐誅求不改轍，聞道嬖孽能全生。江邊老翁錯料事，眼暗不見風塵清。」硃筆眉批：「粘聯俱失，非律也。」又於「犬戎也復臨咸京」旁硃筆批：「軟。」

寄岑嘉州

「不見故人十年餘，不道故人無素書。願逢顏色關塞遠，豈意出守江城居？外江三峽且相接，斗酒新詩終自踈。謝朓每篇堪諷誦，馮唐已老聽吹噓。泊船秋夜經春草，伏枕青楓限玉除。眼前所寄選何物？贈子雲安雙鯉魚。」硃筆眉批：「何謂律也？」

七言絶句

三絶句

「前年渝州殺刺史，今年開州殺刺史。」硃筆旁批：「眞古樸。」